應用社會學

蔡宏進　著

五南圖書出版股份有限公司

作者序

　　我撰寫此書以能發揮社會學的應用價值為最終目的，也期望能增進社會各界對社會學的認識與信賴，以及提升對社會學研究的興趣，使社會學能受到大眾更多的熱愛與支持。

　　在臺灣自一九六○年代開始發展社會學以來，已超過半個世紀，大學中的社會學系及研究所不下十所之多，主修過的學生也有無數之多。各系所開設的課程相當繁多，唯獨少見有實用社會學或應用社會學，實有加強的必要，在已出版的專書也未見有此種書名者，更有必要加以補充。

　　社會學本質上是較理論性的學術，故有關社會學理論的課程普遍設置，且書籍也甚多，雖然也不乏應用性社會學的分支課程，如都市社會學、鄉村社會學、醫療社會學、休閒社會學等，分別將社會學原理應用在不同方面加以探討，相關的書籍已有不少，但卻少見直接使用〈應用〉或〈實用〉社會學為名者，這樣的專書國內一本也沒有，致使眾多有志於應用社會學的學生缺少一冊綜合性的教本為之引導。

　　筆者過去的教學與研究工作曾涉及鄉村社會學、休閒社會學、社區原理、社會組織原理及社區工作等，也曾出版過這些方面的專書，都算是應用社會學的領域，但畢竟各只著重在片面的應用，未能涵蓋較全面性的應用範圍，覺得有些缺失。晚近國內大學新設的社會系有一處名為應用社會學系，乃增添我興起撰寫一本從較廣泛綜合性層面探討〈應用〉或〈實用〉社會學的念頭。

　　追溯西方社會有關應用或實用社會學的著述，開始甚早，最早可追溯至英國的史賓賽（Herbert Spencer），德國的滕尼斯（Ferdinand Tonnies）及美國的華德（Lester F. Ward）、米爾斯（C. Wright Mills）等，他們先後都提到社會學的應用與純粹社會學的區分，其中米爾斯完成一本巨著，社會學的想像（Sociological Imagination），論及社會學之應用到社會及公共政策的釐定及評估等。後來見有學者使用應用社會學或相近的名稱撰寫或編輯書籍，依時間先後有Kaplan,

Paul及Clovis Shepherd（1973），Paul F. Lazarsfeld（1975），Marvin E Olsen及Michael Micklin（1981），Onigu Otite（1994），Rodney Stark（1995），John G. Bruhn及Howard M. Rebach（1996），Peter Hamilton及Kenneth Thompson（2002），Samir Dasgupta及Robyn Driskell（2007），Morgen, Kathleen及Jonathan M. White（2007），Stephen F. Steele及Jammie Price（2008）等，但方向與內容差異都很大，缺乏共同的交會，都只能作部分參考，不宜作為範本。不像普通社會學，不同作者提出的架構都較一致，探討的議題也都很接近，故較有一定的研討規範。

在最近的二〇〇八年美國社會學者史迪爾及普萊斯（Stephen F. Steele & Jammie Price）合寫一本應用社會學的專書（Applied Sociology: Terms, Topics, Tools, and Tasks），全書包含十六章，各章分別探討重要應用社會學議題的相關名詞、主題、工具與目標等，內容大部分值得參考，但不可諱言的其中有些內容並十分切題與在軌，其所使用的實例也都為美國的社會情況，使我覺得有必要撰寫一本可使國人能有較清楚概念並容易了解，且能符合國情並較實用的專書。

不同的學者對於應用社會學專書探討的方向有所不同，筆者認知的應用概念可大致歸納成兩大方向，一為診斷與療治社會問題與病徵，二為設定與實現社會建設目標。本書作者掌握此兩項重要應用概念再經細心思考、觀察、體驗、想像與選擇，而編定本書的綱目並撰寫內容。本書的綱目以社會基礎研究的重要社會元素為架構，而後對每一元素盡可能先扼要說明或以標題彰顯應用意義，繼而應用社會學的概念與原理診斷與療治當前臺灣社會的重要病徵與問題，以及設定與探討如何實現重要的社會建設目標，診斷社會病徵與問題時會有檢討與批判。本書的綱目內容對重要社會元素難免有所遺漏，乃因不便面面顧全或另有想法。本書為能當為教科書，乃設定十六章，方便於一學期內每週探討一章一個主題之用。

蔡宏進 謹識

二〇一四年元月

目錄

附錄一　社會學在農業推廣工作上的應用

附錄二　社會學在管理學上的應用

第一章　緒　論

第一節　應用社會學的意義、背景與重要性

一、意義

（一）文獻上各家的定義

1. 外國學者的定義

我在本書的序言中提到，多位早期的西方社會學家都已注意到並提出社會學的應用與純粹社會學的區別，但都少見有對應用社會學下過較嚴謹的定義。

至西元二○○八年時，美國的社會學家史迪爾（Stephen F. Steele）及普萊斯（Jammie Price）在其合寫的《應用社會學：名詞、議題、工具與目標》（*Applied Sociology: Terms, Topics, Tools and Tasks*）的專書中對應用社會學提出較明確簡要的定義，將之視爲是使用社會學工具來討論特別社會問題，尤其是常用於對特殊人群的探討（Using Sociological tools to address a specific social problems, often for a particular group of people）。（*Steele & Price, 2007, p.23*）

克勞斯門（Ashley Crossman）對應用社會學也曾下過定義，她認爲應用社會學是社會學定義中的一種。此種社會學被認爲是社會學的實際面（practical side），因爲此種社會學應用了社會學的理論、研究及方法來解決社會中的問題。

塔斯古塔（Samir Dasgupta）及德萊斯奇（Robyn Driskell）在其所編輯的《應用社會學的論述》（*Discourse on Applied Sociology*）第一卷理論方面（Theoretical Perspectives）的序言中指出，應用社會學的主旨在應用理論性智識於實際的人類情勢，包括用於形成社會政策、研究地方及國際社會問題、以及創造一種實用社會學的可能性。（*Dasrupta, samir & Robyn Prisbell, 2007, Preface and Acknowledgement. British Library Cataloguing in publication data printed in India.*）

哲維婁斯（Zulfiya Zevallos）在其〈應用社會學的簡介〉（*A brief introduction on applied sociology*）一文中引用了Bruhn（*1999*）對應用社會學所下的定

義，認為應用社會學是實際的社會學者使用社會學理論及方法，經由積極干
預，使產生正向的社會變遷，進而他本人認為應用社會學可經轉換社會理論於特
定社會當事人的實際面（*Zuley Zevallas, 2009*）。

　　史特勞斯（Strauss, Roger A.）對應用社會學及社會學的實務所下的定義是
指使用社會學知識於應用方面。應用社會學者的工作面向相當廣泛，包含在大
學、政府及私人方面使用社會學方法幫助社區解決日常問題，例如改進設定社
區政策、預防犯罪、評鑑及改善藥物的任務事項、評估都市內鄰閒的需要、發展
教育系統的能力、以及為老人推動住宅及相關資源的發展。（*Straus, Roger A.2009,
preface, in price, Jammie, straus, Roger, and Breese, Jeffrey, edited, In doing sociology, case studies in socio-
logical practice, Rowman* **&** *Little Field.*）我們的

2. 國內學者的定義

　　國內社會學家對各個特殊方面社會學應用的編著專書種類不少，分別對各
特殊方面的社會學應用都下過定義，例如對鄉村社會學、都市社會學、醫療社
會學、組織社會學、休閒社會學等，都有出版專書，也都下過定義。但是對應用
社會學並未見有專書，對其定義未能從專書中見之，僅可從社會學辭彙之類的書
籍中稍見敘述。在《中華百科全書》中社會學／應用社會學部分，范珍輝對應用
社會學的定義及發展歷程有一頁的述說。他認為應用社會學是用純粹社會學的
概念、原理及方法於各種社會現實問題的解決。此種學問可說是社會改革的技
術，或是社會工程學，是對特殊的社會領域，運用社會學的觀點及方法加以解
決。（范珍輝，*1983*）

　　葉政在他編著的社會學詞彙中對應用社會學的解釋如下：應用社會學是把社
會學的理論、概念、方法和結論應用到範圍更廣的社會問題上。例如社會學的概
念已被應用到社會工作、教育、勞資關係和計畫等的實踐。應用社會學的原理及
洞察加以分析並了解一個具體的社會情境或社會關係體系。應用社會學不能與社
會工作或社會關係混為一談。（葉政，*2009*）

（二）本書作者的定義

以上所敘中外學者對應用社會學所下的定義皆大同小異，都是針對其重要性質及功能，少能節外生枝。本書作者也不例外，認爲應用社會學的重要意義應是在使用社會學的概念、理論與方法對社會的某特殊面向或全方面作研究，並應用對實際問題的解決及實際事務的處理，其最終目的是在造福社會中的一部分人或全部的人。

二、興起的背景因素

應用社會學的發展受各種背景因素所決定，重要者有下列六種。

（一）學術發展的背景

在社會學的領域中，應用社會學的萌起與發展係跟隨社會學的發展而並進。其發展背景非始於今日，早在十九世紀，歐美的社會學先驅就有不少人對應用社會學加以注意並論述。英儒史賓賽（*Herbert Spencer, 1820-1903*）是著名演化論的作者，對社會學也甚有貢獻，他將演化論擴大到社會學及其倡言的社會達爾文主義，深入應用生物學的物競天擇及適者生存的原理在人類社會上，也顯示社會學應用的特性。德國社會學家滕尼斯（*Ferdinand Toennies, 1841-1913*）區分純粹社會與應用社會學，前者的目的在發現常態或理念型的社會，並敘述及了解經驗現象；後者的目的在利用這些知識對現代社會特殊情境或關係的理解。美國的社會學家華德（*Lester Frank Ward, 1841-1913*）也將社會學區分爲純粹社會學與應用社會學，前者研究社會的起源及發展，後者研究社會的目的與導進，後者的重點放在社會改革、實踐與政策措施方面，故也具有倫理學的性質。

美國的社會學家顧爾耐（Alvin Goulner）對應用社會學的發展貢獻也很大，他認爲應用社會學的發展非依存在純粹社會學，而是獨立發展而成，且此種社會學的種類繁多，都甚注重臨床的應用性。

美國社會學家米爾（*Charles Wright Mills, 1916-1962*）著有《權力菁英》（*The Power Elite*）、《白領階級》（*White Collar*）及《社會學的想像》（*The Socio-logical Imagination*）等專書，都分別對美國的現實社會做了透徹的分析與評判，也有重大的實用影響，將社會學引導向高度的應用性。

以上這些歐美的社會學者雖然都並未明顯以應用社會學為名出書，但在其許多社會學著作中，都非常重視社會學的應用性。直到二十一世紀，有如前面所提到的史迪爾及普萊斯、塔斯古塔及德萊斯奇，以及史特勞斯等人，開始使用應用社會之名編著專書。從以往應用社會學的發展，可明顯看出其主要基礎明確建立在社會學的發展之上，少有人否定應用社會學與純粹社會學有密切關係。

（二）理論社會學本質上的缺失

純粹社會學的本質非常理論性，此種理論性的學問著重對人類的社會結構等性質的研究，但容易缺乏應用價值。正如美國哈理瓊未來研究所掃描中心（Horizon Scanning Centre）發表的一篇〈應用社會學興起〉（*The Rise of Applied Sociology*）的論文，其中敘及應用社會的興起就是針對傳統社會學的挑戰。傳統社會學無法幫助學生學習到學術界以外工作的技術；應用社會學則可幫助學生較容易找到工作。（*Horizon Scanning Centre, Institute for the Future, 2005*）

（三）社會學的失落與再興之道

就讀純粹社會學或理論社會學的學生不容易找到學術領域外的工作，此種缺點容易使學生對社會學失去信心與興趣，也容易造成理論或純粹社會學的失落與衰敗。這種趨勢都有可能致使大學中的社會學系需要檢討與反省，重新調整與規劃課程的內容與重點。調整的重要方向是加重應用社會學的分量，例如有些系所加入犯罪學的研究，有些注重勞資方面的研究，有些加入醫療社會學的研究，也有加重人口學研究者。如此調整社會學教學與研究的重點，頗能挽救社會學免於因乏人或少人問津而沒落。

（四）社會學的可應用性與社會的問題性及可建設性

應用社會學能興起的主要因素之一是社會學本身具有可應用性。應用的後果與目的都在於改善社會的局部或全面條件，使社會上的人或團體能獲得好處與福祉。

將社會學應用到社會事項的實際面時，應分別使用合適的社會學理論或方法來分析、解釋及檢討社會事件與問題，也該適當使用社會學方法與技術增進對社會事件的了解與改進，這些都有助於解決社會問題。

應用社會學需要應用社會學原理於探討及診斷社會病徵，並規劃與改進社會建設，這是因為社會具有病態性或問題性及可建設性。不同社會或同一社會在不同時間與情況下的問題與病徵不同，需要建設的目標和達成目標的有效方法也各不相同。

（五）相關學門的興衰

應用社會學是社會學的兩大支柱之一，是社會科學的一種，因此應用社會學的興衰與其相關學門的起落也有關係。與其他相關學門的關係會有相輔相成與相互排擠兩種正反不同性質。當能與其相輔相成的學門興旺時，應用社會學必然也隨之興旺。過去筆者專修的鄉村社會學曾經與農業經濟學與農業推廣學彼此合作，在臺灣大學農村社會經濟研究所中分設農業經濟學組與鄉村社會學組，也在農業推廣學系中分設推廣教育學組與鄉村社會學組。後來鄉村社會學研究因為有些大學的農業經濟學系及農業推廣學系關閉或改名，而取消教學課程及減低了研究的熱忱。

（六）應用的多面性

社會學可應用於了解及改善的社會面相很多，中外有關社會學的教育與研究機關都具體選擇若干相對重要或有趣的應用方面當作課程或主題名稱。綜合起來，具體出現的應用社會學方面共有都市社會學、鄉村社會學、組織社會學、

醫療社會學、宗教社會學、教育社會學、工業社會學、農業社會學、軍事社會學、人口學、兩性研究、犯罪學、社區組織、社區發展、組織管理、休閒社會學、職業社會學、勞資關係、環境社會學、社會工作學及經濟社會學等。各方面的應用社會學都可能運用共通的社會學理論，但也都關聯其特殊的社會學應用學理。社會學的價值與對人類的貢獻也因此透過各方面的應用而擴散與發揚光大。

三、重要性

應用社會學是重要的學問，兼具了社會學的重要性及其應用方面的重要性。綜合兩者得出其重要性的概念約有四項。

（一）影響社會學的價值與功能

應用社會學是將社會學的知識與理論應用在各式各樣的社會情境中，故也將社會學的重要性、價值與意義擴展到人類社會的各部位與各角落。至於其可能擴展的社會學重要性、價值與意義則涵蓋了社會學研究的各重要面向。參照查農（*Charon Joel, 1999*）所著《社會學的意義》一書所列的社會學內容，約可歸納成十餘大項，社會學的意涵、社會互動與社會化、社會組織、社會結構、社會階級、種族與民族、性別與不平等、文化、社會控制與社會偏差、政治與經濟的社會制度、社會變遷、社會的自由、人文法則及民主，以及民族、宗教與教育的制度等。而完整的應用社會學也可在這許多與社會學涵蓋的面相上建立典範，發揮功能，造福人類，使社會學的功用與價值更為落實，並更彰顯。

（二）促進社會學理論更具意義與實際

理論化與應用化是社會學的兩大支柱，也是兩大路線，兩者可相互支援並相輔相成。社會學理論可引導社會學的應用，而社會學的應用也有助社會理論的發

展、修正與改進。社會學理論經由應用的過程，可減低其虛浮飄渺與不切實際的缺失，使其較能符合現實。

（三）社會學的創見取向

　　社會學原先以分析及解釋社會現象而興起，導向應用性是一種創見。應用社會學的興起與發展導致社會學能結合社會上許多實務與學術領域，使社會學能夠涉及更寬闊的面相與範圍。例如應用在醫療方面，乃結合醫療與醫學領域，使社會學研究跨越到寬闊的醫療與醫學層面。至於其他方面的應用，同樣也都為社會學開創新的更寬廣的領域與視野。

（四）培育學習者的社會想像力

　　應用社會學可培養學習者的社會學想像力（sociological imagination），增進對日常社會生活現象與運作的了解，並且提升對社會變遷與改善的創造與行動能力。具備這些能力的個人更適合作為一個優良的國民及社會份子。

第二節　相關領域以及區隔

　　應用社會學是社會學的支門，與其他多種社會學的分支關係密切，卻也各有特性、互有區隔。社會學分支部門中與應用社會學關係相對密切又有區隔的，主要有基礎社會學（basic sociology）、臨床社會學（clinical sociology）、社會學理論（sociological theory）、社會工作（social work）及社會變遷和發展（social change and development）等。本節就應用社會學與此五種社會學支門的關係與區隔再詳加說明如下。

一、與基礎社會學的關係與區隔

　　應用社會學是使用社會學的工具來探討一個特殊社會問題，常是針對探討一群特殊民眾的問題，而基礎社會學著重在驗證或發展社會學理論。兩者的密切關係已在前一節說明過，彼此可以相輔相成。基礎社會學有助應用社會學的推展，應用社會學也有助基礎社會學的發展、修正與改善。然而兩者的區隔也甚明確，基礎社會學只著重到現象或問題為何發生，不著重如何加以修補，應用社會學則甚重視如何加以解決、改善或維護等實用的做法與措施。

二、與臨床社會學的關係與區隔

　　所謂臨床社會學的意義主要在應用社會學來診斷社會互動的病症，並使用干擾的方法來改善有病症的互動。此種社會學固然也是社會學應用的一方面，但應用社會學並不僅限於對有病症社會現象的處理，也包括對社會常態現象的應對與改進。

三、與社會學理論的關係與區隔

社會學理論是在解釋社會互動的形態（pattern）、團體價值、信仰及行為等的模式。解釋如何及為何發生、各情節的相關性及前因後果。前面已說明過，這些理論可應用於引導社會的改進，但理論本身並未著重應用於實際的意圖，必須要有心人加以應用才能轉換為對實際事務的改善上。

四、與社會工作的關係與區隔

社會工作的本質也是應用社會學的一種，主要旨趣在對有問題或有病症的社會個體或群體的處理，目的在幫助這些問題個體與群體改善病症與問題。社會工作本質上較著重於對幫助業主的方法與對策的尋求，較不注重對相關事理來龍去脈的原理或理論之探討。而應用社會學在應用社會學原理及理論於社會個體及群體改進與造福的目標上，除了關切與注意有病症及問題者，也包括無明顯病症及問題的對象。在研討及處理的過程中，除了注意尋找對策及方法，也重視探討原理並建立理論與概念。

五、與社會變遷和發展的關係與區隔

社會變遷和社會發展常是應用社會學的重要內容及目標。應用社會學包括對社會變遷與發展的探討及引導，也常以引導有益的變遷與發展為應用的目標。但應用社會學的範圍與目標遠超越社會變遷與社會發展，對非變遷與非發展的社會情境、現象與問題等，也都將之當為重要內容與目標加以探討與研究，並作實用的處理。

第三節　如何應用社會學

　　應用社會學的旨趣著重將社會學應用於社會實際事務與問題的研究與改善。至於如何使用社會學來產生此種效果並達成此種目的，則可從許多方面加以探討。本節選擇從應用的目標及方法兩大方面加以討論。

一、如何選擇有意義的應用目標

　　為使應用社會學的研究或行動具有重要性，必須要使其應用主題或目標具有意義，而有意義的應用主題或目標必須合乎四種條件，即符合社會學觀點或立場、導正社會與造福人群、消滅社會病症與改善社會體質、從近處著眼與下手。就此四種必要具備的意義及目標再進一步說明如下。

（一）符合社會學觀點或立場

　　應用社會學所應用的主要是依據社會學的觀點、概念或理論，也即是站在社會學的立場，或說具有社會學眼光，如果捨棄此種眼光、觀點與立場，雖然仍具有應用的意義及特性，但並非應用社會學，而是其他學問與知識的應用。例如使用經濟學的觀點或立場，即為應用經濟學；運用政治學的觀點或立場，即為應用政治學。

　　社會學的觀點或立場是指探討合乎社會學主題與理念，以及使用社會學語言和方法的觀點或立場。應用社會學是對社會學的應用，或是應用社會學於分析、認識與解釋社會現象與事理上，要求其探討的主題與目標應基於社會學觀點與立場是天經地義的事。這種觀點或立場主要是以探討社會上人類的互動過程或人類的社會結構等為主要標的。

（二）導正社會與造福人群

　　應用社會學原則上是將社會學理念應用於人類社會實際事務上，以能達成幫助導正社會、解決問題、造福人類為理想目標，故其選擇探討的應用主題與目標，必要能達成其理想目標為準則。要能導正社會、解決問題並造福人群，除防治偏差外，也應能發揚其常態現象。

（三）消滅社會病症與改善社會體質

　　社會上經常存在許多病症，消滅這些病症常是應用社會學探討及追求的目標。應用社會學對於社會病症的探討與解決的過程有如醫生對病患的診斷與治療，也即是臨床的行動過程。應用行動的目的在於能消除或減輕病症，使患者恢復健康。也因此有意義的應用社會學也應選擇能消滅社會病態的事務為探討的目標，使社會能改善體質為目的。

（四）從近處著眼與下手

　　要能符合上列三種有意義的應用社會學的主題與目標，必要從近處著眼並下手，周邊的人群與社會最迫切需要，也最能獲得利益的課題，就是最重要的課題，也是最重要的探討主題與目標。捨近求遠的主題與目標，雖然也可能有助於遠處人類社會的福祉，卻不能為周圍近處的人類與社會所感受與認同，較難被近處人群及社會認定其重要性。因此被臺灣社會認為具有應用價值與重要性的應用社會學的主題或目標，必須是臺灣本地的人群與社會感到迫切與需要者，不能仰賴由遠處外人來代為認定，不能將外地遠處他人認為重要的應用社會學主題當為臺灣重要的應用社會學主題。

二、使用多種有效的應用分析工具與方法

　　應用社會學選定有意義的應用主題與目標之後，更必要使用有效的應用分析

工具與方法，才能使社會學發揮良好的應用效果。然而有效的應用分析工具與方法有許多種，在此各選擇兩種重要的工具及方法加以說明。兩種重要工具是指社會學基本原理的工具及社會學理論的工具，而兩種重要方法是指量化方法及質化方法。

（一）社會學基本原理的工具

使用社會學原理做為分析工具，可以清楚表達應用目標與內容的社會學性，故能具有高度應用社會學的性質與旨趣。社會學原理涵蓋重要的社會學課題，也都是應用社會學者極必要注意的概貌。社會學原理的要素包括社會中的人口、家庭、社區、文化、社會化、社會互動、社會組織、權力與政治、社會階級與分化、偏差行為、社會制度、資訊傳播與媒體，以及社會變遷與發展等要素與內涵，本書乃藉助這些社會學原理所涵蓋的社會要素，當為探討應用社會學的重要目標，也構成本書的重要綱目。除此，本書另外再特別加入探討新興社會支門人文區位學的應用價值及當前驟變中的都市及鄉村的關係等兩個題目，構成全書的架構。

（二）社會學理論的工具

社會學理論也是可被應用社會學者當為探討應用社會學的另一種重要工具。理論社會學提供了解社會運作的通路圖，應用社會學藉助這種通路圖，可較容易看清複雜社會行為為何產生？社會結構如何搭架？以及各種社會行為及架構的後果與影響等。若能容易看清楚這些模式與脈絡，應用起來就比較有頭緒，也比較容易，不致紛亂或失序。社會學者建立的社會學理論很多，其中功能理論、衝突理論與互動理論是較為眾人所知的重要理論或學說，人文區位學理論則是筆者認為在驟變社會環境裡必要特別加以重視的理論，應用社會學者也有必要藉助這些理論來發揚社會學的應用性。應用社會學者藉助功能理論時，特別注重有效解決問題的方法；衝突理論的主要目的在於，藉由了解衝突力量的產生原

因，進而藉以增進衝突力量的方法；互動理論則主要著重在了解社會行爲者如何受他人影響及影響他人，進而藉助社會互動，促進人類相互了解來解決社會問題；應用人文區位學理論則可依此理論重視人與時空環境、技術與組織的複合關係，能有效解決涉及人與人之外的自然與物質及技術等複雜問題，藉以促進人類的福祉。

（三）使用量化的分析方法與技術

社會學創造許多量化的研究方法，方便用來衡量某些社會事物，使能對其有更清晰且更深入的了解，這些量化的分析方法也都被應用社會學所使用，用爲作較精密與清晰的分析與探究。

量化的分析方法常要動用到許多統計的技術，包括敘述性統計分析方法以及迴歸統計分析方法。前者主要意義在以數量敘述資料的性質，包括單變數及多變數的敘述統計。後者主要在估計變數之間的關係程度，有簡單迴歸及多元迴歸或複迴歸等。

（四）使用質化的分析方法與技術

質化分析方法不是以數量統計來測量與分析資料，而是以研究者主觀與直覺，深入且仔細察覺來做研究並分析問題，常見的方法與技術有深度訪談及田野調查及想像力。一般社會科學者常用的這種研究方法，也很適合應用社會學者的使用。

三、建構三種應用模式

過去應用社會學者在建構應用的理念時，最常使用三種重要的模式，第一種是對特殊類型社會闡述一般社會學理念的模式；第二種是對一般常態社會應用一般社會學理念的模式；第三種是對有問題或有病症的社會應用特殊社會學理念解

決問題促進利益的模式。對此三種可能的模式再略作說明如下。

（一）對多種特殊類型社會闡述一般社會學理念的模式

全世界的人類社會，因為自然條件不同、發展過程不同，或經人為刻意的組織而形成多種特殊類型，大約有原住民社會、農村社會、都市社會、工業社會、醫療社會、軍事社會、宗教社會等。不同應用社會學家常只對某一種特殊類型社會的了解感到興趣，乃運用一般社會學的理念來闡述此種特殊類型社會的性質。迄今較常見的特殊性應用社會學就有農村或鄉村社會學、都市社會學、工業社會學、醫療社會學、軍事社會學、宗教社會學等。這些特殊類型的社會學都是應用一般性的社會理念，分別對特殊性社會加以探討與闡述其性質。

（二）對一般常態社會應用一般社會學理念的模式

此種模式也是應用一般社會學理念來探討與闡述社會的特性，但其探討與闡述的對象並不選擇特殊性的社會，而是指一般常態的社會，也就是綜合性的社會，這種社會常超越特殊性的社會範圍，常與一個國家的範圍相同，甚至更廣。

（三）對有問題的社會應用特殊社會學理念解決問題促進利益的模式

應用社會學也常強調臨床療治，對社會上的問題診斷看病，並提供救助的策略或方法，其性質猶如醫院對病人看病並提供處方及藥物。因為有問題的社會，其問題都較特殊，例如有的犯罪率高、有的失業問題嚴重、有的吸毒者多、有的是隱藏許多竊盜與詐騙、有的是交通秩序紛亂駕駛違規頻傳，也有的是貧窮及賣淫問題嚴重者。針對多種不同特殊性質的問題，有效的改進方法或療治藥方，各有不同，其關聯的社會理念也都各有特殊性或專門性。應用社會學者常要尋找適當的應對理念，作為解釋問題性質以及提供解決問題的方法或策略。

第四節 多種社會學說的應用觀點

本書在前面曾提供最常被應用的社會學理論或學說有三類，即功能學說、互動學說及衝突學說。筆者也注意到人文區位學說應用的重要性，乃加上，當為最合適也最必要被應用的第四種社會學說。社會學說不同，其觀點互異，應用的方面與要點也各不相同。在本節，筆者就此四大學派的重要觀點略作一些說明。

一、社會功能學說的觀點

社會功能學派始於涂爾幹，此學派甚注重社會穩定。為使社會穩定，社會中的各部門或各份子得為社會有所貢獻，也即是要善盡功能。不同部門盡不同的功能，各盡其力、各取所需，相互依賴，整個社會便能成為有秩序、有生產力、有穩定性的一個整體。

美國社會學家中以墨頓（Robert K. Merton）為功能學派的代表，他將人類的功能分為兩種，即外表的功能（manifest functions）及潛在的功能（latent functions）。前者指表露於外的功能，如設立教會或教堂是使人能拜神，但後者的功能，即潛在的功能，是幫人認識宗教深層的精神與價值。通常外表功能都較容易達成，也較容易見之；潛在的功能卻較不易達成，常需要使用社會學方法為之揭露。

功能學說常被批評的地方有三個：第一，此種學說忽視任何事件的負功能性，而只強調其正面的功能；第二，對社會成員的職責與地位太過分合理化的解釋，以為其所以如此存在或舉動，都是為了替社會盡功能，其實有些不然；第三，此種學說不鼓勵他人積極負起改變環境的角色，因為太強調社會穩定的重要性。其實不少變遷或政策對個人及社會上的其他人都比維持原狀要好，功能學說對變遷的看法太悲觀，認為會產生許多問題，使社會上的人或各部門付出代價。

二、社會互動學說的觀點

社會互動學說或理論主要是研究人與他人結合的過程，此種理論有助了解及預測人類的行為。此種學說開創的時間很早，在十九世紀末二十世紀初德國社會學家韋伯（Max Weber）的論說奠立了此種學說的基礎，也最能被接受。他認為社會行為包含兩部分，一是行動或行為本身，二是行為者所賦予的意義。而所謂意義即指其傾向，也即對他人關係的認定。被行為影響的他人也會有回應的行動或行為，即形成所謂互動。

美國社會學家李文（Kurt Lewin），進一步將社會互動推展到多數人之間的互動，創造出團體動態學（group dynamics）的社會互動概念與理論。

到了二十世紀的前半葉，美國社會心理學家喬治米德（George H. Mead）等創出符號互動理論（symbolic interaction theory），其要旨是指人經由符號而解釋行為的意義。人對他人行為與語言的理解都有象徵性的暗號可解讀，而非注定必然的。

到了二十世紀社會互動學派又發展了互動網絡（networks）的概念。以此概念來研究與探討一群人之間的互動。提出這一概念的學者常用繪圖的方法，將一群有語言上及傳遞訊息互動的人牽連在一起。

到了一九七〇年代以後，社會互動學派的學者提出地位（statue）的概念。人與人群的互動因為得到訊息而得到權力，獲得最多訊息的人，權力會最大，地位也最高。

三、社會衝突學說的觀點

社會衝突學說立基於馬克斯（Karl Marx）的理論，他認為社會上不同的個人及團體擁有物質的數量不等，因而權力也不等。有較多物質及權力的個人及團體都是由剝奪較少物質的個人及團體得來。剝削的方法有兩種，一種是使用暴力，警察及軍隊最常使用；另一種是經濟方法。馬克斯進而指出社會的演進是社

會衝突的結果，強者剝奪弱者而變得更強，工廠主經過剝奪勞工而致富。

社會衝突理論也指出資本主義社會中團體的互動走向毀滅，其間少有互惠與合作。馬克斯認為要解決這種矛盾與衝突只有經由工人革命，打破資本階級支配政治與經濟優勢的情形，經由集體資本家及大眾民主控制的路線，重新改組社會。

馬克斯認為西方社會經歷約四個不同階段，即原始的共產主義（primitive communism）、上古社會（ancient society）、封建社會（feudal society）及資本主義社會（capitalist society）。在最初的階段，社會並無階級性，在往後的發展中，社會都分成兩個明顯的階級，分別是主人與奴隸（master & slaves）、郡主與農奴、以及資本家與領薪的工人。

四、人文區位學說的觀點

人文區位學說理論主要著眼點在人與環境的互動。其理論架構包含環境中人的生物、社會及心理性質；而環境方面則包括了自然的、社會的及文化的部分。此一理論將人與環境認為是相互影響與變遷的動作過程。

此一學說的起源可追溯到古希臘的自然歷史科學，首先由哈克（Ernst Haeckel）在一八六六年時，創發出區位學或生態學（ecology）的名詞。後來，斯賓賽（Herbert Spencer）開始使用社會生態研究的詞彙（social-ecological approach）。至一九〇七年，李查斯（Ellen Swallow Richards）首用人文區位學（human ecology）的名詞。到一九二一年，芝加哥大學的派克（Robert Park）及蒲其斯（Ernest W. Burgess）正式將此名詞引進社會學領域。後來他們的學生麥堅如（Roderick D. Mckenzie）正式再將此論說定位為社會學的支門之一，並將之與區位學作區隔。此一領域與文化區位學、都市區位學、環境社會學及人類區位學的內容相近。

五、各種社會學說應用的差異性

上述四種重要社會學說的發展，背景互異，要義與內容也各不相同，適合應用以及已經應用的面向與領域也各不同。但各種學說對於應用社會學的推展都有共同的重要性，各提供了一種引導社會學應用的模式，使社會學應用於實際的人類社會事務上有較明確的方向，也有較可信的工具，使社會學應用起來能較順利。

第五節　本書的架構

本書最後一節舉出七點本書的架構，也是特性。將之列舉並略作說明如下。

一、綜合三種應用建構模式

本書採用的建構模式並非選取前述三種建構模式中的一種，而是將三種模式都包含在內。係針對多種類型社會取用多種學說的觀點，以探討常態性及問題性的課題而成為全書的內容。如此建構方能符合本書從較廣泛角度，綜合應用的特性。

二、取用重要社會元素與面相作為各章主題

本書從第二章開始，各章的主題都關係社會的重要元素與面相，與社會學導論或普通社會所包含的主題相當接近。這些元素或面相都是任何社會所必備並存在的。

三、選取臺灣晚近的焦點問題及建設性議題為探討內容

每項社會元素或面相之下可探討的目標甚多，但選擇臺灣晚近焦點問題性及建設性議題會較符合應用的精神與價值，也較能造福當地社會的人民。所謂焦點問題是社會關心且激烈討論過的問題，而所謂建設性議題是指對社會人民重要但卻不一定激烈討論過，卻有必要討論者。

四、分析社會問題事實及議題理念並提示改進行動的策略與方法

為能使應用社會學發揮對本土社會產生最佳的實際功能，也可使本地社會上的人民獲得最大的福祉，本書在探討焦點問題與建設性議題的內容都著重在呈現臺灣社會事實。對尚未熱烈討論過的建設性議題有必要介紹與分析議題理念，分析事實與理念之後都盡量提示改進行動的策略與方法，包括曾被提過者與尚未被提及者。

五、適合運用社會學說的觀點與理念

本書在分析社會問題與建設性議題理念時，盡量運用適合社會學說的觀點與理念。因為可作為應用社會學分析與解釋的社會學說有許多種，同類社會學說中的觀點與理念也有許多種，都值得用作闡述應用社會學。惟在應用各類社會學說的觀點與理念時，本書僅選用適當者，使闡述後能發揮最佳效果。

六、配合課程時間決定探討的題目與篇幅

本書期望能適合一般民眾讀者的閱讀與大學相關課程使用。由於考慮到當作教科書，所以決定將探討的內容與篇幅盡量配合在一學期課程的時間，共含十六章，適合每週探討一章。探討的內容都參照一般社會學或社會學概論所探討者而選用，在各主題下的細節，則是針對當前臺灣社會最需要考慮建立或改進者，使應用之後能供社會獲得實質改善，並能給人民獲得最多的實際益處。

參考文獻

中文文獻

范珍輝，1983，「社會學／應用社會學」，中華百科全書，典藏版，中國文化大學資訊中心印
　　行。

葉政編著，2009，社會學詞彙，風雲論壇有限公司出版，16-17頁。

英文文獻

Alemazung, jog A, 2007, "Sociology and Its Application in Society", in Samir Dasgupta and Rolyn Dis-
　　kell ed. Discourse on Applied Sociology, Vol.1 p223-236, Anthem press, London.

Bruhn, JohnG and Howard M. Rebach, 1996, Clinical Sociology, An Agenda for Action, Plenum Press,
　　New York and London.

Charon, Joel M. and Lee Garth Kigilant, 2008, The Meaning of Sociology, A Reader.

Crossman, Ashley, 2013, "Applied Sociology" About Com Sociology.

Dasgupta, Samir, & Robyn Driskell ed. 2007 Discourse on Applied Sociology, Vol I, II, Anthem Press,
　　London UK and New York, USA.

Hamilton, Peter and Kenneth Thompson, ed. 2002, The Use of Sociology, Blackwell Publishers, Cam-
　　bridge, MA, USA.

Harizon Scanning Centre, Institute for the future, 2005, The Rise of Applied Sociology.

Kaplan, Paul &Clovis Shepherd, 1973, Doing Sociology, New York: Alfred Publishing Co. Inc.

Lazarsfeld, Paul F. and Jeffrey G, Reitz, 1975 An Introduction to Applied Sociology, Elsevier, New
　　York, /Oxford/ Amsterdam.

Morgen, Kathleen & Jonathan M.White, 2007, The Engaged Sociologists-Connecting Classroom to the
　　Community, Thousand Oaks, Calif: Fine Forge Press.

Olsen, Marvin and Michael Micklin, ed. 1981, Handbook of Applied Sociology Praeger Publishers,
　　CBS Educational and Professional Publishing, New York, USA.

Otite, Onigu, 1994, Sociology Theory and Applied, Malthouse Press limited, Logos, UK.

Stark, Rodney, 1995, Doing Sociology, An Introduction Using Microcase, Second Edition, Wadsworth
　　Publishing Company, Bellevue, Washington, USA.

Steele, Stephen F. & Jammie price, 2008, Applied Sociology, Terms, Topics, Tools, And Tasks, second
　　edition, Thomson/ Wadsworth, Australia, Brazil, Canada, Mexico, Singapore, Spain, United King-
　　dom, United States

Straus, Roger A, preface in Price, Jammie, Straus, Roger and Breese, Jeffrey, editors, 2009, In Doing

Sociology, Case Studies in Sociological Practice, Rowmam & Littlefield.

Zevallos, Zuleyka, 2009, "A Brief Introduction on Applied Sociology", Institute of Social Research, Swinburne University, Australia.

第二章　人口的正常化

　　建立人口正常化對健全社會甚為必要，因為人口是構成社會的最基本要素，社會是由多數的人所組成。應用社會學首要目標在健全社會，也最應關切人口要素的正常與健全，而關切應用的要點包括建立人口正常化及將人口要素作適當應用兩大方面。本書將人口看作是構成社會的要素，要能健全社會必要先健全人口，故將應用的要點著眼在建立人口的正常化，而將適當應用人口要素於社會事務上的課題暫擱一邊不加討論。

　　人口正常化從較大方面觀之，包括過程與結構兩大方面。人口過程的正常化包括生育、死亡、遷移及健康的正常化；人口結構的正常化則包括年齡、性別、教育及勞動力等結構的正常化。本章就社會學及人口學觀點對人口各重要面向的過程與結構的正常化，逐一探討其目標及方法。

第一節　生育水準問題的變化與控制策略

　　一個社會的人口常會變動，變動的內容涵蓋人口的各變數，包括過程的變數及結構的變數。重要的人口過程變數包含出生、死亡及遷移的變動，連帶也影響到總量的變動。本節先對臺灣人口出生、死亡水準與總量過程的變化方面以及控制的目標和方法加以分析與探討。

一、生育水準的過程問題以及控制的目標和方法

（一）過程與問題

　　自二次世界大戰以後，臺灣人口的出生水準有了不小的變化，其間也產生過不小的問題，並且試過運用政策加以控制，所以問題漸輕而趨於比較正常化。臺灣人口生育過程的重要變化與轉折約可分成高出生率問題及採行家庭計畫的政策措施，以及後來變為超低出生率及所採行的應對政策兩個明顯不同的階段。

　　高出生率時期約在戰爭結束不久之後的二、三十年間。二次大戰於一九四五年結束，臺灣社會的人民不必再恐懼戰爭的破壞與危險，生育率逐漸上升。在戰爭結束後，高生育率持續一段時間，此期間大量人口隨政府自中國遷徙來臺，臺灣人口壓力沉重。一九五二年時，粗出生率高至46.6‰，往後近十年間，粗出生率都高居40‰以上。而後略有下降，但在一九六〇年代仍維持在30‰以上的高水準，至一九七〇年代粗出生率才逐漸下降至20‰餘。而後逐漸再趨下降，至二十一世紀初以後，粗出生率急速下降至10‰以下。

　　臺灣在戰後二、三十年間高出生率的時期，人口出現爆炸的問題。社會設施嚴重不足、學校不夠爆增的學生使用，生產增加的幅度跟不上人口增加的步伐，故存在糧食不甚充足的危機，國民所得也難以提升。

（二）控制的目標及方法

　　面對高出生率導致人口數量暴增的問題，政府乃訂定抑制高出生水準的政策目標。政府於一九六八年頒訂「臺灣地區家庭計畫實施辦法」做為推行生育控制的改革措施，目標著重在降低生育率，以家庭計畫為主要方法與手段。透過婦幼衛生的醫護方法，指導婦女控制生育，包括使用避孕丸、保險套、裝樂普及結紮等機制，控制出生水準，使其逐漸下降。

　　臺灣在推行家庭計畫期間，國內的人口學專家及醫護人員與外國專業人員互動熱絡，國內組織也健全。政府當時的措施包括聘請專家前來指導，選派人員至國外受訓練及參加會議，向先進國家取經，在國內也組織團隊，以家庭計畫協會及婦幼衛生協會為名，有效率推展家族計畫。當時前來我國協助推展的外國專家以美國密西根大學專攻家庭計畫的人口學專家群最為重要，他們不僅協助我國指導家庭計畫的技術，更進而指導我國推行人員進行家庭訪視、舉辦講習會、建立生育及其他人口資料的整理制度。此一外國專家群背後支持的財力機構主要為美國紐約人口局（Population Council），而此一人口基金會背後支持者為洛克斐勒及福特基金會兩大財團，它們實力雄厚，對臺灣的支持也不遺餘力。

　　由於國內民間及政府積極努力，再加上外國實力機關的支援，臺灣推行家庭計畫成績卓越，生育水準顯著下降。至一九七〇年代已降至20‰餘，自一九五〇年代初至一九七〇年代的短短三十年間，粗出生率約下降一半。斐然的成績，獲得國際間好評，曾被評為世界推行成效第一名的美名。不少開發中國家乃派人前來考察，接受訓練學習，國人與政府都與有榮焉。

　　出下率有效下降，人口數量的成長趨向穩定，人口壓力減輕，政府建設能力增強，對促進後來經濟起飛的貢獻不少。家庭計畫完成之後，外國專家群及支援的基金會撤退，改由間接輔導支援臺灣發展人口研究。先在臺灣大學設立人口研究中心，國內潛藏很久的人口學會也復活，人口研究熱絡一時，對國家發展提供重要的訊息與諮詢。除了對人口要素的控制提供相關知識外，對於人口與社會上其他變數的配合也都提供有用的知識與意見，使人口的應用價值更能擴大與提升。

二、超低出生水準的轉折、問題與應對的措施

（一）低出生水準的轉折與問題

　　臺灣自一九六○年代起至一九七○年期間積極推行家庭計畫成功，人口生育率逐漸下降。至一九八四年降為每一婦女僅生育兩名子女，達到人口替代水準。之後仍大幅下降，至二○○六年時總生育率僅為1.1人，比許多已開發國家，包括美國、瑞典、英國、法國、荷蘭、德國、日本、新加坡等的生育水準都低，人口成長即將出現負成長之勢。

　　生育率急速降至替代水準以下，社會出現許多前所未有的問題，包括人口老化、勞動力缺乏、外來新婚者及勞工眾多、年輕人口扶養負擔繁重、老人照護負擔增多、健康及年金保險負擔加重，進一步衝擊經濟建設，導致教育設施與服務、醫療體系、家庭婚姻等許多方面的困難與問題。於是企業紛紛外移，引發國內就業困難，有生產能力的勞動力也隨之外移，國內人力中乾，經濟蕭條，人民的福祉也下降，社會與政府逐漸不安。面對這種嚴峻的情勢，政府於二○○六年修訂人口政策綱領，內容重點在強化生育保健，促進家庭功能，加強社會福利，加強兒童、婦女、老人、殘障者、原住民的安全，也訂定適當的移民政策，對外來人口有逐漸放寬之勢。其中尤以因應少子化成為核心的政策改革目標。

（二）鼓勵生育的政策目標與方法

　　應對少子化的過程與問題，在先進國家早有豐富的經驗，故也都有過具體的政策措施，重要者包括產假、育嬰假、托育服務、托育津貼、育兒津貼、稅式優惠、生育給付等。

　　我國自二○○八年起，政府開始擬定人口政策白皮書，因應少子化，政府提出七大政策目標，包括(1)健全家庭兒童照顧體系；(2)提供育兒家庭之經濟支持；(3)營造友善家庭之職場環境；(4)改善產假及育兒留職停薪措施；(5)健全

生育保健體系；(6)健全兒童保護體系；(7)改善婚姻機會與提供兒童公共財價值觀。政府針對每一目標也都提出多種重點措施，政府的政策內容除了顧及對一般國民生育的鼓勵，對公教人員還另有些特別的規定。

三、應用影響生育因素的理論與有效控制生育

有關影響生育的理論很多，經濟人口學家如拉賓斯坦（Hervey Leibenstein）、伊斯特林（Richard A. Eastlin）及史賓格勒（Joseph J. Spengler）等都強調經濟因素對生育的影響。社會學家則強調社會因素對生育的決定與影響，重要的社會人口學者有戴維斯（Kingsley Davis）、傅力曼（R.Freedman）、希爾（David Heer）等人，他們曾經提出的重要社會因素有社會階層、種族、教育、宗教、家庭、參考團體等。心理學家如霍夫曼夫婦（Lois.W.Hoffman and Martin. L. Hoffman）以及霍謝德（James T. Fawcett）等的理論都有助於提出有效控制生育的方法，他們對生育因素的看法都很重視心理因素，包括父母對子女的價值觀、對子女的性別偏好、對婚姻及家庭的觀念等。

不論是以經濟、社會或心理觀點探討生育的影響因素，各種因素的理論都容易有偏見，也較缺乏綜合性看法。針對補救偏差的缺點，在此提出由戴維斯及布雷克（K. Davis and J. Black）提出的中介變數理論，此一理論所提出的影響生育的因素繁多，因此也較周詳。中介變數是指介於社會、經濟、文化與生育之間的因素，共含三大類十一小類。三大類是指影響性行為的變數、影響節育的變數以及影響胎兒形成及分娩成效的變數。第一類又包括影響兩性結合的因素，以及男女結合後行性行為的機會；第二類包括有無生殖能力以及是否使用節育方法等；第三類則包含非自願及自願性原因導致胎兒死亡。其中的若干項目又可再細分。

中介變數理論認為影響生育的因素有許多方面，在每種影響因素背後也都隱藏可改變生育行為的辦法。故應用此一理論，應能得出許多種可以改變生育行為的方法，包括減少生育與增加生育的方法，故也值得在制定人口生育政策時多加應用。

第二節　降低死亡水準與維護高齡者的健康幸福

一、生命可貴

　　眾人都希望長生不死或是降低死亡之機率。社會上人口的第二項重要動態過程是死亡，人有生必有死，但因生命來得不易，生命也能享有許多好處，故多數人都希望長生不死，以減低死亡機率為奮鬥的目標，多數的國家與政府也都以降低死亡水準為政策目標。

　　個人欲長命不死的原因有許多，包括能飽嘗美食及滿足性欲等生理需求，能抱守財物與江山，享受人情溫暖，受人敬重與讚揚，欣賞大地自然的美麗，以及做自己認為有價值也喜愛的許多事。

　　國家與政府將降低死亡機率與水準為政策的目標，以能達成此種目標做為政府的德政。國家的功能在於使國民免於死亡的恐懼，使人內心安定，社會健康成熟與穩定。

　　社會為使人口死亡水準降低，主要有兩套政策，一套是發展經濟及社會條件的策略，另一套是改進醫療技術與服務的策略。人口學者稱前者為發展模式（development model），後者為技術模式（technology model）。經由社會經濟發展可使人民的日常生活條件改善而獲得健康與長命，經由醫療技術與服務的改善則可有效預防與控制疾病，進而改善健康、延長生命。

二、死亡水準下降、生命延長、人口老化

　　一個社會或國家的人民死亡水準下降，則生命延長，便會形成老年人口比率增高，也即人口老化。人口嚴重老化必使社會與國家增加負擔，包括養老金增多、醫療費用增多、照護的負擔也加重。如果同時生育率又大幅降低，則人口年

齡結構必定扭曲，勞動人力所占比率偏少，生產力下降，社會經濟陷於蕭條。

　　目前臺灣人口粗死亡率為6.63‰，比民國六十七年時最低的4.68‰略有提升，將難再下降。近三十餘年來，粗死亡率因為環境衛生及醫療水準提高而變低。

三、政府對待人口高齡化的策略

　　依照民國一○二年四月底統計的最新人口資料，臺灣滿65歲的老年人口已占全人口的11.27%，比同時間全世界人口中滿65歲者所占的8%高出將近二成，臺灣已是一個應加注意與警惕的高齡化社會與國家。未來臺灣人口老化問題將會更加嚴重，預測在二○二六年及二○五一年間，滿六十五歲的老年人口所占比率將分別為20.6%及37%。老年人口容易生病失依，老年人必須要能身體健康、生活有所依據才能幸福，老年人口所占比率增多，將帶給國家嚴重的負擔。政府已注意及警惕到此一問題，正在努力研擬應對的策略，重要的應對策略與方法包括(1)家庭外支持老人的機制介入；(2)協助有工作能力的高齡者提升勞動參與，再行就業；(3)建構高齡者居住與交通運輸相關制度；(4)建立老人從事休閒活動的制度，以增進身體健康，以及增加老人的教育，減低社會對老人的歧視；(5)健全老人的醫療系統等。要能實現這麼多理想目標並不容易，政府必須非常努力，並有效率施政才能達成。

第三節　人口遷移型態的演變及當前的問題與對策

一、臺灣近代史上幾次明顯的人口遷移型態

　　自從二次大戰結束至今，臺灣人口的內外遷移產生幾次明顯型態，被列入在此的型態主要是依據兩個要素，一是遷移的方向明確，二是遷移的數量眾多。此兩指標之所以重要，因為遷移必定涉及方向，且遷移後果的大小也最受遷移數量多少所決定。依此兩個決定類型的準則，則有六大類型值得一提：第一型態是一九四九年至一九五一年大批軍民人口自中國遷入臺灣；第二個重要型態是一九六〇年至一九七〇年代島內鄉村人口大量移入都市；第三個型態是我國退出聯合國以及與美國斷絕邦交的短期間，有不少人口移出國外；第四個類型是自一九八〇年代以來大量外籍勞工的移入；第五個類型是晚近眾多臺商移往中國及東南亞設廠經商；第六個類型是晚近移進不少外籍新娘。以下就六大類型的背景、數量及影響再略作說明。

（一）戰後從中國大量移入臺灣的軍民人口

　　一九四五年二次大戰結束，日本戰敗，國民政府接管臺灣，一九四九年國民政府失據中國，遷移臺灣。此兩年間包括政府官員、軍隊及軍民百姓共約遷入臺灣200萬人口，移入人口約為原來居民的三分之一，移入人口因掌握執政大權，故能造成臺灣的質變，包括政治權力、社會制度、文化特質等都深受移入人口主導與影響，直到第一代政治權力強人過去，政治結構、社會制度及文化特質漸有較大幅度的蛻變。

　　第一代移民來臺之後，多半都在臺灣定居落戶，僅有較少部分再轉移國外，至二十世紀末，兩岸原本的封閉政策開放，此時有部分人口回流。在臺灣落戶定居的人口與本地居民通婚生育子女者為數不少，逐漸與臺灣社會融為一體。

（二）島內人口自農村大量遷移都市

　　一九六〇年代至一九七〇年代的二十年間臺灣戰爭停止，經濟發展產業轉型，農業生產所得大大不如工商業有利潤，農村人口乃快速遷移都市，這種人口遷移的數量多、速度快，筆者曾著文說明此種遷移形態是選擇性低的大衆遷移（mass migration）。

　　城鄉人口大量遷移使農村地區的人口逐漸中空，勞動力缺乏、農業衰敗。都市地區則因人口大量移入，房價爆增、建築發展，並且也形成在短時間內公共設施不足的問題。原來臺灣人口以居住鄉村爲多數，至今臺灣居住在都市的人口已超過住在鄉村的人口。幾個大城市因爲人口及住宅密集，形成都會區，而鄉村地區的土地本來是以生產糧食爲主要用途，卻逐漸變爲供應都市人口前往休閒旅遊之用。

（三）退出聯合國及與美國斷交時移出的人口

　　我國於一九七一年十月因中共入聯而退出聯合國，一九七九年初美國與中共建交，臺灣與美國斷絕外交關係。這兩次的重大外交政治事變，造成人心惶惶，不少較富有或有門路的人紛紛取得外國居留權，並移往他國定居，其中移往美國、加拿大及澳洲者爲數不少。

　　因爲國外移民受移入國的限制極多，故移民數量較爲受限，但因移出者都爲較富有之人，故隨著移民也流失不少財富。

（四）一九八〇年代以後大量外籍勞工移入

　　臺灣經濟發展過程中，產業界及政府的建設對外籍勞工需求殷切，政府於一九八九年首度開放技術外籍勞工，至一九九二年通過《就業輔導法》，明定引進外籍勞工的辦法，外籍勞工主要來自泰國、菲律賓、印尼、越南等國。引進之初人數較少，後來逐年增加，至一九九八年時共有270,620人，至二〇一三年四月最新的統計，共有454,171人。開始時男工比女工多，目前女工人數反比男工

多，約爲60%，其中九成以看護工受聘。

引進外勞對於產業解決一時人員短缺的問題確有幫助，但也擠壓國內勞工的就業機會，此外外勞也爲社會惹上不少問題，如逃跑、打架、與仲介勾結、偷竊等，另外也有歧視、凌辱等問題。

（五）赴外投資臺商移民

臺商指的是臺灣人民移往外國從事工商活動的人口，移出較早最多的地方是中國。一般國人都知道在中國的臺商人數很多，但因官方認爲定義不明，始終未公布正式的數量。不過從每到重要選舉時，媒體報導陸續不斷有包機載運臺商回國投票，再加上許多人都說有不少熟人在中國大陸經商，不難猜到在中國的臺商絕非少數，可能多至上百萬人。

赴中國投資的臺商也許有賺到不少錢的成功者，但不少都是從臺灣的企業拆資前往，人口也隨之外移，國內的企業關閉，資金也拆去，導致國內產業蕭條，經濟衰落，對臺灣社會不無負面影響與後果。

（六）外籍新娘的移入

近來我國政治、法律、經濟與社會更趨向自由開放，兩岸關係更爲密切，加以國內婦女教育程度提升，婚姻年齡延後且不婚者比率上升，乃有大量的外籍新娘人口移入，主要來自中國及東南亞國家。二〇一〇年底全部外來配偶（包括男、女）共有297,237人，其中多半是我國男性娶進的外來女性者。至目前全部外籍配偶中來自中國者共有285,158人，占64.19%。其次爲來自越南，共有84,216人，占18.97%，其餘是印尼，占6%，港澳占2.72%，泰國占1.79%，菲律賓占1.55%。娶進外籍新娘的本國男士不少是原住民或住在鄉村的農民。

移入的中籍與外籍新娘普遍會有就業及生活調適困難的問題，故政府有深化輔導移民的政策。重要的措施包括入國前輔導、移入後輔導，以及保障其社會權、文化權、教育權、經濟權，促進移民的身心健康環境等。

二、移民的影響與後果

　　移民的住處變動，本身會受到影響，也會影響到移入地及移出地的人口、社會、經濟及政治等許多方面。前面所指近代臺灣六種重要國內外人口遷移，可歸納爲國內移民及國際移民兩大類。在其遷移過程中，臺灣有時是移入地，有時是移出地，也有同時是移入地與移出地的情形。國內人口遷移從鄉村移入都市的過程，鄉村是人口的移出地，而都市是人口的移入地；但鄉村與都市都是本國的地理範圍，同在一國之內，故城鄉人口遷移對於國家而言是移入地，也是移出地。

　　對人口數量的影響而言，移出地損失人口數量，但移入地則增加人口數量。移民的經濟影響多半是對移入地有利，對移出地則較不利。對其他方面的影響大致上也是如此，但也不一定一致，對移入地及移出地可能有利也有弊，對移民者個人的影響大致也是如此。

第四節　適當的人口數量

一、人口數量的決定及重要性

（一）決定因素

　　一個地方、國家或社會人口數量的決定因素可分兩方面說明，一方面是人口過程或動態的因素，另一方面是環境、歷史及技術等的因素。所謂人口過程的因素是指數量相當於原來人數加上一定期間的出生數，減去同期間的死亡數，再加上淨遷移數。所謂淨遷移數是指移入人數減去移出人數的淨值，若前者多於後者，則淨值為正數，對當地人口數量有助長的效果。反之，若後者多於前者則淨值為負數，對當地人口數量則呈減少的效果。

　　所謂環境、歷史及技術因素也都是人口動態以外的因素。環境因素包括土地及資源條件，包括土地或腹地面積、地形、及天然資源等，決定能養活及可定居的人口數量。歷史因素則是指過去的事蹟，包括有無遭遇戰爭、瘟疫，或曾設立過首都、驛站等重要原因，都會影響當地的人口數量。技術因素則指生產技術及克服自然限制的技術等，若技術好，則可支持的當地人口數量便可增加。

（二）重要性

　　人口數量是人口過程或動態的總結果，是決定一個地方社會組織型態、經濟生產及消費能力、政治運作等的重要因素，關係當地人民的生活方式及活動力。人多事多力量大，但麻煩也大；人少雖然清淨，但力量薄弱，建設也難展開。世界各國，或一國之內每個大小轄區內的人口統計，總數量都是一個要項，從這項統計資料大致上可知這個國家或轄區許多方面的條件與性質。

二、適當人口數量的目標與定調

對於一個地方或一個國家應有多少人口數量才適當，是一個治理者必要關心與過問的問題。尤其是一個國家，人口總量是關係其發展大計及人民生活的方式及品質。因此有眼光有責任的統治者或領導者，都必要在心中有此觀念，並且訂定適當人口政策，並以適當數量做為一項重要政策的目標。發現數量過少應設法增添，數量過多則要節制或疏散。

定義一個國家或地方的適當人口數量如何，是一個彈性的概念而非絕對數字。參考過去人口學者、社會學者、經濟學者及心理學者等提出的概念，適當人口應與資源要素、經濟要素、社會要素及心理要素相提並論。依此概念，則一地或一國的適當人口量是能使當地資源達到最合理並有效的利用，能使當地或國家的生產量最多，人民所得最高，社會秩序最良好，人民或國民的滿足達到最高點。要能同時合乎這許多條件的適當人口數量實在難以獲得，故不同的計畫者或領袖可能從中擇其一、二要素作為重要的考量依據，也常會有瑕疵與爭議，但還是要做決定。過去我國推行家庭計畫、引進外籍勞工、鼓勵生育的人口政策背後都受適當人口數量的影響所左右。許多內政上的政策措施訂定時，雖然可能未想及人口數量適當性的因素，但實施之後必定會牽動或變更各地的人口適當數量。

三、當前臺灣適當人口數量的檢討

當前臺灣的人口數量約有2,300萬，此一數量是否適當，少見有人討論。這些數目是長時間累積下來的結果，民間與政府都得接受，然而在作微量調整的措施與動作時，則多少意涵對此數量的意見。在引進外勞的政策及鼓勵生育的政策背後，似乎是嫌此數量太少；但若從大量臺商出走中國及東南亞國家此一情形來看，則背後似乎又嫌此數量太多了。

進一步將臺灣全部及各地人數的適當性與環境、社會、經濟條件關係再作檢

討。首先以這塊土地面積及土地上的有限資源如森林與礦產看，則承載2,300萬人明顯超過了適當數量，難怪每年雨季都會造成嚴重土石流的災害。從人與環境關係條件不良的方面探討，則人口超過適量問題似乎已經很嚴重，尤其以大都市地區的嚴重性更高，房價超貴，住宅擁擠，綠地也不足，目前就業困難、勞動所得下降，人民難以支付生活費用，似乎也都反應了人口過量的問題。

反過來看，我們也會有人口數量太少的時候，當企業招募勞工困難，政府憂慮稅收不足，漁船被外國船隻攻擊的時候，以及與他國比較國力的大小與地位時，又都嫌人數不夠多。人口多可較充足供應企業界所需人力，可向政府多繳稅金，可組成較強有力的反攻擊隊伍，包括軍隊或自衛隊，也可展現較強大的國力。

我想多數的國民都會同意對於現存的人口數量不能嫌多、也不用嫌少，要使人口數量處於適當的境界，比較切合實際的作法是調整人口的外在條件，愛護及保衛自然環境與資源，謹慎使用有限資源，適當節制，不過度使用。

人數在社會心理方面也應略作適當的調整，養成與人口相關事項作適當利用與維護的態度，少給心理上加壓力，也使心理上對於人口數量的處境及相關事項，能較容易滿足。

臺灣的土地很少，以小小彈丸之地承擔2,300餘萬的人口。以土地面積與其他國家比較，臺灣則排名相當落後，但以人口數量與其他國家相比，則名次列在相當前面。這麼小的土地與這麼多的人口，其決定因素有不少是難以改變的，但我們可藉由適當使用土地等資源，及利用科學技術來幫助國人與自然條件之間作較良好的調整，不必要使用太大動作去調整人口數量的變數，可藉由調整人口以外的變數，使人口數量的要素與外界變數能達成較適當組合的境界，使之符合或接近適當人口的情況。

第五節　優良人口品質的目標

一、優良人口品質的重要性

　　對於一個社區與國家而言，人口是基本要素，而人口的品質與數量都同等重要。在數量方面，過多或是過少都不合適，適當的數量才是最佳情況。品質方面則要優良，優良品質的人口是決定個人生活品質及健全社區與強盛國家的重要基礎。個人的體質如果不良，其生活品質必然也不佳。如果只有人口的量，而缺乏優良的品質，則人口所構成的社區或國家都難藉由人口的助力來促進發展，反而會被不高品質的人口拖垮。

二、衡量人口品質的指標

　　人口品質良否的衡量與決定應以若干重要的指標作為準則。一是健康條件，二是教育程度，三是工作能力。如下就此三種重要指標的性質再略作說明。

（一）健康條件

　　人口健康是決定其品質的一大要素，人口的健康則是由許多個人的健康得來。個人的健康涵蓋了生理健康及心理健康兩大方面，前者是指各種生理方面的結構與功能健全，後者則是指非生理方面，也即精神方面的健康情況。

　　影響個人健康條件因素包括先天的遺傳及後天的保養與磨練。先天遺傳的基因決定體質的強弱及許多疾病的根源，這種基因是由父母傳給兒女，再由兒女傳給孫子孫女。人一生出來，先天決定健康的因子就已隨身不離，難以改變。

　　後天保養與磨練則是於出生脫離母體以後才決定的，是可以改變的，保養的因素主要包括得自食物營養、環境衛生及醫療技術等。每個人後天的條件不

同，對健康的保養條件與功能不同，影響健康的情況也不同。磨練是指個人經由運動、行爲習慣所造成的影響因素，不同的磨練方式或程度可能會有助健康，也可能有害健康。

（二）教育程度

人的素質與能力得自先天部分的很有限，由後來接受教育，經由學習所獲得的效果則很大。教育的途徑則包括非正式的私下感化或影響，以及正式在學校中的學習過程。教育是外界授以個人，但個人也要同時接受與學習，教育才能發生效果。不同人的一生接受教育的期間不等，可以經由教育改善品質的效果也不等。由外表衡量，我們常使用接受教育年數作爲衡量教育程度與人口品質的一項指標，事實上用此指標衡量並非完全正確。有人在校時間很長，但並不努力學習向上，表面上教育程度不差，但對於個人的能力品質的改善效果不大。但有人一生在校接受教育的時間很短，卻能努力自學上進，其個人的能力、品德的提升與改進得之於無形的自我學習，效果卻更可觀。但是這種反常的情況卻很特殊，一般來說，一個民族或一個國家的人口品質都與人民受正式教育的平均年數有密切的相關性。受教育的人數愈普及，在學的時間愈長，能力品質都會較佳。

（三）工作能力

人口的品質由其工作能力來衡量與表示，更顯具體可信。人的工作能力受前面說明的健康條件及教育程度所影響，此外還受其用心、習慣、天份或年齡、經驗等因素的影響所決定。一個人工作能力高低與好壞，常決定其對團體或社會的貢獻多少，因此用人的機關常以員工的工作能力來作爲決定或參考給其工資或報酬的條件。

社會上人口的工作能力高低是匯集所有個人工作能力而成，社會上人口工作能力的高低直接影響生產效能與生產效率。一般人口中的工作能力已分成勞動力與創造力或腦力，決定勞動力好壞的因素是體能，而決定其創造力或腦力的因素

是智力或聰明才智。

三、提升人口品質的策略或方法

從上面三項決定人口品質的內容可推知人口的品質大部分可由人為的策略與方法來提升或改善，而且有效的策略與方法也很多。其中教育是政府為提升國民品質最常採行的策略與方法，企業機關則常使用訓練來加強員工的工作能力或工作品質。至於要促進人體健康的品質，則政府、社會與家庭都要全力關注與用心才能見效。

除了本章節所提三種促進人口品質的策略與方法以外，由改變或調整人口結構也是有效的策略與方法之一。有關人口結構的性質與應用將在下一節與人力資源的課題一併說明。

第六節　穩定合適的人口結構與充實人力資源

一、人口年齡結構與人力資源的關係

　　討論社會中人口要素的應用，必需討論人力資源，因此也不可忽略人口的年齡結構。人力是人口中能用爲提供勞務、參與生產等活動的部分，這部分人力大多得自人口中介於特定年齡範圍內，一般是指十五歲至六十四歲之間，且又有參與勞動者。在一群人口中，勞動人力所占比率高低與其年齡結構有密切的關係。如果小孩人口及老年人口所占比率高，則人口中的人力所占比率就會低，反之，小孩人口及老年人口所占比率低，則勞動人力所占比率就高。

　　多數的社會或國家最有價值的人口年齡結構是兒童人口比率及老年人口比率都低，年輕力壯、有勞動能力年齡的人口比率高，如此年齡結構的人口生產力強，只吃飯消費不能做事的人口少，因而社會的負擔也相對較少。但是一個社會的人口很難使兒童人口與老年人口所占比率都低，往往小孩比率較高的人口，老人比率都較低，反之，小孩比率較低的人口，老人比率都較高。一個最理想與最有價值年齡結構的人口也不能永遠都理想並有價值，因爲生育與死亡動態會影響與改變年齡結構。假設死亡率不高但生育率高的人口，小孩人口比率會增高，老年人口比率會降低，反之，生育率低的人口，小孩人口比率會降低，老年人口比率會增高。至於生育率高低的變化對人力部分所占比率的影響是會增高或降低，則要視小孩人口增減與老年人口增減消長的結果而定，如果老少兩者人口比率的和增加，則人力部分比率下降，反之老少兩者比率的和減少，則人力比率會上升。

二、年齡結構的變化

　　人口中各年齡人口比率的增減如大蛇吞蛋，新增幼年人口比率先在蛇口部位

凸出，隨其年齡加多，則凸出部分漸往離口較遠的深處移，最後吞食到尾巴，即成為老年人口的膨脹。

　　過去最常見的人口年齡結構的型態是金字塔型。受到出生、死亡及遷移的影響，則年齡結構的型態可能改變，有可能變為寬底、蜂窩、鐘乳、酒瓶、倒金字塔等各種不同形狀，不同形狀年齡結構也反映人口中人力資源相對充沛或欠缺。

三、當前臺灣年齡結構與人力資源的問題

　　目前臺灣人口的年齡結構受到低生育率及壽命延長的影響，先是兒童人口部分的比率變少，老人部分變多，隨著時間的移轉，工作年齡部分的人口所占比率愈為減少，老人比率愈為增加，造成勞動人口對老年人口的負擔逐漸加重，漸有負荷不起之勢。

四、穩定合適年齡人口結構的策略與方法

　　臺灣為能修補變形的人口年齡結構，使其成為合適的形態並穩定，也使勞動人力能較充沛，從長計議的重要策略與方法是，鼓勵正常的婚姻及生育，使日後工作年齡的勞動人口能較充沛，負擔老年人口的能力能漸增強。為提昇生育水準，可以用獎勵的方式鼓勵已婚婦女生育，適婚而未婚的男女結婚，對難婚的年輕男人則准其由外國引進新娘。

　　在短時間內未補充短缺的勞動人力，則也能以引進外勞補充，但這絕非長久之計。對於難以避免日漸增多的老年人口，必要以人口以外的策略與方法為之應對。經由設立老人安養場所，以專業服務性的方法收容並照護家庭難以照護的老人。當人口趨於高齡化，人口年齡結構變為老人比率高居不下的情況，此種家庭外養老場所的設立與服務，成為必然發展的趨勢。

第七節 調和的兩性關係

一、人口性別組合的平衡性不調和問題

出生人口的性別組合原很平衡，大致上均為男女各半，但經由遷移、教育、婚姻、就業等的選擇過程，致使在許多方面的社會團體、組織與類屬形成兩性會有不調和與不平衡的問題。例如人口遷移流向中有可能選擇兩性中的一種，致使移入地與移出地兩性人口產生不平衡與不調和問題。

許多傳統社會，教育上對女性會有歧視，以致造成兩性人口的教育組合出現甚不均衡或不調和的情形。過去流行非一夫一妻制的婚姻，造成兩性人口的不平等性與不調和。今日自由選擇的婚姻觀念與制度，也造成一部分人口在婚姻機會與意願上較有困難，許多人遲婚或不婚，也導致婚姻的不平衡與不調和。在就業機關或團體，由於職務特殊或因歧視的理由，兩性的比例也常有不均衡與不調和的現象。

二、民主觀念的興起與兩性平等的要求

以往許多傳統保守的社會，缺乏民主觀念，在家庭、社區與國家中多半由男性奪權，對女性會有壓榨支配的行為。但現代民主觀念興起，女性主義抬頭，極力要求兩性平權。女性在教育、就業與參政等的機會都大為提升，甚至不輸男性。

三、消除性別歧視與調和兩性互動的多種社會機制

社會對男女平等的要求，終將會消除性別歧視，也調和兩性互動，這種目標可經多種社會機制而達成。這些社會機制，包括學校的教育、媒體的宣導、輿論的控制、政策的制定與實施，以及法律的制裁等。

參考文獻

中文文獻

內政部，2012，中華民國人口統計要覽。

行政院，2008，人口政策白皮書，針對少子化、高齡化及移民問題對策。

蔡宏進，2010，人口學，三民書局股份有限公司發行。

蔡宏進、廖正宏，1987，人口學，巨流圖書公司印行。

蔡宏進，2004，臺灣人口與人力研究，康山出版社。

英文文獻

Council for Economic Planning and Development, 2012, Taiwan Sratiatical Data Book.

Micklin,Michael, 1981, Population Contral, in Marvin E. Olsen and Michael Micklin ed. Handbook of Applied Sociology, pp. 457-486.

Pillai,Vijayan K.and Rashmi Gupta, 2007, Applied Sociology and Demography," in Dasgupta, Samir and Robyn Driskell ed. Discourse on Applied Sociology, Anthem Press. London, New York, Delhi. pp. 213-232.

Tsai, Hong-Chin, 1971, "Optimum Population in Taiwan", Economic Review, The International Commercial Bank of China, pp. 5-16

Tsai, Hong-Chin, 1978, "Developmemt Polioy and Internal Migration in Taiwan," Journal of Population Studies, NTU. No2. pp. 27-59.

第三章　建立穩固的社會基礎：
　　　　　工作、婚姻家庭與社區

社會學的重要應用價值在於能由其原理的應用而建立社會穩固的基礎，進而能促進社會的發展。要能穩固社會的基礎，則安定的就業、婚姻與家庭及社區都甚為重要。本章據此觀點先說明三種基礎要素的重要性，進而探討晚近臺灣社會在這三項基礎要素方面出現的問題及改進之道。

第一節　就業、婚姻與家庭與社區安全對穩固社會的重要性

一、就業安全的重要性

　　就業是指個人能有工作可做，從工作中獲得收入或報酬，供為生活的費用支出。沒有工作即形成失業，也就無收入，食衣住行育樂等生活費用來源無著，必然會起恐慌不安，心情浮躁，行為暴戾異常。

　　就業安全是安定個人生活的最根本要素。失業則是個人也是社會的亂源。常見失業者在生活上失序後表現的異常行為有偷竊、搶劫、殺傷他人、遊蕩、吸毒、其他犯罪或心理神經失常。造成個人不安，也擾亂社會的安全與安定。

　　當多數的人失業時就形成社會的高失業率，社會中到處可見無業遊民，到處潛伏危機，是個人的不幸，也是社會的不幸。因此世界上有為的政府無不將人民充分就業視為重要的施政目標，盡力量降低失業率，提升就業率。辦不到就成為無能的政府，為人民所唾棄。

二、婚姻與家庭穩定的重要性

　　家庭是構成社會最基本的組織單位，家庭主要由婚姻構成，有穩定的婚姻與家庭，也能穩定人心，也才能鞏固社會。中國古訓中有「齊家、治國、平天下」。齊家是指家庭能和樂安定，這是穩定人心至為重要的條件。家庭失和或無家可歸的人，心神不定，可能到處闖禍，危害社會安定。

　　社會上許多問題青少年都出自問題家庭，常因父母失和離異，對兒女失去管教。失去家庭的成年人，也很容易陷入犯罪，與其心中缺乏溫暖，心無牽掛，不顧人倫道德為所欲為，不無關係。

三、社區安全的重要

　　社區是介於個人或家庭與大社會之間的橋樑與媒介。對於每個人及家庭的日常生活極爲重要。無家庭之人也必需生活在社區之中，每個家庭都分布或被包容在社區中，居住在同一社區的生活圈中，在社區中購買生活必須品，處理許多人情世事，並與政府打交道，受政府保護，也爲政府辦理有關戶籍及繳納罰款及稅金等責任。有些人可以過無家庭的生活，卻無法過無社區的生活。即使是無業的遊民，也都流浪在社區中，很難離開社區遠離人群，長時間處在沒有人煙的社區界外。

　　社區給個人及家庭方便，每個人及每個家庭每天都要與社區互動，除了獲得社區服務，也常加入社區內的組織，包括與同一大廈的人或鄰居之間建立關係，兒女進學校讀書，父母加入家長會。鄉村社區中還有自衛組織，有宗教團體，都由個人或家庭所組成。都市社區中則有不少興趣團體與組織，也有許多就業機關，都能吸收許多個人或家庭成員。

　　社區不僅對個人及家庭重要，對全社會也重要，由社區的中介作用，使個人與家庭容易與大社會結合。個人及家庭從社區中學得與他人互動及結合的規矩與習慣，才能習慣與大社會相結合，連結大社會或國家的規矩，遵守其秩序，成爲一個善良的份子，這對大社會或國家的安定極爲重要。社區不僅幫了個人及家庭大忙，也替社會國家幫了大忙。下對個人家庭、上對社會國家的安定都功不可沒。

第二節 高失業率問題與政府的職責

一、晚近高失業率的發現

　　臺灣在一九五二年代以前經濟發展的程度低，勞動者失業或隱藏失業率高，在一九六○年時失業率還高達4.0%。往後經濟發展，自一九七○年代以後至一九八○年中期，失業率降至3.0%以下，一九八○年代中期以後，經濟快速成長，失業率曾經降到2.0%以下。但是到了二○○○年代初以後，失業率逐漸上升至4.0%，甚至越過4.0%以上，而且持續至二○一○年代前期，至二○一三年四月仍高至4.07%。時間已持續十餘年之長。

二、導致長時間高失業率的政策原因

　　長達十餘年的高失業並不是短期間的摩擦性失業，而是長時間的結構性失業或循環性的失業類型，此種失業是因經濟結構改變，尤其是經濟不景氣所產生或引發者。而造成的原因，政策的因素至為重要。何種政策導致近年來臺灣結構性及循環性的高失業問題？原因與政府開放產業外移的政策有密切的關聯。

　　近來政府的經濟政策更加開放，與中國的關係變為更加密切，准許許多廠商往外投資遷移，其中最多西進中國。開放廠商自由轉移資金與技術的結果，許多廠商關閉國內廠房或縮小在台的規模，釋出的勞工，難再就業，失業者增多，失業率提高。依據官方的統計資料，自二○○二年失業率竄升至4.6%，以後居高不下，至二○一○年高升至5.9%，為歷年最高點。自二○○五年以後，每位就業工作者的工資也明顯下降，二○○五年勞工每月平均工資為30,384元，至二○○八年降至29,311元。在二○一二年時20～29歲勞工每月平均所得僅有28,368元。

三、提升就業率的措施與檢討

　　造成失業率上升的原因有多種，降低失業率或提升就業率的措施或辦法也有多種，過去各國較常推行的政策措施包括：1.增加政府投資，創造就業機會；2.辦理就業技能訓練，增進失業者就業能力與機會；3.減低稅賦，鼓勵消費，增加支出，促進就業；4.降低利率，增加貨幣供給，促進交易、消費與投資；5.調整外匯、增加輸出，減少輸入。當前臺灣處在高失業率狀況，這些有效辦法都可供嘗試。唯現階段高失業的主因是產業外移，因此鼓勵產業回流成為大眾的重要期望。如何能有效鼓勵產業回流，則有效辦法無非是提供優惠辦法。曾被提及的具體辦法至少有十要項：1.鬆綁外勞總量；2.將本、外勞基本工資分開；3.引進白領人才；4.減稅；5.協助融資；6.協助研發；7.簡化行政手續；8.工業用地租金減免；9.設置經濟特區接納回流企業；10.對根留臺灣的產業多予優惠。

　　上舉這些政策措施真能實行，對鼓勵台商回流，多少必會有效果。但是這些辦法當中，真正實施起來，也會產生不公不義的矛盾與問題。例如鬆綁外勞可能更加擠壓本地勞工失業。對回流廠商減稅融資，是否也對留住本地的廠商同等優惠，如否，則明顯會有落差或不公平。如果給廠商減稅及融資幅度太小可能不起作用，太大則對其他納稅人也造成不公。工業用地取得減免租金的問題是能減卻不能免，減也要有限度。晚近曾有地方行政主管機關為方便取得工業用地，卻強迫向農民徵用農地，導致農民失地後難以謀生而以自殺抗議。扼要列舉的這些問題都是潛藏的困難與缺點。實也值得政府決定與實行時，必要再做較細密的規劃。

第三節　婚姻與家庭對穩定社會的意義與變相的現象及問題

一、對穩定社會的意義

婚姻與家庭常相提並論。因為兩者關係密切，多數的人都經婚姻或血緣關係而組成家庭，要組成合乎規範的家庭，也必須經過婚姻的過程。當前正常的婚姻是指兩個達成法定年齡的男女，又有愛情的基礎，經過公開儀式，結合成夫婦，共築新家庭，組成家庭之後即要經過戶籍登記，受法律的保護與約束。

家庭是最小也是最基本的社會單位，在世界上最普遍的一夫一妻制度下的家庭，最先由兩人組成，而後生育子女，再由子女傳孫而逐漸擴大。家庭對社會的主要意義是打造社會的基礎，為社會克盡生育、教育、保護、與開發經濟的功能。自古以來家庭就替社會扮演生、管、教、養、衛等重要角色。為社會奠定安全穩固的基礎。

人被生下來如果缺乏家庭的養育與照護，必定增加社會的負擔，社會也不容易替代家庭將新生嬰兒自小養育成人。因此缺乏家庭扶育與教養的兒童，常容易變成問題少年，而後變成問題人物，增添社會的麻煩，浪費社會的資源。

二、變相的婚姻與問題家庭

社會上多半的婚姻都很正常，當事者兩相情悅，獲得雙方家長同意，經過正常的程序而完成婚姻。但是社會上也有不少變相的婚姻，其過程、方式與基礎都有異於常態。這種變相的婚姻對社會會有威脅，容易引起困擾，不值得鼓勵，卻值得探討與調適或避免。

過去臺灣社會較常見的變相婚姻有童養媳、招贅、冥婚或鬼婚與買賣的婚姻等。晚近較常聽聞的變相婚姻則有異國婚姻、騙婚、同性戀婚姻、同居、投

保婚姻或婚姻保險、未婚生子、替代孕母等的不正常婚姻或與婚姻相關的異常行為。在此對於早前異常的變相婚姻不加多說，只對晚近逐漸盛行的變相婚姻再多做一些說明。

（一）不婚與晚婚

當今臺灣年輕人不婚與晚婚的問題嚴重，與過去「男大當婚，女大當嫁」的觀念大不相同，可能因為女性教育程度普遍提高，不再願意奉父母之命結婚，也因男女交往的不結婚卻能滿足性欲望的機會較大。又近來經濟景氣不佳，都市房價高漲，影響許多年輕人談婚姻而色變。青年男女不婚或晚婚，造成低生育率，已危及社會與國家的安全，情況相當嚴重，不能不加以正視。

（二）異國婚姻

此種婚姻模式的廣泛意義是指本國人與外國人之間的婚姻，雙方都可能有男有女。但是當前狹義的異國婚姻特指本國中下階層男性，因在本國娶妻困難，以致不得已迎娶外國新娘的婚姻。案例很多，其中不少到目前都尚未入籍。外國新娘最多來自中國以及東南亞國家。

這種狹義的異國婚姻具有較多變相的性質，一來是情勢上迫不得已造成，結婚時雙方少有認識，也常使用金錢交換。婚後不適應問題相對較大，包括虐待、逃離、夫妻年齡懸殊、生活習慣不同、語言不通等問題，給社會的負擔也較大。

（三）騙婚

社會上詐騙行為猖獗，也包括對婚姻的詐騙。詐騙的方法有於騙得對方金錢後不履行結婚的承諾，也有為能方便入境或為騙財騙色等目的而製造假結婚。騙婚的行為容易造成糾紛，為社會帶來不信任，也不平安。

（四）同性戀婚姻

這種婚姻方式較早見於西方社會，在國內可能也有，但較隱藏性，只在私下許諾進行，少有公開聲明的情形。但是其存在對於正常的兩性婚姻會有阻礙與傷害。

（五）同居式的假婚姻

目前年輕人以同居方式過家庭生活者有日漸增多之勢。同居者的生活方式與婚姻生活少有差異，只是缺乏法律基礎，也因而相對較不穩固，因較少約束，也較容易分手離異。

（六）投保婚姻或婚姻保險

這種婚姻是指將現代商業保險的制度加入到婚姻領域上。最多的投保方式是丈夫投保，妻子受惠，目的在取得妻子的安全與安心，增加婚姻的穩定度。但如果這種制度是起自一方脅迫，另一方不得以就範，必然容易使婚姻變質。

（七）未婚生子及替代孕母

這兩種行為並未有合法婚姻之實，但在性關係上卻接近婚姻之實。也因而對婚姻制度具有扭曲的影響。未婚生子常給未婚媽媽造成不便與壓力，出生的兒女則常成社會需要照顧的對象。

（八）離婚

離婚是終止婚姻關係的行為。臺灣在近十年離婚與結婚對數的比率約為40%，離婚率之高成為亞洲之冠，在全世界也高居第四位。造成原因很多，其中女性主義抬頭，婦女就業機會與社會地位提高是最重要者。

離婚的結果固然可使惡劣婚姻解脫的好處，但不良的後果也不少，當事人身

心折磨、兒女心理容易形成不健康、教育不健全。有者還會遭受金錢財產上的損失，是代價很高的行為。

　　離婚對全社會的不良影響也不少，造成單親家庭，容易使家庭經濟變窮。當事人心裡扭曲，子女教育失常，容易犯罪，成為社會的亂源。訴離事件造成婚姻的不良示範，使民眾對婚姻失去信心，離婚者及其子女常需要社會福利的照應，增添社會及國家行政的負擔。離婚導致的家庭破裂，也破壞姻親及其他社會關係，有損社會的祥和氣氛。

（九）婚姻暴力與霸凌

　　近來臺灣社會暴力與霸凌事件頻傳，以中小學校學生之間的問題最受社會輿論的注意。傳言中的家庭暴力與霸凌事件也不少，許多學校內的暴力與霸凌可能造因於家庭。由家庭內的暴力與霸凌所引發或傳染。家庭霸凌又以夫妻間的霸凌最為嚴重。

　　婚姻暴力或霸凌以中低階層者相對較多，但在上等家庭中也不無發生的可能。暴力是最粗野的霸凌，但有些夫妻間的霸凌則會用語言傷害。婚姻暴力與霸凌發生在夫婦之間，常是導致離婚的原因。

三、應對變相婚姻與家庭的策略與方法

　　臺灣社會對於本節所指多種變相的婚姻與家庭現象與問題，有者有較明顯的應對策略與方法，有者則較少有過問。對其中未婚、晚婚及異國婚姻與家暴有較明顯的社會福利政策介入，對於離婚問題，則較多由民間社會服務團體參與勸說，對其餘項目則較少有作為。此四種有較多社會介入的變相婚姻現象，也因其關係的人相對較多，於此再多做些說明必要的應對措施與方法。

（一）應對不婚與晚婚的措施與方法

應對不婚與晚婚的措施，在政策上已立定增加男女婚姻媒合機會，提高有偶率並提倡兒童為公共財的價值觀念。重要的措施在以往已提出不少，包括加強兩性關係的教育，推動家庭協談與婚姻諮商，兵役的配合，鼓勵公營單位對有子女家庭的多種優惠措施等。除了政策措施以外，經由家庭及社會輿論導正婚姻的正常觀念更為重要。

（二）對外籍新娘的應對措施與方法

外籍新娘問題有兩個環節極需要政府或社會給與適當的援助，其一是在引進時防止黑心集團當成人口販賣手法輸進，減少對於新娘及男方受到傷害。故政府對於仲介團體應立案管制並切實監督，對於引進的新娘則有必要仿照其他進步國家作好其生活適應的輔導與服務。民間的社會福利團體也有必要參與協助輔導與服務工作。

（三）對於離婚問題的應對措施與方法

見於我國離婚事件越來越多，社會上對此問題也應有適當應對的策略。目前對於離婚的諮詢與勸導工作多半是由民間社會福利團體提供服務，政府則負責在法庭上做最後的裁判。從發生事件不斷增多的現象也可看出，此種問題尚存有許多努力去挽救的空間。除了社會福利與服務工作團體之外，教育文化機關、資訊傳播媒體與宗教團體似乎也都必需努力參與應對，使社會受到離婚的傷害能減到最少。

（四）應對家暴問題家庭的策略及方法

社會上不少家暴問題常被當為家務事而少公開，較嚴重者才會有社會服務機關及治安機關的介入。政府社會行政系統雖設有保護令，也設有家庭暴力防治官及兩性關懷專線，家庭暴力及性侵害防治委員會，以及多種相關法案，但多半的

國民都未知加以運用，有必要多加宣導。

　　近來社會工作服務逐漸普遍也甚受肯定。經歷家暴的家庭或個人不妨多向社區諮詢，請其提供建議及協助。公私立的社工人員也有必要主動探訪家暴的案例，給其必要的協助。經由人民及社會各界的共同努力，使社會變為祥和，家暴事件應可減低。

第四節　發揮家庭社會功能的展望

一、家庭功能式微及再發揮的必要性

　　對家庭功能的研究最適合應用社會功能的觀點與理論加以探討。在本章第一節已說明家庭是社會的最基本單位，因為家庭為社會克盡許許多基本功能。然而在今日高工業化與都市化的時代，個人主義抬頭，家庭觀念逐漸淡薄，家庭功能式微，危及社會的穩定與安全，有必要重新振作與發揮。

　　從應用社會學的角度看家庭，務必要再發揮其功能，使能再為社會建立堅固的基礎。展望未來，可發揮的家庭功能也不少，如下針對若干基本社會功能，指出必要加強與改進的目標及方法。

二、生育功能的加強

　　當前生育率超低的問題使政府視為國安危機，必須合理提升。而提升生育率的職責則落在家庭上。家庭要能發揮生育功能的重要途徑有二，一是適婚而未婚的份子走向結婚之路；二是已婚的年輕夫婦努力生育子女。家庭能接受這種理念並執行，社會生育率偏低之疑慮便可減輕與消除。

三、經濟單位功能的維護

　　在此所提發揮經濟單位功能並非指恢復農業時代家人共同作業農事，並且同桌共饗之意，而是必要加強發揮家計共同預算。此一目標值得發揚，因為具有表示家庭凝聚的意義，必要加以維護乃因見於當今工商業化社會家庭的年輕份子在外就業，收入所得歸私，支出開銷則賴父母家長支付。此種觀念與行為甚有傷害家庭的一體性。

　　家庭經濟單位功能觀念的維護與發揚可由家庭與社會共同提倡與努力。多半未能履行的家庭常因有人生產不力、消費失當，引起其他份子不滿不平而不能將收入歸公，或因較有生產能力的份子私心作祟，而不願與他人分享生產所得。如要打開阻礙關係份子不當消費或私心的觀念，則有賴社會共同提倡並維護家庭生產與消費一體的經濟單位功能的理念。

四、子女道德人格教育功能的發揮

　　當前多數家庭太強調與依賴學校的教育職責與功能，遺忘了父母對子女教育的職責比學校還重要。事實上當今學校教育內容有逐漸趨於職業養成的方向，較少注重道德人格的培養，將子女教育委託學校，即使子女認真學習，學校認真教育，也不易收到養成良好人格道德的效果。家庭中為人父母者必要能正視此一問題的嚴重性，在子女道德人格教育方面多下功夫。

　　實際上有效的道德人格教育，也非以上課讀訓的方法為是，適時的身教與言教最能產生教育的效果，使道德人格觀念能深入後代子女的內心，日後才能將內心中的觀念與記憶表現於行為上。在此所謂「適時」，很必要由家長細思與體會，可能是在飯桌上，可能在看電視時間，可能是當子女本身行為有錯誤時，也可能是看到他人有特殊行為表現時，都是良好言教與身教的時機，值得為人父母者用心與努力。

五、養老功能的發揚

　　隨著人口老化，每一家庭都很容易出現老人需要扶養與照護。當今不少家庭不僅出現年輕人必要扶養與照護老人，而且出現老人需要扶養與照護老老人。然而也有家庭對老人或老老人棄養不顧者，更有多數的家庭將老人的扶養與照護交由安養中心。其中不少是情非得已，但也有不少家庭未盡全力者。未能盡全力用心用力扶養與照護老人的家庭很有必要加強，由發揚孝心與愛心做為出發點。使

老人得以善終，減少留下愧疚與遺憾。

六、宗親互助功能的提倡

提倡與發揮宗親互助功能是現階段很值得也很必要擴展的家庭功能之一。宗親是家庭的延展，在古時農業社會曾有良好的習慣與制度，以宗親力量奠定非正式的社會福利與安全制度的基礎，替社會舒緩貧窮與不幸家庭的壓力，甚至能幫助家庭發展。如今此類功能逐漸消失，可能逐漸被正式的社會福利與服務制度所取代，也因家庭功能式微之故。

宗親互助最能具體提倡與建立的措施與辦法是，設立基金會，以及提供人力支援的組織團體。前者可由宗親中較富有者捐獻，提供貧窮宗親獎學金或濟貧補助金。後者則由成立組織，提供合適必要的人力服務，協助解決宗親的困難與問題。

第五節　鄉村社區的衰微與都市社區的膨脹與渙散

一、農村社區人口與人力流失

當今臺灣的農村從遠處望去，外表上新屋與高樓為數不少，實際上與在全盛時期比較卻顯衰微許多，人口與人力大量流失。到近處觀看外貌，無人居住的破舊空屋也有不少。一個原來有近300戶，人數1000多人的傳統農村，目前實際留住的家戶不到兩百，人口也僅剩400或500人。

從農村流失的人口與人力，都往城市遷移，甚至也有到中國開設農場、工廠或經商謀生的人。人口與人力帶走了對故鄉的關切與懷念。不少人出走以後也切斷了與鄉土的連結。

二、農工產業蕭條，房舍田園荒蕪

人口與人力流失的原因與農工產業不景氣有關。人口與人力流失之後許多田園休耕荒蕪，屋子沒人居住，學校少有學生，集鎮街上戲院商店與市場有的關門，有的生意也很清淡，鄉村工業區中的工廠，關閉停業者為數不少。

三、鄉村社區相對貧窮與不安

人口都市化的結果，資金也集中到城市，鄉村社區相對更加貧窮。以前都市不發達的時代，農業是主流職業，雖然鄉村人民的農業收入不多，但錢卻比今日好用。當時農民並不富有，但不比今日相對貧窮。今日鄉村相對貧窮，是因為工商企業及都市居民的所得水準比農民的所得水準高出許多，鄉居農民成為社會上最貧窮的一群。

　　近來農村變得更窮也因在農村地區兼業機會變少。在早年工商業起飛初期，農村工業區中工廠林立，提供農村居民許多兼業的機會，也使農村居民不難獲得農場外的收入，農民所得與工商所得的差距縮小。但是好景不常，近來因為對岸投資更加開放，尤其是兩岸關係接近，許多工商企業連人帶資金與技術都流向對岸的中國。鄉村工業區中許多工廠關門或毀棄，農村居民在地就業與兼業機會變少變難，缺乏農場外所得，只靠農業所得或休耕補貼收入，生活水準只能維持在貧窮線水準。

　　鄉村居民相對更加貧窮，對於社會的安定會有不利影響，低收入者對政府施政不滿意程度增加。目前全民對中央政府的施政滿意度低到20%不到，接近谷底。相對貧窮的鄉村居民生活較不好過，其對施政滿意度也不無偏低之可能。不滿施政的人民對政治與政府缺乏信心，很容易走向街頭。政治立場也較傾向在野。臺灣政治選票自濁水溪以南廣大鄉村地區都較傾向支持綠色的政黨，與鄉村社區相對貧窮不無關係。

四、可貴鄉民組織的瓦解

　　鄉村社區衰微，人口流失之後，原來不少可貴的鄉村組織也因而瓦解，甚為可惜。多項可貴的鄉民組織包括行之甚久的鄉民換工互助組織、鄉民自衛組織、習武團體、問題與糾紛的調解組織、以及後來推行的農業推廣組織等。這些組織幫助鄉村社區居民解決許多自己能力難以解決的問題，也改善鄉村居民許多方面的生活機能，並溝通居民之間的感情。農業推廣組織更能幫助農民發展農業產銷知識與技術，以及改善家庭生活的技能與方法。

　　可貴的鄉村社會經濟性以及教育福利性的組織，因為在地人口外流，以及有些地方有外部人口內流。以致喪失了穩固與互信的社會關係，組織也因而解散，不再能夠復興。缺乏穩固的社區組織基礎，社區的發展計畫少能自然萌起，發展的行動也較難展開。

　　鄉村中可貴社區組織喪失，也會失去發展的開創者、媒介者與活動者。對於

社區變遷與發展是一種損失。目前鄉村居民遇到較大的事情與問題，例如婚喪喜慶典與農事的播種收穫等，不再能有組織份子，或左鄰右舍友人的幫助，因而也不能節省開支。要辦理這些事情只能委託職業性的團體代為效勞，都需要花費不少錢。沒錢的窮人辦理起來，就很困難。

五、暴增的都市人口與住宅

在鄉村社區人口與人力流失的過程中，都市因移民的進入而使人口暴增。隨著人口暴增，房屋住宅也不斷興建而暴增。人口移入都市使都市的政府擁有眾多人口而加重地位。都市內部組織也趨於多樣複雜，人民對於公共設施與服務的需求為之增加。引發都市社區發生不少社會問題，包括缺乏節制的耗費建設預算。

六、城市中五花八門的不當團體組織與行為

眾多複雜人口聚集的城市，形成五花八門的團體組織，其中不乏是正面積極建設性的，但也有黑暗不明的不當或非法的種類。

在極權專制的國家，政府對不喜歡與不滿意的社會團體組織可用法律規定將之劃分界線，將規定以外的團體組織以非法組織為名，捉捕歸案。但在較民主國家，人民有較寬廣組織團體與結社的自由，法律的限定較寬，對有些不當的組織團體並未將之界定為非法，甚至也給予合法化，政府對有些色情行業，發給牌照，即為一例。

現在臺灣存在於城市社區的不當團體組織為數不少，包括非法的，與合法但失當的。此類組織以黑社會團體與組織最具代表性。此類團體組織主要目的與行為特性是以武力討債，經電話詐騙，介入重要建設綁標搶標，分紅，非法販運與出售槍枝與毒品，經營色情行業，開設電玩行業，開設賭場抽取費用，不法汙染企業、不法藥物或食物製造集團，非法仲介抽取佣金，協助偷渡走私謀取暴

利，擄人爲娼或綁票，公然或在暗處搶錢，以及職業殺手等。

　　城市社區中存在不當團體組織，乃會表現不當行爲，行爲者得利，其他人就受害，包括直接受害及間接受害，有人破財，有人傷身、傷心或損命。受害者多，表示社會問題嚴重，需要政府以公權力加以處理，使能維護社會的公共安全。

七、不良建設與服務供需及預算經費的浪費

　　城市人口膨脹，公共建設與服務需求增加，政府也有理由主動提供公共建設與服務。每樣公共建設與服務都必要花費人民納稅的血汗錢。如果建設與服務不良，則支付的費用變成浪費。在城市中政府所花費的建設與服務預算及支出，是必須者固然有之，而屬不必要的浪費者爲數也可觀。浪費的政府卻都能依法有據，振振有詞，少有感覺，可能因爲所花費的是大眾的錢，而不是官員自家的錢。

　　城市中最能明顯可見的不必要花費的建設，包括道路的不當修補，公園的花草種後拔除，除了再種，花錢如流水的煙火，過水雲煙的花卉博覽會。這些活動的經費預算數目都不少，產生的效果卻有限。雖然不良建設與服務不僅發生在城市，鄉村地區災後暴露的豆腐工程，也甚常見。但城市的財政普遍較佳，建設與服務浪費的情形自然也較容易發生。

第六節　整頓與促進社區組織與發展

　　社區即然是穩定社會的重要基礎，就必須應用社會學使社區健全。可先由應用社會學於社區的建設與發展上。有效的方法包括經由整頓與運用社區組織，促進社區發展，重要的細項如下。

一、復興鄉村社區內優良功能的組織

　　鄉村社區原有不少功能優良的社會團體與組織，卻在人口與結構的變遷過程中流失或消冗，極有必要加以復興，使其優良功能再現。

　　在復興鄉村社區組織的過程中，除了找回舊有優良的組織使其恢復活絡，也有必要注意社區結構的變化，引發適合人民新需要的新組織團體，使人民的生活內容更為充實，品質更為提升。目前當鄉村人口老化情況相當嚴重之際，經由發展可促進老人健康生活的休閒性興趣組織，及照護性的福利服務組織，是很適合新推展的社區組織項目。

二、推動農村再生計畫與發展

　　農村再生計畫是當前政府農政部門的重要農村發展政策，政策的目標著重在「改善基礎生產條件，維護農村生態及文化，提升生活品質，建設富麗新農村」。目標涵蓋的層面廣闊，若能有效推展，對於農村的發展必能產生良好效果。

　　在農村發展條例中，強調此種計畫由農村社區內之在地組織及團體依據社區居民需要，研提可使農村永續發展及活化再生的計畫。計畫的推動原則上強調以現有農村社區整體建設為主，個別宅院整建為輔。也實施結合農業生產、產業文化、自然生態及閒置空間再利用，整體規劃建設。

　　進而創造集村居住誘因，建設兼具現代生活品質及傳統特質的農村。此一計畫的推動機制則經由培根計畫過程，也即從農村社區中選擇培育專業人力，由其帶領推動。

　　依據條例所設定的目標與方法，應可使原來衰微的農村社區活化再生。既使政府的經費預算停止輔助，也值得農村居民自立更生，自動自發持續推動。

三、整頓城市社區不法組織輔導有益民間社團

　　城市社區結構複雜，不法組織團體容易潛伏其間，整頓的效果不張。但如果政府認真有為，民間也能合作揭發與監控，非法組織團體就難以隱藏與遁形。

　　向來城市居民對於身外的公共事務都較冷漠，較不容易發起成立有益他人與社會的自願性服務團體與組織。若有自願性團體組織，較多都是興趣性的，也因此公益性社區組織一向都較欠缺渙散，極必要政府及有心人鼓吹與輔導。近來有漸多的宗教團體，逐漸注意到此一問題，在城市地區逐漸設立公益性與服務性的團體，對於導正城市歪風、邪惡與冷漠有了平衡的作用。值得更加廣為宣導與發揚光大。今後若能有較多具有社會良心與責任的企業財團響應加入，財力便可較為充足，效果也會較為可觀。

四、有效建設都市社區謹慎節制預算

　　臺灣與許多已開發及開發中的國家相同，都市社區的地位與重要性逐漸高過鄉村社區，都市不斷膨脹，問題繁多，需要治療解決。都市建設的項目千頭萬緒，需要謹慎實踐。

　　各種都市建設都需要花錢，而政府花費的錢都是人民的納稅錢，也是血汗錢。故要非常謹慎與節制，才不會辜負人民。過去政府的官員中有人在花錢建設時，因為用的不是自己賺來的錢，因而常不能體恤人民的辛苦，乃未能謹慎節制，常有浪費情形，實在很必要加以改進。

參考文獻

中文文獻

王順民，2006，「有關高失業率現象的社會福利觀點解讀」，王順民著，社會福利析論，臺北
　　洪葉，446-448頁。

王鴻楷，1971，「談談現代都市問題與都市計劃」，科學月刊，19期。

行政院，2008，人口政策白皮書——針對少子化、高齡化及移民。

行政院農委會，2010，農村再生條例。

中華民國婚姻危機處理協會，2013，「解決七大婚姻問題」。

郭登聰，2006，「從高風險家庭關懷輔導處遇實施計畫探討我國家庭政策問題與對策」，社區
　　發展季刊，114期，86-102頁。

郭振昌，2013，「從降低失業率，到提升就業率」，舊版。

陳雅玲，2005，「現代家庭功能面臨的問題與挑戰」，商業週刊，917期。

蔡宏進，1996，「人口與家庭」，行政院研究發展考核委員會編印。

蔡宏進，2005，「社會學」，雙葉書廊有限公司印行。

蔡宏進，2005，「社區原理」，三版一刷，三民書局發行。

黎穎之、何艷芬，2013，「常見婚姻問題」。

英文文獻

Bruken, John G. and Howard M. Rebach, 1996, Clinical Sociology, on Agenda for Action, Plenum
　　Press, New York, USA.

Chuang, Hwei-Lin, 1999, Estimating the Determinats of the Unemployment Duration for College Gra-
　　duration in Taiwan, Apllied Economic Letters. Issue 10.

Dasgupta, Samir and Kaushik Chattopadhyay, 2007, Applied Version of Rural Poverty: A Case Study,
　　in Dasgupta, Samir and Rokyn Driskell ed. Discourse on Applied Sociology, Authem Press, London,
　　UK; New York, USA.

Gross, Edward, 1981, "Work Role," in Marvin E, Olsen and Michael Micklin ed. Handbook of Applied
　　Sociology, Proeger Special Studies, Praoger Scientific, pp. 271-297.

Otite, Onigu, 1994 Sociology Theory and Applied Malthonse Press Limited. Lagos.

Pavilina, Steve, 2006, Understanding Family Relationahips Problems.www.Stevepavila com/

Scanzoni, John, 1981 "Family Dynamics", in Marvim E. Olsen & Michael Micklin ed. Handbook of
　　Applied Sociology, Praeger Special Studies, Praega Scieitific, pp. 115-133.

Scott, Ellizaketh, 2012, Common Marriage Problems and Solutions, Medical Review Board.

Steele, Stephen, F. and Jammie Price, 2008, Applied Soiology: Terms, Topics, Tools, And Tasks, second edition, Thomson Wadswoth, Australia, Brazil, Cando, Mexico, Singapore, Spain, United Kingdom, United States.

Warren, Donald I. and Jack Rothman, 1981, "Community Networks", in Olsen, Marvin E. and Michael Micklin ed. Handbook of Applied Sociology, pp. 134-156, Praeger Publishers New York, USA.

Zimmerman, Shirley L. 2001, Family Policy. Coustructed Solutions to Family Problems.Books.Google. com

第四章　文化要素的應用

　　文化是構成社會的基本元素之一，也是社會的產物。有關文化的定義很多，本章的討論僅從中選擇若干在晚近與當前臺灣較爲熱絡討論的文化議題，分析其問題性質及改進與發展的目標與方法。

第一節　價值觀與風俗習慣的問題與改善

一、迷亂的價值觀及其發酵的問題

價值觀是「指個人對客觀事物及對自己的行為結果、作用、效果和重要性的總評價」。這種觀念是從生下來受家庭及社會影響而成。

檢討社會上的人的價值觀可從很多構面著眼，包括社會共同價值觀及不同人群的特殊價值觀等。在此探討的幾點選擇有違臺灣多數人民共同價值觀部分當為探討的議題。

（一）忽視刻苦耐勞與勤儉樸實價值的工作觀與生活觀

「刻苦耐勞」與「勤儉樸實」兩句都是古典成語，人們很容易脫口而出。其所以會是成語，因為以往社會上的人普遍都了解，也將之當為是重要的價值，而且也身體力行。古人需要刻苦因為處境很苦，工作上不刻苦也不行。古人也強調勤儉樸實是因為物質資源缺乏，不勤勉節儉過簡單樸實的生活，就入不敷出，日子會不好過。於是此兩則成語都是農業時代的重要價值觀，農民少有不刻苦耐勞工作及不過勤儉樸實生活者。這兩種價值也與農業工作要用很大力氣，要承受風吹雨淋，食物都很粗糙，衣著容易弄髒並沾汗水的特性都有相關。

當社會變到工商經濟與都市社會為主流的時代，人能發財致富的門路變多，出力者常不如用腦者可賺較多錢。工商業的工作場所設備舒適，面對上下游顧客要講求體面，在都市中能吸引人消費享受的場所滿街都是。人們的價值觀再也不易堅持刻苦耐勞與勤儉樸實。多數的人自小就被灌輸也會自動觀察到求能過舒適生活及風光體面為理想的人生目標。稍有能力的人都不願再過勤儉樸實的日子，而強調享受生活，過舒適的日子。為能獲得舒適生活的目標，並不一定要講究勞苦費力的方法與技巧，有人可經由投機取巧，結交權勢，以錢滾錢等途徑而獲得。

　　忽視或捨棄刻苦耐勞與勤儉樸實的價值，人生很容易流於奢侈虛嬌，人人如此，則令社會也淪於浮華不實，風氣敗壞，基礎軟弱而容易衰微。

（二）競爭的價值觀

　　隨著人口增多，生活標準提升，資源有限，競爭乃有必要，也逐漸被社會上的多數人認同，成為重要的社會價值，為許多人努力實踐與追求。個人與他人爭權爭利，國與國之間也競銷物品，增加國家的經濟利益。

　　信奉並實踐競爭的價值符合物競天擇適者生存的天演理論，有助個人與國家求生存與勝利的機會。但競爭過激，失去寬厚容忍的美德，也容易導致衝突，造成傷害，會害人也害己，甚值得檢討與再思。

（三）過度重視養生健康的價值觀

　　依據心理學家的調查，健康的價值曾是當前國人認為最可貴的成就，也是最重要的價值。隨著天下太平，人民生活安定，乃更有足夠心力關照健康。人民普遍重視健康的價值是件好事，但引發的併發症中也有若干問題出現。第一是，人對健康越重視，各種奇怪的疾病也越駭人聽聞，可能因觀察細微，越容易發現，也可能因為用藥過多，引來新病。第二，因為重視健康，也越重視保健，因此各種保健物品紛紛出籠，充斥市場，使熱衷保健者花費金錢，其中假貨贗品也有不少，劣等貨品反而有礙健康。第三，因為重視健康，民眾過度看診就醫，大醫院像是菜市場，造成真正罹患重病而非醫不可患者的不便，也浪費醫療資源，造成健保投保者的費用負擔。

（四）誤用民主價值

　　我國好不容易由政治威權體制轉變成民主體制，但民主制度實施至今，未能步上軌道。人民未能眼明選賢與能，服務不良的政治領袖有機會濫用職權，誤導與誤用民主的價值，將全民帶至不良的生活境界。

二、有問題的風俗習慣

古今中外不良風俗曾有不少，最殘忍者莫非如以生命獻祭，去勢的太監及性奴等。臺灣已是開明社會，不良的殘忍風俗少有所見，但不合情理的不良風俗習慣，卻仍有所存。在此列舉若干，也當為應用社會學改革社會的目標。

（一）放煙火燒錢的不良風俗

臺灣的不良風俗中莫非將大筆公家預算用為放煙火為最。公家的預算來自民間的稅收，得來不易，卻曾在短短數小時間內花費上億可貴的人民血汗錢。此種風俗甚為不良，極必要制止與改革。

（二）愚人節騙人的陋俗

國人學習洋人的風俗，將陽曆四月一日定為愚人節，按照風俗，在這一天編出不實訊息騙人無罪，以能收到趣味為目的。這種風俗顯然很不良好，騙人者雖可取悅，受騙者很可能演變成受害，卻讓騙人者怡然自得，情何以堪。此種陋俗也極有必要摒除。

（三）發放紅白帖收禮金的不良風俗

在目前的臺灣社會，當人結婚時發放紅帖死亡時送白帖的風俗仍很流行。雖然多數收到紅白帖的人也都心甘情願回送紅白包，此種風俗畢竟很不可取。遇喜事給紅包者能到餐廳飽餐一頓，有人確也覺得喜悅，但也有人於收到帖子時，內心不樂，勉強回應者，也不乏人在。紅白帖給人有壓迫感，就不算是一種好禮俗。不如改為不收禮，而以縮小規模的方式辦理會較為合適。家境情況良好者辦喜事時若能衡量自己的財力，以不收禮方式，請親友共歡，樂趣與意義會更大。貧困人家當人死亡，若花不起埋葬費用，應能以簡化儀式辦理。若親友能自動捐獻幫助，就更能展現人間溫情。

（四）神明節慶大擺宴席的風俗

臺灣農村社會在戰後的一、二十年內，很盛行在神明節慶日演戲祝賀，並大擺宴席，招待他村親友。實際上，當時農家的經濟條件普遍不佳，爲辦理慶典及宴席常要借債應付。因爲是有關神明的事，雖窮也得辦得體面，不敢怠慢，但每戶人家卻都承擔很大的經濟壓力。演戲的禮俗因電視發達逐漸凋零，宴客也因人口外移而逐漸變淡。然而有關神明節慶的其他活動至今仍很盛行，照常辦理某種習慣性的隆重儀式，花費也常有增無減，例如放蜂炮、放天燈、燒龍船，出巡繞境、搶孤、炸寒單等儀式都還很流行。參加的人，外來客比本地人多，本地人花錢，觀眾則要冒受傷的危險。衡量得失，兩者的好處都不大，但負擔的成本代價卻不低，應該可以停辦，或較節制從儉爲宜。

三、導正價值觀念，改善風俗習慣

（一）導正價值觀念

原來不少優良的價值觀念被忽視，不很正確的價值觀念卻太被強調。也有些重要的價值觀念被扭曲，這些問題都有必要加以導正，使社會上人類的行爲能較正常表現，才不致傷及行爲者本身及社會整體。

爲能導正人民的價值觀念，除人民要能覺醒外，政治及社會領袖，包括應用社會學家等都較有責任與能力影響他人。經由其倡導正確的理念，教育及影響民眾，使民眾能從內心調整價值觀念，變爲較正常化。

（二）改善風俗習慣

浪費錢財、傷害他人、強人所難、過度鋪張等風俗習慣都是不良的類型，也有必要加以改善。改善的目標與方向應該針對不良風俗習慣的缺失，提出替代性或阻止性的辦法與措施。主導者可以是民間領袖，也可以是政府的相關主管機關與官員。多半的風俗習慣都行之已久，不易改變。故要改善風俗習慣，有時不可

太過強行激進,要能順其情勢,逐漸改善,才不致造成社會緊張,傷害和氣。

第二節 道德淪喪與教育導進

一、道德淪喪的問題與因素

（一）淪喪的內涵

文化要素之一的道德規範隨著經濟發展不但未有長進，反而有淪喪的趨勢。社會上不道德的行為遍地開花，常有所聞，也到處可見。經常可聽可見的不道德行為新聞種類繁多，包括掏空銀行與公司資產、集體詐騙、官員貪汙、豆腐工程、黑心食品、兇殘討債、傷害親人、結黨營私、欺壓弱者、爭權奪利、誘拐弱小、好逸惡勞、投機取巧、玩世不恭、不負責任、偷雞摸狗、搶財劫色、橫行街頭、縱火燒人、妨害安全、販毒吸毒、傷人害己、排放毒物、傷害人畜、破壞自然、造成災害。這些行為多半與不當牟取錢財與不顧人倫道德有關。

（二）造成的原因

社會上的人道德淪喪與敗壞的原因錯綜複雜，社會學的重要解釋有兩種，一種是社會結構脫序與迷亂，另一種是個別人格偏差與異常。

社會的結構脫序與迷亂，必會失去平衡與準則，眾人的行為也容易失序與混亂，造成人際關係以及人與自然的關係緊張，適應不良，也就容易引發及表現不符合道德規範標準的行為。當前臺灣政黨之間尖銳對立，貧富分配不均，就業結構不良，城鄉差距很大，家庭結構失序。足見社會結構失衡的方面不少。

個人的偏差行為有來自生理遺傳因素，也有是遭遇特殊經驗所造成。社會各階層各族群中都有行為偏差者，都容易有不道德的意念，表現不道德的行為。

（三）不道德行為的後果

不道德的行為不僅會傷害行為者本身，也必傷害到他人，甚至是人以外的生

物及非生物環境，終會給人類帶來禍害與不幸，很必要加以制止與改善。

二、教育爲提升道德的根本要務

（一）由道德教育打造品德的基礎工程

教育可改變人的認知、情意或態度及行爲。故道德教育是打造人格品德的基礎工程。經由道德教育使人認識道德的意義與價值，也能培養道德的心理情意與態度，因而表現公平道德標準的行爲。

（二）道德教育可使意念深植人心避免犯規觸法。

心中存善念之人，行爲必能爲他人接受，不至於犯規觸法，因而不受處罰而能維持尊嚴。此種效果與經由判刑坐牢或指責之後調整行爲符合標準規範的效果不同。

（三）教育道德可使社會獲得許多好處

教育社會眾人道德觀念，有助凝聚與改變社會集體意識，合乎道德標準並保障社會秩序。法國社會學家涂爾幹（Emile Durkheim）強調對價值觀的教育，也即道德教育。依他的理念，認爲當集體意識較強時，社會成員有較堅固的共同規範與道德標準。當社會轉向有機型態時，集體意識淡化，導致社會失去規範。社會道德教育可使社會的份子容易接受共同道德標準，凝聚社會集體意識，使眾人有較一致性的道德當作行爲準繩，強化社會團結，保障社會秩序。

三、推動道德教育的途徑

（一）多種可行的途徑

推動道德教育的途徑很多，先將各種可行的途徑加以列舉，再選擇數種較爲

常見者，說明其作法與效果。可能的途徑計有出版促進道德刊物，邀請道德理論或實踐專家演講，表揚道德模範人物，舉辦短期道德訓練或養成教育活動，把握重大突發事件的道德教育機會，推動社區道德教育，設立及頒給發揮道德的通俗性論述及創作小說獎，製作媒體DVD、CD光碟及宣傳短片，在電視上收音機或網路上推動遠距道德教育，舉辦佈道大會，成立查寫經、讀經或念經班，以及將道德融入學校的課程上。

（二）電視上的佈道或開示

自從電視媒體發達以來，常見宗教團體或有心人士在電視上佈道或開示道德的言行。其演變的情形是早前較多見有基督教神職人員的佈道，主要內容在闡揚聖經，後來也漸有佛教神職人員講經說佛，也有不念經文，而以演講或對談的方式講解倫理道德的理念與事蹟。具體的節目有弟子規、心海羅盤等，前者在電視畫面上出現一位講師，但未見有太多聽眾，聽眾主要得自電視前的觀眾，後者則出現一位講者以及坐在大講堂內的成千聽眾。

電視上的佈道或講解開示道德的理念與事蹟，對於造化人心，影響行為的功效會有多少，與講者的品質有很密切的關係。講者若能講出寶貴的真理，必能引人入勝，聽者受其感召而能潛移默化，提升道德水準。多半能較長時間存在於電視機上的講者，也都是比較經得起考驗者，其影響力通常也較大。聽眾提升道德水準的內涵則著重在修心養性。

（三）宗教團體經由社會救援服務及文化事業的道德教育

另一種當前常見的社會道德教育途徑或模式是由宗教團體推動的社會救援服務及文化教育事業。臺灣有兩個知名的宗教團體注重社會救援服務及文化教育事業。前者經由徵召大量的志工奉獻社會救援服務，對於各種自然及人為災難的救援工作極盡投入心力，服務範圍遍及世界各地。救援服務強調團體名譽，志工都身穿制服，這種救難服務事業，具有道德示範教育的意義與作用。團體領導

者也對其信徒志工講道開示，信徒志工信其言得其道，也經由救災等服務善行而提升精神慰藉，感覺快樂。團體救助災難服務社會的途徑包括提供賑災物資及金錢，也提供醫療及心靈安撫的服務。而資金經費的來源主要是靠信徒的捐獻。

後種宗教團體提倡人間佛教，致力宣揚佛法與生活的融和，從事文化教育事業，以散播人間歡喜，普利群倫為目標。此一團體本著宣揚佛法，共修淨化人心，也經由設置慈悲基金會提供醫療、老人福利、兒童福利、貧困補助、低收入照顧、喪葬補助、急難救助等。但宣揚佛法淨化心靈，使人幸福快樂是其事業的重點。能產生道德教育作用也是經由佛法的宣揚。

兩種宗教的道德教育功能都有可歌之處，但也有受到批評的地方，例如兩者都被批評對國外的援助多於對國內的部分，前者尤被批評過度沽名釣譽，後者則被批評與政治權勢太過接近等。無論如何，兩個團體的功績自然必有助於對道德教育的宏揚，但是若有缺點，會使其道德教育的效果受到減損。

（四）正規教育系統的品德教育促進方案

1. 校園品德教育的背景與目標

品德教育一向為正規教育的一部分，德育常與知、體、群育並列為正式教育的四大目標，且為其中之首。近年來卻因社會動盪、傳統價值崩解、升學主義瀰漫等因素，青少年不甚重視道德價值，偏差行為惡化。最高教育主管機關的教育部乃有促進品德教育的方案。以學校為推動教育的場域，藉以提升學校成員的道德素養，奠基優質的社會。

校園品德教育具有數項重要的目標，(1)增進學生重視品德的價值及行為準則。(2)引導學校學生營造品德校園文化，建立品德的核心價值。(3)由學校帶動家長與社區居民對品德教育的重視與實踐，使學校家庭與社區共同發揮道德教育功能與效果。(4)結合各級政府及民間的資源，強化社會的品德教育，提高全民的道德文化素養。

2. 實施原則與策略

　　品德教育把握五項原則，即民主過程、多元參與、統整融合、創新品質及分享激勵。

　　實施策略則包括四要項，即研究發展、人力培訓、推廣深耕及反省評鑑。

3. 經費與組織

　　此項教育方案所需經費來自教育部，分為兩度預算及專案補助。按編列的預算分發各學校機關運用。

　　為推動此一教育分案，由主管機關教育部、地方教育行政機關、各級學校及民間團體與學術機關等分工合作，共同推動。

4. 評估、考核與成效

　　為能發揚及建立各地品德教育的措施，增進推動效果，必須評估與考核。評估考核工作由教育部推動工作，一旦彙整推動單位的機關資訊根據評估指標，每年定期檢討、評估與修正工作。本教育方案為能喚起各界的關注與支持，最後使受教育學生能具有思辨、選擇與反省能力，進而能認同、欣賞與實踐合乎品德的行為。

第三節　社區優質文化的營造

一、社區優質文化與營造的意義與重要性

（一）社區優質文化營造的意義

　　社區優質文化營造是指在社區範圍內營造或建設優質文化之意。包括發揚品質較為精緻優良的文化，使社區因擁有這些文化而提升聲望，吸引人嚮往與喜愛促成社區生活條件改善，人民也可獲得較多的利益與幸福。而所指社區是指在一定地理範圍內的人及其活動的總稱。在臺灣常將鄉村地區的一個村莊稱為社區，也可將其擴大到一個鄉鎮的範圍。在城市地區，則社區可被指為市區內一個特殊的區域，如新村或同類社群的集中聚落，也可以是包含整個都市的範圍。文化是指包含社區內所有居民所使用的有形器物及無形的價值觀念、精神態度、思想意識、風俗習慣，及規則制度等。各種文化項目中有較為粗糙劣質者，也有較為精緻優質者。

（二）社區優質文化的重要性

　　社區優質文化對社區有好的影響，故為社區居民所喜愛。也因其含有社區居民努力的結果及心血的結晶，故為社區居民所珍惜。社區內的人浸潤在優良社區文化中，可享有其好處，因而可感受到擁有的喜悅與幸福。

　　社區外的人對社區的優質文化也會感到重要，因其可以分享其好處。常為能實地感受與分享這種優質的社區文化而樂於在短時間到社區實地旅遊，或遷往社區作較長時間的居住與停留。許多後進社會或國家的人民，因為嚮往開發國家的優良物質條件與優良的居住與活動環境，而移居到開發國家，成為開發國家某社區的一份子。

　　對於擁有優質文化社區整體的重要性而言，可為社區吸引遊客前往參觀，吸

引移民前來居住，都有助其經濟的繁榮及社會條件的改善。

二、政府推動的社區總體營造計畫

（一）社區總體營造的意義

　　社區總體營造的名詞始於一九九四年，由行政院文建會向立法院提出，主要概念是將社區發展推向更新更理想的方向。這種營造的目標有多項，包括「產業類型的轉化」、「民主政治的落實」、「社區功能意識的建立」、「社區環境和生活內涵的提升」。這些目標都是朝向較優質性，最後目的「在營造出一個新社區、新社會和新人種（品）」。社區居民在營造的過程需要經由學習。人是營造社區的主要力量，要營造社區有必要先營造人。經由人的努力來改變與發展社區的總體面，使人生活得更有美感與品味。

（二）社區營建的重要面相

　　參照日本推動社區總體營造的議題，政府在臺灣推動社區總體營造時將推動的重要面相分成五大項，即「人」、「文」、「地」、「產」、「景」。「人」是指社區內的人，特別強調合乎人民的需求以及經由人際關係的運作。「文」是指社區的歷史文化的延續，不使中斷，以及對藝文活動的經營與運用。「地」是指地理環境的保育與特色的發揚，即在地性的原則。「產」是指在地產業與經濟活動的經營，以及土地資源的開發與利用等。「景」是指社區公共景觀的營造及生活環境的改善。

　　這五大營造面相中的「人」與「文」明顯是較偏向無形的非物質文化面，也都較屬精神文明面。而「地」、「產」、「景」三項是較屬於有形的物質文化面。這五項營造方面已涵蓋社區事務的重要面相，但並非全部的面相。因此應還可再加入許多細項，但若將營造項目設定太多，則也將會有失去焦點的缺陷。

（三）營造的方法

社區總體營造的方法是以社區組織為最主要。先經凝聚社區居民的共識，擴展人力，鼓勵社區居民參與並分派工作。推舉領導者企劃營造或發展方案，並帶領居民行動，實現計畫。

凝聚社區居民共識的做法以發揚及建立社區的特殊條件及歷史文物為基礎，啟動居民熱愛社區的感情，凝聚共同需要，經過充分溝通，展開營造計畫並展現實施的行動。

社區營造也需要有行政機關及企業人力支援，才能有較豐富的資源及較周延的規劃。有政府機關人力參與也較容易與政策銜接，有企業界人力資源，就能較容易獲得資金及技術的援助，都可使總體營造較容易成功。

（四）營造的成效

社區總體營造經過歷任文化建設最高行政機關主管的全力推動，歷時數年，也獲得數項具體的成效，第一是活化社區優質的傳統生活文化。臺灣各地社區的著名傳統文化不少，如平溪的放天燈、美濃紙傘、大甲草蓆及媽祖信仰、埔里釀酒、鹿谷茶葉、彰化肉圓等，都能更加活絡與發揚。第二是，保存老街、古蹟及族群的傳統文化，獲得維護，吸引外來觀光旅客，增加社區的收入。第三、發展社區產業及休閒文化。社區總體營造很重視產業發展，因為產業是經濟力量的來源，經由此一計畫，地方發展的產業除了有基礎的傳統項目外，也很注重振興休閒產業，一來供為社區民眾內部享用，二來也可吸引外人前來欣賞與品嚐。第四項重要成效是，樹立社區形象及識別體系。由此成效不僅可以激發社區居民的認同與熱愛，也可使外界對社區有良好觀感與印象，給社區帶來好運與機會。第五項是，啟發社區居民全方位關愛並推動社區發展事務。因為「總體」營造的概念強調全面性而不僅限於某一方面。許多眼前未受注意的潛在發展項目，能不斷以總體全面的眼光加以探討，終有一日會被揭發並加重視。故此種總體營造也具有永續性的營造之意義與效果。

三、營造道德社區的展望

（一）社區道德營造衰弱的原因

　　社區總體營造以及社區發展的方案推行的歷程已久，但較多的營造與發展計畫都偏重在實質的建設或產業發展方面，較少著重在非實質的文化方面。尤其少見能對道德的建設，此與一般社區居民都先關心與過問食住行等實質方面的生活，將道德文化等非物質的生活置於次要。較少過問與著重道德建設，也因此方面建設的困難度較高，若無道德標準很高的聖賢之人帶動，很難發生作用。因此向來較少有人倡導，也少有社區以此種建設為重。

（三）社區道德營造的可行性

　　在本章第二節論及由教育提升道德的重要性及途徑。所提教育對象為受教的個人及公眾，在此將進一步探討在社區範圍內推動道德教育的可行性。在社區內推動道德教育具有下列幾點比對個人及社會廣大民眾推動的優勢。

1. 社區空間範圍具體適當且方便施展與掌握群體教學

　　社區空間範圍常指一個村落、鄉鎮或都市中一小區或全部，這樣範圍很明確，可具體方便施展與掌控群體教學。道德教育適合使用群體教學，一來可比個人教學容易展現效果，個人能參與群體學習過程，也較容易產生興趣與動力，學習之後有良好的機會與他人互動，可在寬廣合適的空間實踐道德行為。不至於像個人教學與學習的方式容易疲乏無趣，也不致像從浩瀚的遠距教學與學習過程中學習者與教學者無法面對面互動與討論，而無法激起學習與實踐的熱情。

2. 在社區範圍內推動道德教育容易使道德與生活融合

　　道德的意義要能表現在日常生活行為上，能與社區生活相結合，才最能使道德行為展現。若只限在家庭中推行，雖能表現，但會有較多偏私，少能具有為公的道德意義。若擴大到廣大的社會為實驗教學的範圍，每人與面對的許多人都

不認識，也少有關係，要表現與落實關懷、禮讓、犧牲奉獻等道德概念都較難放手。但在社區範圍內許多他人都爲認識的人，人爲他人效勞都較願意，要展現合乎道德的待人接物也較不困難，故也容易展現成效。

3. 以往已有在社區推動道德教育的經驗並獲良好成效可供模範

社區道德教育不容易推展，但已有實在的事例與經驗。淨空法師在中國安徽盧江的湯池小鎮所做的實驗教育，歷時僅短短三個月，證實全鎮風氣改變，大人小孩都變爲謙恭有禮，和睦融洽，路不拾遺，夜不閉戶，像是世外桃源，馳名中外，可供爲在臺灣推動社區道德教育的榜樣與定心丸。

（三）道德營造的推動方法

在臺灣要推動社區道德教育，難度可能較高，因爲社會較爲開放，但有湯池的經驗，不無成功的希望，值得嘗試。推動的方法也可仿照湯池的經驗，掌握下列幾項要點。

1. 選擇學問道德口才優良的教師

教人道德，教師本身要有高度的道德標準，才能使學者信服，故教師的首要條件是道德要好。除此，學問要好，口才也要好，才能吸引人，教學效果才能有效。

2. 以中國聖賢所著作的經典當爲道德教材

古代經典藏存許多寶貴的道德眞經，也最能爲華人所接受，以這些古籍經典爲教學內容最爲合適。淨空法師的道德教育，特別強調從弟子規開始，因爲此一經典內容最貼近倫理道德與言行修養，其道理多來自四書中的論語與學而。除弟子規外，三字經、四書、老莊哲學、唐詩三百首等也都能啓發道德，可當爲良好教材。

3. 以綠色大地爲教室

儘量將講學的教室佈置在室外的林木空間，接近自然，增加清淨氣氛，少受

引人欲望的物質設施的汙染與牽制。

4. 將教學的內容與社區實際生活內容結合

　　教師講學內容與舉例盡量能與社區實際生活經驗結合，必能增加學習者的興趣與感受，也較能使道德履行於日常生活中。

第四節　族群文化衝突與融合

一、不幸的族群文化衝突

（一）衝突的歷史

同一社會中居住不同族群時，因為價值觀念不同，生活習慣不同，語言不同，以及種族中心主義與優越感的作祟等文化上的差異，乃容易引發衝突。但衝突之後也可能融合。

臺灣過去在歷史上因為戰爭移民等因素，曾經發生過不少的族群之間的衝突，常嚴重到廝殺流血。早前移民的漢人與原住民之間有鬥爭，日本外來統治者與臺灣住民有衝突。二次大戰結束不久，接收的國民政府與本地居民也曾衝突，每一次嚴重流血衝突之後，不平和的氣氛都會延續很長的時間。尤其當衝突過程不公平，手段殘暴時，吃虧的一方更會久久不忘。

族群之間因為文化差異而發生流血的事件不多，但如果文化優勢的一方對劣勢的一方有支配壓迫的情況，引發被支配與受壓迫者反抗，所發生的衝突就會較為猛烈，也可能發生流血。

臺灣歷次的文化衝突，嚴重程度不同，流血的多少不同，對社會造成的裂痕也不相同。歷史上最後一次較大的衝突因有明顯的文化支配現象，且是較少數人支配多數人，故衝突的程度不小，死亡人數上萬。在民國三十六年發生本省人與外省人之間流血衝突的二二八事件，直接導火線因軍人開槍，但與雙方的生活習慣、法治觀念、群體紀律等不同的文化背景也有密切的關係。

（二）衝突的後果

此一族群衝突事件的後果可說非常不幸，因衝突而死亡與受難的人必然不幸，其家屬不幸，對臺灣往後數十年政治發展，人民的命運與生活也都非常不幸。

1. 死者、受難者及家屬的不幸

不論因事件而死的確實人數究竟是不到1000或接近3萬，這些死者可說是最為不幸的人。多數死者都不是舉刀槍對抗，而是社會菁英，死亡失去了生命，無法施展抱負與理想，卻留給家人親友無盡的哀傷。

不僅失去生命的人不幸，因為此事件而坐牢、挨打、受虐的受難者也都很不幸。雖然後來他們保住了生命，但經過慘痛的歷程，留下惡劣的陰影，造成健康與精神的損傷，失去正常人的生活，也是非常不幸。

另一種很不幸的人是死者及受刑人的家屬，遭遇傷痛會有使人生不如死，常非親自經歷過的人所能體會與了解，其中一定也有人忍不住傷心病痛而提早離開人世。多數的家人傷心之外，也擔負繁重的家計，還得忍受官方的監控與他人的指點。

此一嚴重的族群衝突，嚴重影響臺灣政治的發展，給政治統治者長期使用獨裁體制的理由，人民長期無法享有民主的權利，以致長時間生活在所謂的白色恐怖氣氛中。

臺灣政治長期未能正常發展，導致國家發展偏差與緩慢，發展政策方向隨少數統治者的喜好而定，長時間耗盡國家的資源與潛能在鞏固政權，少能造福人民生計。人民忍受了數十年的低度開發水準的社會經濟生活。

二、政治的疏失與責任

一個國家之內會發生嚴重的族群衝突，發生之後又未能在較短時間之內撫平，最主要的原因是政治的疏失，故政府應負最大責任。

二二八衝突事件固然有因前面所述與當時本省外省兩大族群的文化差異有關，但與政治誤判，以及政治權力人物野心的政治意圖的關係更為密切。事件發生之後，政府對撫平傷痕的作為不足，甚至為了擔心與提防受害族群政治力量的團結與茁壯，而持續採用高壓的作法，使雙方的矛盾與隔閡難能在較短時間化解。直到後來國家領導人物改變，出現對此衝突較能誠心去化解的最高領導

者，做出幾樣眞正有助撫平受害一方的政策性措施。對促進隔閡雙方之間的融合，才跨越了一大步的長進。但相繼在出現不同領導者使人民感受到在促進族群融合的政策與作爲上未能持續改進時，很不幸融合效果也未能再有增多，甚至有倒退的現象。

三、化解的努力

二二八事件至今已過了半個世紀多，當初造成的族群衝突與裂痕，至今似乎尚未完全消除。除了政治的處理未盡全力外，也因民主化以後，臺灣政黨的背景正與原來統治與被統治的兩個族群正相磨合之故。如果未來臺灣政黨的形成能減少與歷史上的不幸事件掛鉤，而能步向進步國家，純以政見當爲政黨區分以及個人參與政黨的依據，相信便能較快擺脫歷史上的族群衝突陰影。

臺灣的政黨組成型態究竟能否擺脫歷史，來一次脫胎換骨，要等到掌有雄厚資產的一方，能夠出現有大作爲的領導者，能以國家健全發展的大局爲重，割去自己不公平的資產優勢。使國民再也看不到有一政黨與過去不幸事件政治群體的連結，過去衝突的裂痕便可較快在國民的心中消除。

參考文獻

中文文獻

行政院教育部，民95年，教育部品德教育促進方案。

陳其南，1995，「社區總體營造與文化產業發展」，文化產業研討會暨社區總體營造中日交流論文集」，4-7頁，臺北文建會編印。

陳其南，1997，「社區總體營造的意義」，社區總體營造與生活學習，宜蘭仰山基金會。

陳翠蓮，民98年，二二八事件，臺灣大百科全書；文化部。

黃武忠，1995「如何建立社區文化以提升社區生活品質」，全國社區發展會議第三分組引言報告，臺北內政部編印。

賴澤涵，1994，二二八事件研究報告，時報文化企業出版有限公司。

英文文獻

Garrison, Haward H. 1981, "Racial Inequality", in Marvin E Olsen and Michael Micklin. Handbook of Applied Sociology. pp. 249-270. Praeger Pullishers, NewYork, United States.

Sasahu, 2010, 學習古老傳統的湯池小鎮

Steele, Stephen F. and Jammie Price, 2008, Applied Sociology: Terms, Topics, Tools, and Tasks. Thomson/Wadsworth, Australia, Brazil, Canada, Mexico, Spain, United kingdom, United States.

第五章　社會化的問題與改進

第一節　缺乏社會化的頑劣人物與行爲

一、社會化議題的重要性

社會化是指人經過他人及社會的教化或感召而成爲符合社會規範的過程。此一概念在社會學中甚爲重要，社會上的人都要經過社會化，才有一定行爲標準可循，人人才能正常相處，不致無理干擾他人，也不受他人無理干擾，社會秩序才能維持，社會生活才能健康平安。

社會上庶人之間的言詞少有使用「社會化」一詞，但社會化議題與概念的重要性卻可從日常社會生活中容易見到，社會上許多缺乏社會化或反社會化的頑劣人物與行爲，令人深刻體會到其無理與不齒。多半頑劣之人都是社會化不足或欠缺之人，用通俗的話說是，缺乏教養的人，人格特徵是惡劣頑強，不講道理。社會上出現不講道理的人太多，則社會必亂。

二、未社會化頑劣人物與行爲的來源

頑劣個性與人格的來源有先天與後天兩種，人的天性有善惡兩大部分，隱善揚惡，讓惡質的天性在心中無節制的成長與發酵，就會越長越頑劣。人在後來也有接觸善良與惡質兩種不同環境的機會，如果接觸惡質的環境多了，添加在天生惡質的本性之上，就會變成無可救藥的頑劣之人。

三、常見的頑劣行爲表現

社會化不足或欠缺的人，不講人間的道理，不遵行社會的規範，目中無人，爲所欲爲，毫無忌憚，嚴重者殺人放火，平時行爲都容易忽視道理，不求長進，待人無禮。年少時血氣方剛，容易與人打架滋事，成人時仍無法與人和睦相

處，胡作非爲，不守規矩，不聽勸導，破壞和諧。

頑劣之人常是無罪惡感，做錯事，不知後悔。黑幫或犯罪份子多半是屬於這一類，胡作非爲，殺人作惡，心中少有悔過。

頑劣之人的行爲不爲自己負責，常人受其傷害，只好自認倒霉。這種人很善於利用他人，謀利自己，也因而常被他人看破，很難與他人建立良好的人際關係。反社會化的人很容易陷入犯罪的泥沼，以致可能被判坐牢。

四、「頑劣份子」一詞的爭議

社會上使用「頑劣份子」一詞一般是指社會化不足或反社會化的人格異常之人。但是此一名詞也常被政治團體用爲指責走不同路線，持不同主張的反對人士，而使用者多半是掌握權力的政治團體。從網路上就見有極端的愛國主義者，指責搞獨立運動的人物爲頑劣份子，甚至是稱爲邪惡份子，事實上會被執政當權者認爲是頑劣的不只獨立份子，任何時代任何國家的革命份子，都被當權者極端厭惡，乃被指責爲頑劣邪惡者，以能殺之而後快。但顯然這種頑劣與前面所述一般反社會的頑劣並不相同。當一個社會會引發反對或革命時，贊同反對或革命的人數都不會是少數，此與社會中陷於反社會化的頑劣份子只是一小撮人的性質不同。當爲政治反對者或革命者，也常具有挽救社會而反對政治腐化或歪曲的正義主張，其被指稱的頑劣者，有人具備更多正面的頑強意義。革命份子也許可以接受與承認頑強，但對被指責頑劣，可能會有不能苟同的爭議。

五、對反社會化者的輔導方法

在社會學導論中對社會化的輔導方法最常用教育的方法，包括家庭教育、學校教育與社會教育。社會上對於極端反社會化人物的制裁方法最常使用批鬥與判刑。在正規教育與負面的制裁方法之間還有輔導的方法，也甚值得採用。輔導也是教育，但不強調使用教條方式或教科書方法的教育，而是融和言教與身教。多

採用寬容勸解的方法，使反社會化者能從內心樂意接受輔導而改變行為。

　　近來專業化的社會工作輔導方法逐漸進步，輔導對象包括各種階段各種模式的反社會化者。有社工人員深入監獄輔導受刑人者，也有社工人員對頑劣青少年的輔導。輔導者包括專業的社會工作者、諮商專家以及宗教界人士。輔導方法包括心理諮商，技能訓練，培養信佛等，都不無良好效果。

第二節　學校社會化教育功能的缺失與改善

一、智育掛帥的學校教育宗旨

　　我國歷史上長期以來以五育也即是德、智、體、群、美育等爲學校教育的重要宗旨，供爲學生學習的重要目標。五育中又以德育爲首。德育的目的即在培養有良好品格的人，也即是有良好社會化的人。但是今日學校教育幾乎都以五育中的智育掛帥，學生以能求得優異的學業成績爲首要目標。

　　因爲智育掛帥，其他四育可用的時間與資源必會受到擠壓，教育與學習效果必然也會折扣減少。學校以智育掛帥的情形跨越小中大學及研究所的各個階段。目標既以智育爲重，各項設施與活動必也以智育爲優先考慮。教師的選聘以能傳授智識爲主要準則，學生成績的評定也以學業爲主要準則。

　　智育掛帥的學校教育並非完全忽略德育、體育、群育與美育，但這四項教育在整體教育體系內容中僅占較不重要的地位。就以德育的內容而言，在中小學教育體系中每週四十小時的課程約僅規劃兩小時的公民教育。在大學教育中非社會科學的科系幾乎都缺少相關德育的必修課程，在我國大學政策中自1984年起規劃通識教育課程，使學科學的理科學生也有稍許接受德育的機會，但是不是所有通識的課程都在講授德育，有些通識課程與德育也全無關係。通識教育實施多年以來，經過檢討發現缺點不少。各校各系所仍普遍有重專業輕通識的現象，投入通識的資源相對不足，學生學習動機與行動也薄弱。期望以通識教育能平衡五育的目標並提升教育品質的效果很有限。

二、升學主義與專業技能教育偏重

　　我國社會競爭激烈，學生的競爭也尖銳，重要的競爭方面在於學業成績上，自小學至中學都很注重學業的競爭。學生以能考升到優良學校爲努力競爭的

目標，學校也以升學率及畢業生能考上名校而相互競爭。到了大學教學與學習的目標逐漸轉移到以專業知能爲重，但也還不能完全脫離升學的桎梏。偏重升學與專業技能的教育模式，對於增進人品修養的道德教育相對較不重視。優秀的中小學生分別以能升上優良大學與中學爲努力目標，大專學生以能學得一技之長，賴以謀生爲主要學習目標。對於忠、孝、仁、愛、信、義、和、平的八德及禮、義、廉、恥的四維等道德的養成，學校缺乏指導與帶領，學生也少有餘心與餘力去學習與實踐，故學校可能製造或生產出高智力高技能卻是社會化不足的低品格低道德的畢業生。

在升學主義風行的臺灣，乃至許多東亞國家，除了學校教育走向偏差之途外，校外的教育也圍繞升學的道路走。可看到的現象是課業補習的風氣鼎盛，學生也常以反社會行爲的投機取巧來肯定自己。今日由升學主義所延伸的大學甄試辦法，導致學生創造不實的成績來取得入學機會。升學的歪風使學生的學歷步步升高，卻無助其道德人格的昇華。

專業教育發達的結果，使人能有一技之長，是件好事，但有一些聰明過頭的專科班的學生也學會以其專業知識用爲謀取不法之財，甚至有以其知識用爲謀害他人生命的行爲。欠缺社會化的常識教育，而只注重專業教育之害，莫此爲甚。

專業級教育的過度重視與發展，使大學教育太重視就業導向，學生只重視對職業知識與技能的學習，失去對做人基本道理的關心與重視，其結果是學成一種狹窄的專業，卻違反了爲人該有的基本條件，而成爲某種程度「反智識」人的缺點。專業教育可能培養出專業的巨人，卻也可能造成做人常識的侏儒。

三、道德與公民的教育偏失

學校教育的課程與教材之中，與社會化最有關係的兩門功課是道德教育與公民教育。道德教育教人了解與實踐尊重他人及維護他人利益，公民教育則教導人懂得做爲社會與國民一份子的基本必備的知識與修養。在升學主義與專業教育至

上的教育制度下，這兩種對於促進個人社會化最有直接益處的課程都被丟失，未能得到應有的重視。

學校缺乏道德教育，學生得不到道德概念，缺乏羞恥之心及公德之心，對自己缺乏信心，對父母親缺乏孝心，對朋友缺乏道義，對弱者缺乏愛心，社會充滿一群自私自利之人，號稱炎黃子孫、聖賢信徒，卻都未能履行仁義道德。

缺乏公民教育的結果，使生活在民主法制的社會與政治制度之下，也鮮能養成一個公平正直的政治候選人，或一個眞能選賢與能的投票者。候選人仍常脫離不了用金錢買票，當選以後結黨營私，投票者仍改變不了收取紅包賄賂，亂投神聖一票，結果選出的政治人物，不是貪汙，就是爲了私人利益或理念，置眾多選民的福祉與生死於不顧。

四、反道德風氣與功利主義入侵校園

學校是提供學生學習知識及做人道理的殿堂，但包圍學校的社會環境卻未能十分乾淨，其中的汙穢空氣，很容易吹進校園，使學校喪失英靈乾淨的氣氛，吞食學生的良心道德，使學生在校期間，未能增長社會化的功效，反而被反社會化所汙染。

近年來見到社會不良風氣入侵校園最甚者，有黑幫團體將毒品賣給校園中的學生，吸收學校的中輟生或不良學生成爲其團體的一份子。此外學校爲籌募治校基金而與功利的財團掛勾，使功利主義氣焰高漲的企業集團有機會將手伸入校園，藉產學合作及施展公益事業之名，而分享校園資產之實。也影響學生腦中習染與充昏功利主義，喪失正義的道德感。

入侵校園的汙染空氣還有自稱很清白的政治氣氛。在獨裁專制時代，政治權力集團爲能鞏固手中政權，有對各級學生展開洗腦及思想掌控的計畫，到了民主時代，各政黨也還不忘對學校學生招手，吸引其入黨或支持黨的政策與作爲。學生雖然因此有較多接觸政治活動的機會，可增進政治知識與實務經驗，卻也容易感染政治的是非，捲入政治的漩渦，而失去獨立判斷與是非良心。

五、教師道德知識與能力的限制與失職

　　學校的學生受教師言行的影響甚鉅，古時的師道很能注重傳道授業解惑的德智平衡教育。今日的師資在選拔時都較重視學歷文憑與專業成就，對於授業較能有貢獻，但對於傳道與解惑就不一定也有本事。然而傳道與解惑卻是比授業更能對學生的社會化發生作用。當教師欠缺傳道與解惑的能力時，學生社會化的效果只能寄望從其他方面獲得。

　　近來大學機關對於教師的選取及升等採取的標準都很強調必要在SC1、SSCI、TSCI等國內外著名的期刊發表文章，這些期刊確實對刊載文章的品質都能給予某種程序的保證，卻不能保證作者都有一定的品德水準，故不能保證投稿刊登的教師都夠資格具備社會化的模範，以作為學生的效法與參考。

　　不論在授業的功力能否達到師道的標準，學校的教師都可能有意或無意失德也失職。在生活與行為上的偏差與失誤可能給予學生作了不良的示範，以致不僅未能引導學生修心養性，增進社會化，甚至還給學生仿效反社會化行為的不良示範，在傳道與解惑的功能上都算失敗。

六、學校道德與公民教育的強化

　　因為種種原因，致使學校對學生社會化的功能喪失，對於學生個人、學校與社會都有不利的影響。因而必要加強學校的道德與公民的教育，促進學生社會化的成效，使學生、學校、社會及國家都能獲得好處與利益。

　　如何強化學校的道德教育與公民教育，則有多種途徑可循。如下列舉及簡要說明若干重要的方法與途徑，供學校參考，也供學生遵行。

（一）將道德修養當為校訓

　　許多學校習慣以努力求學當為校訓，卻常遺忘校訓中也應注重道德修養，若能將校訓內容或範圍也涵蓋道德修養，使學生經常背誦，天天反省，必能加深印

象，容易將道德修養落實於日常生活當中，隨人格的養成而增長。

（二）邀請德行高深的人士蒞校講演

以往學校負責人常喜歡邀請政要或企業名人蒞校演講，這種活動對學校的利益或學生的啓發或許也多有幫助，唯若要強化對學生的道德教育，演講者不如請來德行高深的高僧或善人，更能直接有效。

（三）表揚品行優良學生

選拔在日常生活中表現優良品行的學生，於全校師生集會時給予獎勵表揚，成爲學生行爲榜樣。

（四）舉辦短期品德訓練或養成教育活動

品德訓練或養成的最終目標是全校學生，但舉辦時可經分組分批方式，或選派代表由其傳達的方式辦理。

（五）藉重大事件機會推行教育

當學校或社會上發生重大事件又具有對道德品行產生啓發或警惕作用時，校方可藉機推行教育，使學生能從內心共鳴並接受教育，改變人格。

（六）發動學生協助社區與社會推動道德教育

參加的學生可用志願並加選擇的方式進行，選擇在適當時機並配合相關活動，在學校所在或附近社區推動道德教育，影響社區居民。

（七）在校園中設置發揮道德的論文競賽

由此方法可以啓蒙學生對道德的重視及關心，參賽者必然要用心，閱讀者也能獲得啓發。

（八）運用媒體器材在學生休息時間播放有關道德的短片等資料

此一方法可增進學生接觸有關道德資訊的機會，耳濡目染增益行為改造，但運用時以不剝奪學生或影響學生休息的自由與權利為原則。

第三節　人才造就與人格社會化的不一致性

一、機關團體造就人才的意義及可能的偏差

（一）私人機關造就人才與學校教育造就國家社會棟樑的目標差異

　　社會上許多機關團體都有造就幹部與人才的必要與計畫，但造就的意義與目標與學校培養社會及國家棟樑的意義與目標頗有不同。學校培養人才以能符合社會標準與需要，將人當為社會與國家的資產與公器，故除將學生培養具有專門學識及專門能力的人力的同時，也培養使其具有良好品德的優秀社會份子及國民或公民。但不少私人機構或團體，尤其是營利性者造就幹部與人才的主要目的都在使其具有替公司或團體多謀利賺錢的能力。其中有些機關團體雖然也會重視培養機構員工或團體份子的道德品行，但這種培養的目標也常是為造就能為公司機構或團體謀利益的工具或手段，而非最終目的。這是與學校教育的目標不甚相同之處。

（二）企業爭利造成他人失利的道德矛盾

　　企業機構要求員工為公司機構謀利益，並無厚非，因企業本質上是以營利為目的。但是企業及相關組織團體在培養幹部與員工賺錢能力時，很容易與幹部員工道德修養的提昇與進步互有矛盾、摩擦與衝突。機關人員與企業公司的員工替機關賺錢時，常經歷與其他同類或不同類機關相互競爭與權謀利益，一方得利則可能造成他方失利，我生，你就死；我贏，你就輸，這其中存在職責與道德之間的相互矛盾性。

（三）反社會化集團造就幹才的極端失德性

　　社會上可能存在極端反社會化的集團，如黑道團體。這種集團為壯大勢

力，延續其生存的空間與時間，也常有培養符合同道幹才的作法，但所培養的幹才，也都是很失德的反社會化之徒，抹滅人性、心狠手辣、殘酷無情等常是此類團體培養惡徒慣有的目標與方法。

黑道團體造就的人才能爲集團盡力、賣命，維護集團的利益，卻常搞亂大社會的秩序與安全，不爲大社會所歡迎，也常是大社會治安上的亂源。

二、學習者意志力與能量受限

社會造就人才與人格社會化會有摩擦，問題也並不全出於造就的機關團體有偏差與失職，有時是因爲社會化的學習者或接受者本身意志力與能量受到限制使然。

人的一生需要學習與吸收的知識與道理很多，其中有與人格社會化較多直接關係者，有者則較少與之有直接關係。學習者在學習過程中常要加以選擇排序，將之視爲較重要者會多學，也會先學，對認爲較不重要者會少學或後學。

對於選定學習的知識與道理能學得到何種深處，則受其意志力與學習能量的影響與限制。意志堅決學習能量充沛者，就會學得較爲深入與豐富。意志薄弱，學習能量不足者，則學習的範圍與深度就常會受到限制。

社會上有不少人因爲忙於賺錢養家或享用，有者忙於對其選定志業的發展，也有人無所用心，無事忙碌，以致少能用心與努力於接受社會化，少做修練道德品格的工夫，終其一生也許事業有成，但做人道理貧乏，道德品格水準不高。能有點成就也僅是小我的成就，欠缺大我的成就。

三、政府的人才培養政策與計畫偏重公務專長

各國的政府也都有或多或少的人才培養政策與計畫，但都偏重公務人力發展，以能增進其公務上的專長爲目標。受訓者雖然也能從中提練培養多方面道德人品符合社會規範的成績，但因培訓重點不在於此，故受訓者並不保證一定可

以增進此種效果。我國現行公務人員訓練進修法規共有二十一條，條文都是針對此種訓練進修而設定規範，公務人員能遵守規定，也算是遵行連續性的社會化過程。唯二十一條法規中少有提及公務人員應扮演社會化的表率者，但此種期望都很有必要性。公務人員若能扮演領導社會化進展的角色，全國國民社會化進行起來，定會有較快速的成效。

四、社會不當的獎勵誤導典範的方向

在自由開放的社會，普遍發展許多種類的獎勵活動與措施，其中有多種並不比在社會上有成功社會化更重要的事蹟，卻都排列在較優先的獎勵項目。從社會文明發展的準則看，這些獎勵非無不當之處，卻被社會權力人士所領導與推行，實有誤導典範方向之失。

社會上有完善社會化成就的人，高貴的行事作風與行為表現照理都應獲得公然獎勵，卻因掌握權勢的人未能察明實情，誤導典範，失去正確的獎勵方向。近來由於媒體發達，對於窮鄉僻壤之地能有良好德行的典範較有可能被揭發與獎勵，減少對具有優良社會化典範未能被獎勵的遺珠之憾。不久以前一位賣菜小販的德行能被社會大眾廣傳，在本地及在他邦社會都能頒給非常榮譽的獎勵，實甚難得。對於正確宣導社會化的意義與價值，必能有很良好的正面鼓舞。

以往因為媒體資訊封閉，許多社會或國家給予的獎勵並不十分適當，卻也少人注意去加以批判與修正，往往也會誤導典範的方向。

第四節　不良社會化機關人物、集體活動及影響與應有的糾正

　　社會化要有適當機關的推動，才能順利並有效推展。但不良的影響主體，也會造成或引導不良的社會化後果。不良社會化的主體，可分為三種層次，第一種是機關或組織，第二種是人物，第三種是活動行為。本節就當前臺灣三種層次的不良社會化主體對不良社會化的影響及應有的糾正，分析說明如下。

一、不良機關或組織及影響與應有的糾正

　　社會化的進行需要有合適的機關為之推動，家庭、學校是積極推動兒童社會化最有效率的機關。警察部門及監獄等治安機關則是從消極方向制止反社會化的重要機關。

　　社會上也有不少不良機關對人的社會化會有多面的不良影響，本節舉出四種此類機關，並說明對社會化的不良影響以及應有的糾正措施。

（一）失能的政府

　　政府是管理人民的機關，由一群經由考試、選舉或訓練而成的公務人員所組成。政府與人民的關係密切，一舉一動對人民都有深刻的影響。人民與政府或其他國民互動時，所表現的行為模式是否合乎標準規範，甚受政府的作為所影響。廉能的政府給人民良好的榜樣，失能的政府給人民十分失望，也給人民不佳的印象及不良的榜樣與影響。

　　當前臺灣政府給國民一個很不良好的印象是，整體看來相當失控也失能。上層的決策常有違背民意之舉，對人民的承諾常會跳票。對國家的主權未能努力捍衛，也未能照顧人民生活。其餘官吏貪贓不能盡責而出事者也常有所見。立法的國會議員，多聽命黨意而少聽民意，而黨意卻常與民意不一致。以真正民主制度

的標準檢驗，政府施政的能力與成效都不及格，也因此民調對政府要員的滿意度都很低，有低到不及10%的時候，表示人民對失能的政府也失去信任與依賴。其給人民立下不良的榜樣必然也影響人民的行為表現，包括影響其對他人、社會與國家的愛心與關懷程度提升不起來，而這種愛心與關懷是一個人社會化程度的重要指標。

（二）劣等企業

此處所言劣等企業並非指規模小、資本額低、產品是傳統科技性低的企業而言，而是指文化低劣、缺乏對社會責任的企業。此種企業曾經製造有毒黑心食物及其他用品，刻薄對待員工，排放廢棄物汙染臺灣的水域與土地，低劣品質的產品在國際間給人不良印象，傷及整個國家的形象，也有劣等商家販賣低等假貨，矇騙顧客，無異搶錢。

這些劣等企業給消費者極為不良的示範和影響，破壞善良、誠實、健康等重要社會價值觀念與體系，影響人民對他人及社會猜疑不信及滿懷痛恨。

（三）惡質社團

社會上惡質的社團有許多種，有者是以沽名釣譽的手法引人入夥，成為會員，而後騙取高額的入會費後，關門潛逃，造成一大群人財物的損失，此類社團，曾有以投資公司及健康中心為名者。

另有一類社團是以合法掩護非法，專搞非法事業，例如暴力討債、勒索錢財，引人聚賭從中抽紅等，這類社團常潛伏在市井之中，容易掩人耳目。

近來另有一種更引人痛惡的詐騙集團，躲在暗處，以電話搖控，騙人錢財，嚴重破壞大眾的安全感。詐騙手法或內容千奇百怪，但都以能打動人類的恐懼感、迫切需求、或好奇心等心理弱點，於瞬時失於防患的情況而失去鉅金。

總之，惡質社團的存在與活動也造成社會人心失去信任與安全，推翻接受社會化的理由與必要，受害輕者閉門防守自求多福，嚴重者心存不滿，企圖報

復，攪亂了社會上一池原來平靜的水，造成迷亂的氣氛，讓大家都不安。

（四）問題家庭

社會上的家庭數目很多，其中有問題者也有不少。問題的式樣也很複雜，屬於無奈的貧窮、生病之類的問題不談。比較普遍又令人關注的問題是家暴與破裂兩類。這兩種問題家庭的原因多半出自成人，但對正在社會化過程的兒童卻有極為不良的影響，傷害其心理之深，有者無法步向正常人的路途，而走向邪門。

（五）應有的糾正

上列四種不同層次的不良於社會化的機關，有效的糾正策略與方法各有不同。針對失能的政府，很必要以政治制度性的策略與方法給予監督，但當政府要員一意孤行又對制度性的監督不予理會時，也必要以高成本的社會運動為之糾正。

對於劣等企業及惡質社團的糾正最合理的方法是循法治的途徑，有賴政府的司法與立法部門的努力。司法常被認為是維持社會走入正規的一道最後防線。但眼前不少司法案件也被指稱是御用，或只辦綠不辦藍，實在也值得司法界深澈的檢討，重建威信，取得人民信心，幫助推動社會化的進展。

對於家庭問題的糾正，很必要社會工作的輔導與幫助。此種輔導與幫助都是較軟性的措施，有助緊張的軟化與平靜，挽回家庭的正常結構與互動，也挽救家中的幼小份子完成較正常社會化路程，使能成為較符合社會規範標準的人。

二、不良人物及影響與應有的糾正

前面討論不良於社會的機關或組織及其影響是從社會結構理論的觀點來看問題。往後兩小節討論不良於社會化的人物及活動是從社會行為理論的觀點來看問題的。

人是社會行為的主體，不良人物表現不良行為。不良人物通常也寄生在不良機關或組織中，或說不良機關或組織都藏有較多相關的不良人物。但也有行為惡劣者是獨來獨往，不歸屬於機關團體者。社會上對社會化有較顯著不良影響者也有四種。

（一）貪官汙吏

貪官汙吏的行為影響眾多百姓的利益，甚至是生命。歷史上捻財聚富的貪官汙吏害慘人民生靈塗炭的事例比比皆是，今之貪官汙吏暴發豆腐渣工程、強占農民及國家土地、傷害人民生命、財產者也常有所聞。給予人民十分痛心，不滿政治與政府，擴大成不滿社會與國家。

官吏本來是維護人民權益的權力人士，應為人民表率。一旦暴發其行為有貪與汙，人民如何能學習？其對人民正常社會化必然發生阻滯，若有人取法於他們，也表現貪與汙，則社會上充滿貪汙的人民，怎能期望眾人都會有良好社會化，都成為優良的公民與國民？

（二）黑心廠商

廠商是很典型的企業，劣等企業是由黑心廠商組成，主宰或藏匿於劣等企業中的廠商也不會是優良廠商。黑心廠商只顧賺錢，不顧消費者人命安全，最為人民所不滿。在高度工商業社會，此等廠商橫行，於是毒麵粉、有毒食用油、毒玩具，假名牌，假皮皮鞋，滿街都是，也有排放汙水，毒害他人的魚塭與良田者。這些黑心勾當是對講究社會化良心的最不良示範，也是最諷刺的案例。

（三）劣行名人

社會上許多名人並不保證其行為都高貴得令人仰慕。聞名的人有的是高官，有的是巨賈，有的是名藝人或運動家等，也有的是出了名的黑道人物。出名的人其行蹤舉止都很受他人注意，也都具有影響效果。名人中若其行跡惡劣，影

響粉絲効法，則其對社化的負面影響就很嚴重。

（四）道上兄弟

道上兄弟常與黑道組織共存共生。兄弟以組織作據點，組織包含志同道合的眾多兄弟，其表現的行為多半為社會所厭惡與唾棄者。但是當道上兄弟氣勢旺盛時，其氣焰常會吞食社會善良的風氣，將善良社會搞得烏煙瘴氣，社會上眾多的人要學好善行，就成為一大障礙。

（五）應有的糾正

對於不良人物的糾正，約有兩大方法與途徑，一為消極的管制，二為積極的教育與感化。管制最常使用法律控制的方法，為了維護多數善良人民的安全與幸福，對於惡性難改之徒，只好使用法律控制的方法。

但假設惡行之人的良心未泯，尚有歸真的希望，則糾正的方法有必要儘量採用教育與輔導的方法與途徑，使其能恢復良知，早日表現合乎規範行為，成為心理行為都正常的人。

三、不良集體活動及影響與應有的糾正

當前社會最常見的集體活動或許是示威遊行，這種活動都以抗爭政府施政不當，或廠主惡意虧待勞工為主要目標。示威遊行所會集的人數很多，因有合理的理由為依據。此種集體活動雖為被抗議的政府或廠主所不喜歡，但公平而論並非不良集體。社會上比較是絕對不良的集團活動多半由少數不良份子所組成，常見的種類有三，第一種是結夥鬧事者；第二種是結夥擄人勒索者；第三種是少年學生集體吸毒、販毒者。

（一）結夥鬧事與糾正

常見的此類不良集體活動有飆車族的鬧事，時間常在深夜，選擇交通較無障礙，飆駛摩托車，參加者多半是青少年。

飆車給社會的不良影響是其囂張行為給其他青少年不良示範，也有傷交通安全並消耗取締警力等公共資源。

針對此種不良集體活動的糾正辦法也得兼顧使用取締、處罰與勸導。其中因有未成年份子參與，處罰與勸導對象亦必要包括其父母。

（二）集體擄人勒索與糾正

擄人勒索的活動常是一小撮人的集體行為。因怕情資洩漏，參與人數都不很多，但也非只一人所能為。此種集體活動最常由三至五人共同策劃行事，目的多半是為能使勒索被害人家屬付錢。如果勒索不到錢財則以殺害被擄生命做為威脅。這類集體手段都很殘酷，被擄之人也可能被毒打凌虐。

擄人勒索違及人身的自由、安全與生命，也嚴重危及社會治安。行為者犯的是重罪，故為常人所唾棄。一旦被捕獲卻會重判罪行，重者被判死刑抵命，輕者也可能被判無期徒刑或長期坐監。

對於此種重刑犯人，除以司法制裁，也曾有好心的宗教人士或社工人員到獄中勸解，安撫其心靈，使其在死前能夠懺悔並改過。

（三）少年學生集體吸毒販毒與糾正

近來少年學生集體吸毒販毒猖獗，問題起於黑道伸手校園，引誘學生吸毒。學生為能吸毒，也幫黑道販毒。人數由少變多，成為集體活動現象。校園中一旦存有毒蟲學生，身邊的同學很容易被其感染，一起淪陷。

校方發現此種問題後，雖然極力反擊掃蕩，但常正不敵邪，有必要擴大掃蕩層面，發動治安單位，針對毒品源頭的中盤與大盤加以掃除，家庭也要配合管好子女行為，不使陷入毒害泥沼。

參考文獻

中文文獻

王震武、林文英，1996，教育改革的臺灣經驗，臺北：桂冠圖書公司。

林政江，2007，工業區汙水管理營運管理政策之研究，國立臺北科技大學，環境規劃與管理研究所。

林坤霄，2012，毒品累犯再犯危險因子之研究——以臺灣雲林監獄為例，國立中正大學犯罪防治研究所。

孫德華，2002，貪汙腐敗之成因分析：一個理論與實證的探討，國立成功大學，政治經濟研究所。

黃鈴雅，從關懷倫理學反思臺灣的升學教育。

項宗慈，2008，我國公務員貪汙之彈劾懲戒制度研究，國立臺灣大學國家發展研究所。

黃俊傑，2007，二十一世紀的大學專業教育與通識教育：互動與融合，通識學刊：理念與實務，1卷2期1-28頁。

黃玄銘，1997，戰後臺灣黑道的政治分析，國立臺灣大學政治學系。

莊定凱，2002，黑道國際犯罪偵防之研究，中央警察學校。

康仁俊，2013，「李桐豪：國是會議無法解決無能政府的問題」，臺北報導。

薛承泰，2003，十年教改為誰築夢？臺北：心理出版社。

蔡宏進，「修練有方：人的社會化」，蔡宏進著，社會學，2005，雙葉書廊發行，45-58頁。

盧丹，2013，試論貪汙賄賂犯罪追贓工作面臨的問題與對策。

英文文獻

Maccoby, E, E, J. A. Martin, "Socialization in the Context of the Family? Parent-Child Interaction" in Hand Book of Child Psychology, Publisher: Wiley, Editors, Hetherington, M. pp. 1-103.

第六章　社會互動與關係的異常與常態化

　　社會互動與關係是社會學研究的核心課題。社會互動與社會關係模式形成社會結構。互動與關係正常時則社會結構穩固，異常時則社會結構勢必不穩，因此必要設法使其正常化，藉以穩固社會結構，安定社會秩序。本章應用社會互動與社會關係的概念與理論探討臺灣社會的社會互動與關係的異常問題與正常化的現象。對於異常問題，也尋求導正的策略與方法。

第一節　合乎人倫的基本社會互動模式

一、五倫的基本模式

任何社會人與人的互動都有基本的標準模式，這種模式是經長久演化而成。不同社會之間基本標準社會互動與關係的模式會有不同，乃因其自然區位因素及長遠遺留的文化因素導致而成。

臺灣居民的基本社會互動模式以合乎人倫概念為基礎。依照長遠傳統遺留的文化基礎，人倫細分成五大類，即為父子有親、君臣有義、夫婦有別、長幼有序、朋友有信。此五倫之間的基本關係也當為互動的標準楷模。以今日對社會關係作更仔細的區分與界定，則父子關係可擴大到父母與子女之間，君臣關係可擴大到長官與部屬以及僱主與員工之間，夫婦關係擴大到也包括情人之間，長幼關係除兄弟之外，包括姐妹之間以及祖孫的關係等。朋友關係擴大了便要分等級。五倫關係正常化則稱為五常，也合乎道德。

二、一般人際關係的倫常

中國傳統文化中的五倫是指人與周邊的人有正常關係，事實上人與熟人的關係只是所有人際關係的一小部份。人除與周邊的熟人互動與建立關係之外，還常需要與更多其他人互動並建立關係，對於包括同學、同事、鄰居、親戚、賣主、客戶、路人、官員、民代等等認識或不認識的人。與不同的人互動或樹立關係的倫常或標準模式的學問更大。

李國鼎先生倡導第六倫，稱為群己關係的倫理。他用人群包含所有的他人，是概而化之的看法，如將人群加以細分，更精密的關係常會述說不完，使用人群一辭，確實簡便許多。人對自己以外的一般他人應顧及的倫常應有許多方面，古訓中的忠孝仁愛信義和平等八德及禮義廉恥等四維都是各種道德觀念，應

　　該也都是重要的倫常，也是合乎倫理的待人之道。如果將自己視爲社會群體中的一份子，則除了要愛護自己歸屬的群體之外，還有一項重要的倫常就是要負責任盡本份或職務，扮演好自己在群體中的角色。

第二節　衝突互動與調停

一、衝突互動的普遍性

　　人類社會互動模式中衝突是很不良好的一種，但此種互動卻普遍可見。小型衝突互動發生於兩人之間，較大型的衝突互動則可能發生於群體與群體之間，在最小型與最大型之間，衝突的形態與規模又有許多不同類型。

　　在目前的臺灣可見到的衝突互動很多，有夫妻失和吵架，兄弟爭產，合夥人因利益關係而爭吵，警察與匪徒槍戰對開，鄰居因漏水地界等瑣事而吵嘴或打架，工人與僱主的利益衝突，人民向政府不當的政策或施政示威，政治鬥爭，商務訴訟，街頭車禍的路人相爭，乃至國家與他國爭漁權，爭獨立自主等。在平常日子都可看到一大堆的衝突與爭鬥。

二、衝突互動的重要性質

　　衝突互動的形態與原因形形色色，但其基本性質是因價值不同而爭或為了稀少的地位、權力與資源而鬥，彼此都企圖將對手制壓、傷害或消滅。這種激烈的互動是競爭的升高與惡化。權力衝突與資源衝突是衝突互動的兩大原因與目的，兩者之間有密切關係，但性質有所不同。通常權力衝突都涉及到社會結構或體系層次的改變，權力改變則影響到對資源的掌控與利用能力。而所指資源則包含物資、服務、工作、設施、土地等。

　　衝突互動並非混亂不清的，而是有一定的程序可循。此種過程有一定的步驟，發生之後也要經過某些必要的程序，才能結束落幕。

三、衝突互動的後果

衝突互動的重要後果與影響常會使衝突者受傷，損失，甚至死亡，也因而會造成仇恨與恐懼。但衝突也有助成長與發展，包括心理與經驗方面的成長與發展，以及社會方面的成長與發展。許多棘手的發展阻礙經過衝突的破壞後，會有助變遷與發展。

四、調停衝突互動的必要性

衝突的調停是指以衝突者當事人之外的第三者介入衝突事件，經其影響或改變當事人所渴望的衝突成果。調停者常為某一特殊黨派或個人，為某一特殊成效或某一偏好，而經調停過程來達到目的。

調停不一定是解決衝突互動的最好方法，也不是唯一途徑，但不少衝突互動過程都是經由調停而停止與落幕。使用此種方法來處理衝突問題，確也有其必要性。最主要的理由是可用此法平息衝突，使其恢復正常關係並運作。這是許多衝突的關係者或旁觀者所樂於見到的。恢復正常態勢也可減低或平息緊張，避免劇烈暴力傷害。調停成功可以推動與增進和平，這對社會發展也有其必要性。在和平的環境中，社會上的許多人才能安心創造，有助世界文明的發展。

五、調停的方法與技術

不論調停者為誰，要能調停成功，也須要善用適當的調停方法與技術。而適當的方法有交涉、和解、仲裁等，而細部的技術則有很多，包括（一）評估及分析人的技巧、潛力、缺點及權力的程度；（二）分析衝突事件所處的社會環境；（三）良好的說寫的溝通能力；（四）有組織的能力；（五）善於結合相關知識與技巧供為有用的訊息；（六）確認外界資源供為阻止衝突的訊息；（七）善於媒介各衝突集團；（八）能彈性思考可建構一個廣泛範圍的衝突劇

本：（九）能提供規劃技巧；（十）爲衝突的決定者提供其面對情境的兩難與決策；（十一）協助建立詳細的解決衝突方法。

第三節　師生互動的檢討

一、此種互動檢討的應用意義

　　師生是社會上兩種互補的角色，有教師才有學生，有學生才有教師，兩種人的角色互補，必然同時出現在社會舞台，因而也必有互動。

　　今日不一定每人都爲老師，但是幾乎每個人都當過學生。國家教育普及，兒童就學率幾乎百分之百，義務教育時間延長，每人當爲學生時間也延長。師生之間的互動只從學生方面看就很重要，人人必然都經歷過，且經歷的時間不短，互動是否正常良好，對一生進學修德的成效影響很大，故有檢討的必要。從教師的角色及立場看，教育學生是其志業，無不以能與學生有良好的互動關係爲行爲準則與目標，也以能達此目標爲樂事，但是否每位教師都能幸而達此目標，也有檢討的必要。

　　如何檢討師生的互動與關係，則先要指出此種互動與關係的標準模式，進而再將實際互動關係與標準模式加以比較，視其是否一致或接近，作爲評斷互動關係是否良好正確或是否合適。在此作這種檢討的主要目的是，要探知當前師生互動的脫軌與問題，作爲改善的方向，也當作是社會學導論中有關社會互動概念的應用之一面。

二、檢討師生互動關係的標準依據

　　當今各級學校普遍都對教師的教學成績有作評量，在大學或研究所也評量教師的研究成果及社會服務成績。如果爲了能顯示師生互動關係良否，則以教學評量較爲合適。但是每個學校的評量表內容不盡相同，而且此種評量的方法是經製表讓學生填寫，將之用爲判別師生互動關係，似乎太偏護了學生，未能看到教師方面的感受。故只能作爲檢討的參考，並不適合作爲檢討的準則。

我認爲古時高人所論的師道頗能道出爲師者及學生如何互動行爲的良好依據。這些道理至今仍甚可貴，值得採用。古人對於爲師之道，說得最適合師生雙方都值得遵行者，以唐朝韓愈的〈師說〉最爲可貴，也最透徹。於此，我先摘出〈師說〉當中的數個重要概念當爲檢討與評定今日師生互動準則的依據。

〈師說〉一文不長，但對教師及學生的角度都有極爲精闢的點破，我先指出四點爲師者的範行，而後再指出求學者的準則。四點爲師者的範行是：（一）爲師的主要任務在傳道、授業與解惑；（二）教師最重要的資格在存道；（三）巫、醫、樂師、百工等有專長之人都可爲良師，好老師不一定是士大夫，也即不一定相當於今日有學位之人；（四）三人行必有我師，這是指好老師不一定是在學校教課之人。〈師說〉中六點求學者的重要準則是：（一）學生拜師或跟隨教師學習的目的是爲求知、聞道及解惑；（二）好老師不受貴賤、年齡的限制，有無學問以是否深藏道理的因素最爲可貴；（三）學生常犯選錯教師的毛病或誤差；（四）隨師學習不應只跟隨其閱讀，能吸取其觀點道理更爲重要；（五）各類有專長的人都值得學生請益，好老師隨時在身邊，看學生能否去識別與把握；（六）學生要有青出於藍的抱負，才能學得出衆。

三、師生之間的不良互動關係

參照〈師說〉中師生雙方應注意遵行的要點，則對當今師生互動關係的檢討重點應在於指出與分析師生互動未能符合師者及求學者標準的性質，當爲改進師生互動關係，以爲達成爲師及求學者準則的目標。

（一）雙方互動不足

今日的師生互動不足，彼此了解不深，未能發揮傳道授業與解惑的基本教育功能。古時爲師者能給學生傳道授業與解惑，與師徒式的教育模式有密切關係。今之教育方法都採多人同班上課的制度，教師與個別學生互動時間與機會有限，普遍犯有師生互動不足的毛病。因爲互動不足，彼此了解不深，因此老師

未能充分傳授其心得與觀點，所傳授的教育內容較像是知識的販賣。學生有疑惑，教師少能了解並幫其解除，學生也少有機會敦請教師作較費時與完善的解惑。

（二）部份教師有失師德

教師失德問題可見於體罰與性侵學生，有損楷模形象。由於少數教師失德，影響社會對教師角色的觀感不佳，對教師未能表示應有的尊敬，以致也影響老師失去教學以及指導的熱忱。

（三）荒唐學生毆辱師長造成師道不存

從社會新聞中偶爾也可看到有荒唐學生以語言侮辱或以動作毆打師長，這種行為實在超越了學生的本份。未能尊師重道的學生，與教師的互動不佳，造成師道不存，也影響教學與學習效果必然都不會良好。

（四）教師評鑑制度的迷失

近來各個正規學校普遍對教師採行評鑑制度，主要目的在監控教師的教學與研究績效。其中教學成績的評鑑，資料取自學生的匿名反應，給學生有暗中批判及詆毀老師的機會，容易傷害教師的尊嚴與信心。雖然評鑑的目的在監控教師的品質，達到擇優去劣的目的。但也可能發生學生存心報復其仇恨或不滿的教師，作出不公平的批判，反而傷害師生的正常互動關係，效果可能偏差，也不如預期。

四、改善師生互動關係弘揚教育效果

師生互動關係會有不良的狀況，師生關係良否又會影響教學與學習效果，因此社會上實有必要注意改善師生互動關係，來宏揚教育的成效。

　　師生互動關係的改善有賴教師與學生雙方共同努力。先能認知此項改善工作的重要性，進而找出適當方法並加實行。而最為適當的方法是回歸故訓師道中的奧祕，為師者遵照師道，求學者則能認真求道來表示尊師重道。能如此良好互動，則雙方共同追求知識、學問、真理與道德的水準必能提升，教學與學習效果也必能良好。

第四節　政府與人民互動的問題與改善

　　政府與人民的互動是個人對組織的活動，在日常的社會生活中此種互動占極重要的地位。人民每日都會有與政府之間的事要辦，雙方就必要互動，代表政府的一方是機關及官員，故互動的問題有可能發生或表現在機關組織、官員及人民三方面。常見的問題有下列這些。

一、政府機關組織僵化與功能失效

　　人民與政府互動的對象常是政府的機關組織，政府機關組織給人民最大的麻煩常是其組織僵化，缺乏變通，形同找人麻煩。組織僵化，缺乏彈性的政府組織，通常也缺乏功能與效率。

　　有些政府機關任用要員常以親信為優先，親信人員辦事都以聽命是從，當領導人的錯誤一犯再犯，就形同僵化，民怨沸騰。人民對於此種政府機關就不會有好感，也不會有良好的互動關係。

二、制度法令改革與變遷失當

　　當前政府機關另一不得人民好感與好評，以致會造成人民與政府關係緊張的問題是，政府經常改革與變化行政制度與法令，表面看來是勤政，但往往因為對於改革或變更的制度與法令未做完善的研究與準備，改革與變更過程猶豫不決，反反覆覆，有如無厘頭，人民見之眼花撩亂，不知所從。晚近發生的此種事件有證所稅的修改與實施，會計法的修正案等，從人民存款利息中吸取健保基金等，都引發人民與政府互動關係的緊張。

三、對民意反應遲鈍

因有政治人物的固執與孤意執行，對於民意的反應遲鈍，越是民眾反對之事，越是堅持要做。近來人民最憂慮的是經濟不振，生活困難，以及國格沉淪，國家瀕臨滅亡之事等。但這些要緊的民意，卻未獲得政府當局應有的良好回應，以致民怨不息。人民與政府互動與關係的緊張，多難以冷卻與緩和。

政府機關預算浮濫，債務膨脹，人民憂心，屢表不滿，也未能有較正面確定的回應，又是人民與政府互動關係不良的重要層面。

四、不平等服務

政府施政服務措施中，對待不同族群或國民不平等，也常是容易造成廣大人民對政府不滿的重要原因。晚近政府服務不同族群表現不公平之處，有稅制優厚了財團卻虧待了升斗小民，退休金優惠了高官，卻未能有效照顧基層勞工。這些是較外顯的不平等服務事項。

另有一些較為潛藏的不平等待遇還有用人的哲學與政策，太偏向了親信，未能開誠布公，也引發不少非議。這些看在人民眼裡不公平少正義的行政措施，也都是使政府與人民互動關係陷於緊張的重要原因。

五、民間會有不良反應

這種事件曾發生在政府圈地拆屋優惠財團與建商，卻傷害了農民與地主，逼成農民地主抗拒，引來媒體注意與傳播。逼使人民不良反應的事件還見政府為了公共建設，如建捷運或開路，未先與民眾作好溝通或補償，即強行拆房，也很容易引發民眾反抗。

對於已經聚合示威的民眾使用噴水或拒碼，以及警察人肉盾牌抵制的做法，也常使人民感覺不好，民眾與取締的警方的對抗常越演越烈。

六、街頭示威的衝突

受過民主洗禮的人民面對處事不力或不當的政府時，在容忍不住的情況下，就會聚眾遊行街頭示威，此類事件經常發生，示威抗議的目標與理由種類很多，有者不滿外交，有者不滿內政。近來民眾反對繼續建造核能發電廠，曾經聚合數萬群眾上街頭示威反對。政府不斷宣布油電漲價也為民眾相當不滿，忍不住都曾走上街頭示威。

七、去除惡法依法行政與尊重民意的民主治國良策

人民與政府互動時，人民都處於弱勢不利的位置。因政府握有制定法律與執行規則的權力，人民少有占上風的機會，故當雙方互動不良之際，要能化除與改善，只能希望從政府方面直接著手。政府必要的措施有兩項，一為去除惡法依法行政，二是尊重民意以民主方法治國。

在民主政治體制下，政府本來應該依法行政，不再可以王命至尊。但依法行政必須要有一前提是，所依據的法律不可以是惡法，否則依據了惡則比無法可據還不如。另一重要的措施是要尊重民意，以民主方法治國。政府不可違背民意，否則政府與人民的不良互動將永無休止之日。

第五節　社會互動中的資源運用與酬報

一、社會互動關係者喜愛運用資源的理由

在社會互動的過程中，互動者常會介入運用資源。所指資源在正常運用的情況下，有助良好互動的進行，並使運用者得到好處。社會互動者喜愛運用資源的具體理由因人而異，因情境而異，但常見的重要理由約有三種。

（一）可用資源轉化爲靠山與助力

人在與他人或組織互動時，有時因爲勢單力薄而覺得無助與心慌，乃無法扮演良好互動者的角色，此時若有適當的資源可供使用，這些資源可當爲進行互動的重要靠山與助力。許多人要與人談判時都要找個能言善道的人陪同，幫忙想出應對的觀點或話題，法律事件的當事人與法庭上打官司的對手爭辯時，常要有律師陪伴。這時候的律師是當事人極爲重要人力資源，可以幫忙當事人也是僱用者理直氣壯地表達意見，爭取勝算。政治職位的候選人在台上辯論或發表政見時，常要找來一群聽衆，在台下拍手助陣，提高聲勢，增加當選機率。

常見初認識的情人見面時，都要互送禮物，增加對方好感，以能獲得芳心，這種小禮物也是很巧妙的物質資源，常會發生意想不到的好效果。

（二）有資源可用便能使互動較有變化與多姿

可用爲幫助社會互動的資源，常可成爲互動的潤飾劑，使互動有變化，變爲較多采多姿。兩人旅行時的必要隨身設備，多人聚會時的零食關心，舞會時的音響，方城之戰時所使用的麻將賭具，都是重要的設備資源，可使遊戲互動的興趣大增。團體遊戲時的玩伴就是可以助興的可貴人力資源。有了這些資源，遊戲便能多彩多姿，趣味十足，缺乏這些資源，遊戲變爲索然無味。

（三）不同資源各有特殊功能與效用

有益互動的資源種類很多，不同的資源各有特殊功能與效用。通訊資源可使遠距離的對話互動變爲接近。柔性的音響資源，可使互動變爲輕細溫柔。甘草人物資源可使一群聊天友人的互動變爲滿堂歡笑，宴會席上的互動，能有好酒好菜的資源，便可使參加的賓客飽食盡歡，功效十足。

二、經常運用的各種資源

有助互動而常被人使用的資源很多種，就大類別言之，重要者約可分成四大項：

（一）智力資源

此種資源可供互動者增多知識及判斷能力。此類的資源包括互動前閱讀的書籍、資料或提供意見的參謀與軍師所面授的機宜等。

（二）社會資源

支持的人脈及輿論都是重要的社會資源。有較佳社會支援的社會互動個體，都會在社會互動過程中占有較多的優勢，有較壯大的靠山，以及廣闊的申展舞台。互動起來都會較順手，也會有較良好的結果。

（三）經濟資源

重要的經濟資源包括金錢、物資及生產人力等，有這些經濟資源作爲支持，社會互動者便能較順利運作。如果缺乏經濟資源，有些需要花錢及使用到實質資源的互動便難以進行。許多要面對面互動的國際會議或談判，如果缺乏購買機票錢的金錢資源，便無法參與進行。缺乏生產品的實質資源，也無法出席可與顧客面對面溝通討論互動的展覽會。

（四）情報與資訊資源

　　許多社會互動最需要的資源是情報與資訊。有關軍事、商業及政治的對抗與談判互動，雙方都最需要有各種相關的情報與資訊資源做為行動的本錢。這種資源越充足，對抗與談判的內容便可越深入越詳細，勝算也較大。

三、運用資源的正面酬報

　　社會互動時能有適當的資源可用，多半能獲得較好結果，也即可使所用的資源得到酬報。這些酬報的性質可分成幾項不同方面說明。

（一）增進互動的預期目的與機會

　　不同的互動各有不同的預期目的與機會，互動時若能運用這動資源，則可使互動如虎添翼，獲得更好的預期結果。合作型互動的目標在能雙贏，雙方如能投入合作所需資本，彼此都可贏得更多。競爭型互動的目的在能勝過對方，互動過程如能運用所謂祕密武器，如球隊藏有球技高超，難為對方破解的球員，常是獲勝的關鍵因素。敵對型互動的目的在摧毀對方，合適的資源少有限制，幾乎可以無所不用。用的資源與方法越絕招，打到對方的把握就越大。強制性的互動，常會運用刑具，迫使對方屈服。交換型的互動，可合適運用的資源以能被對方樂為接受者最為適當，由此資源的運用，可使對方較容易也較快速接受並進行交換。親密型的互動也以最能打動對方心扉情感的言詞、行為或禮品等為最合適使用的資源。冷漠型的互動如處於所謂冷戰狀態者，也許得將形成冷漠的原因加以去除，因此能找出原因，且能善加處理便是最好的可助破除冷漠的重要資源。

（二）豐富互動內容

　　可用於互動的資源有如催化劑，也如裝飾品，或是食品的添加劑，都可使互動的內容更為豐富，更為對味。在大型的歡樂聚會上若有一、兩位好歌喉的成

員，上台獻唱，增加歡樂氣氛，可說是集會上不必花錢購買的最佳助興資源。

（三）增加競爭互動的勝算

對於競爭互動的重要資源前面提過球賽的祕密選手，此外，獨到的絕活的競爭技術也是重要的競爭資源。商場上的競爭經常運用包裝與廣告的技術取勝。

（四）減少衝突互動對本身的傷害與損失

社會上最常惹出衝突事件的黑道團體，最常看到其運用禦防傷身的資源是刀槍武器。大哥級的人物則身邊常有護衛保鏢，刀槍武器及貼身保鏢既是攻擊的資源，也是防禦的資源，資源實力越堅強，防止本身受傷與損失的效果也越大。

四、錯用資源的懲罰

（一）錯用情況與時機

互動時所用的資源常會有錯用的情形，錯用的意思主要是指情況與時機不對。例如黑社會藏用槍械當為資源，但是槍械卻是違禁品，除在軍隊或在警察的治安單位才可合法使用外，其他的人擁有都是違法，使用了也都是錯用，都要受到懲罰。

（二）增加拖累

許多表面看來是有助互動的資源，錯用了都變成拖累。違禁品引來治安單位的追查，太招搖的錢財寶物之類的資源，則引來賊人的偷竊與搶劫。情報機關的女間諜，也常會被厲害的情報員用為反奸的工具。

（三）擴大糾纏的範圍

運用了不必要的互動資源，有如繪蛇添足，節外生枝，造成不必要的糾纏並

擴大糾纏的範圍。商人為討好官人而送紅包，當官商勾結的黑洞暴發了，這些紅包資源都成為賄賂的罪證。

（四）造成禍害

這類資源懲罰可用黑色大哥身邊毛躁惹事的小弟為例說明，小弟其在外毛躁惹事，常會引來大哥本人或整個幫派遭到仇殺，釀成大禍。

（五）付出代價

種種負面的懲罰都是代價，但有一種引誘他人上鉤的誘餌，雖然具有打動對方貪圖利益的功能，扮演誘敵資源的角色，但若碰到對方更黑，常會落入黑吃黑的陷阱，付出的代價很慘痛。

第六節 大眾傳播在社會互動過程中的妙用與濫用

　　大眾傳播是面對眾人的互動工具，此種互動工具或媒介有若干妙用的特性，但也常被濫用。本章將其社會互動上的妙用及濫用之處共分數點加以分析與說明，也供為應用者明白並約制。

　　大眾傳播指經報紙、雜誌、書籍、廣播、電影、電視、網絡等大眾媒介向社會多數的人傳送消息與知識的過程之意。被傳送者常不易立即向傳播者回應，但會深受其影響，再直接或間接反應到其他人，這是一種有異於面對面的社會互動，在當前的社會卻是一種重要的社會互動方式。此種傳播的功能論述很多。筆者看到的功能或妙用有兩點特別值得提出說明者，也另有兩點重要的負功能或濫用情形。

一、打破時空限制傳遞訊息

　　大眾傳播的方式如上列七大種類，都有打破時空限制傳遞訊息的特性。因為影響的面廣，人數多，故各國政府都有管制，但也難作萬全設防。由於有政策的管制，故其傳播的內容大半都可使社會正當化，傳播的事件與人物，好者可樹立威信，惡者可使其威信掃地。其對社會的妙用是將社會公德與社會規範得到宣傳和明朗化，使其廣為人知，取得社會的承認。也使腐敗的事蹟受到社會譴責。

　　大眾傳播中的新聞媒體所報導的人物與事蹟不限於地方性，也有遠在國外者，多半較注重當前發生的新聞大事。但是書、雜誌及電影所記錄的人物與事件，則也包括過去卻有意義者，現在的人可經由閱讀或觀賞而了解，並吸收成知識與思想觀念的來源。

二、影響社會各階層大眾多方面的生活

當前社會上每日都接觸大眾傳播的人很多,不分階層高低與男女老少。因此受到影響的人無數之多。因為傳播的內含廣泛,包括政治、社會、經濟、文化等各方面的訊息都有,故接觸的人在生活上的許多方面都會受到影響。正向方面的影響包括吸收知識得到教化,與其他人形成共識,建立與強化社會規範等。

三、濫用傳播媒體扭曲與動搖穩固的社會體系

大眾傳播常被浮濫使用,作不確實的新聞報導,不公正的分析,以及對殘暴、荒謬以和惡劣事件的宣揚,終會扭曲正常的社會體系,也使本來穩健的社會體系為之動搖。

大眾傳播,尤其是新聞報導,為了譁眾取寵,創造收視率,常作過度誇張的報導與分析,使聽聞者聳動。有人於信服的後面轉述,有人則直接效法,致使社會風氣與價值變為同樣荒唐誇張。

大眾媒體的政治立場與觀點常有偏頗,對政治體系也常造成偏差的影響。例如培養偏護政治權力的偏見,常會導致多方面政治減失公正的觀點與正義的情操。

大眾媒體對於社會上發生的殘酷及悲慘事件,常做血淋淋的報導,形塑社會的黑暗與病態,雖有警惕作用,但也會有不良的傳染。

濫用的大眾媒體對於經濟體系的報導與分析也常會報喜不報憂,或專挑極端光明或黑暗的經濟事件加以揭露,使人誤信其經濟過份美好或無可救藥,對於經濟體系的營救與建設都未能扮演良好的角色。

大眾傳播的內容也常會觸及文化體系方面,對此方面的報導與分析常只觸及皮毛,未能看到深處,也容易影響社會大眾對於文化認知的錯誤,未能有效協助文化發展。因此在社會各種體系的發展中,文化體系經常排到最後,此與社會及政府對文化的認識不足有關。也因大眾傳播對於文化的探討份量都較不足造成。

四、浮濫的傳播媒體占用人類時間控制人類心智

今日大眾傳播媒體無所不在，尤其是電視，24小時播放，有線電視的頻道又多至一百餘台，深入每戶人家。社會上多數人的時間都被電視綁住，而電視台給人的知識常是虛泛與膚淺的，給人的價值規範常是很複雜多元，壞者也很多。個人被電視占用適當時間，因而讀書、思考與創造的時間與心力也變少。

電視上的綜藝節目及電影，有深度者不多，較多是庸俗的作品。觀眾看了，頭腦可能退化，行為也可能因受到感染而變為庸俗。

近來快速發展中的電子媒體，使人類的生活確有不少方便與豐富之處，但是網路上流行的資訊與娛樂節目，也浪費了不少人有用的時間與精神，耗費在打開閱讀電子郵件，及其附檔資料上。網路上的交友活動，更會害慘了不少無知的少年男女。

第七節　正常社會互動關係的改進過程

一、研究與闡揚正常優良的社會互動關係原理

　　社會互動關係是社會秩序的基礎，社會秩序要能安定穩固，必先要有正常良好的社會互動關係。本章前面闡述許多異常不良的社會互動關係，都有必要加以改進。

　　社會互動關係是一門大學問，要改進異常不良的社會互動使其正常化，有必要從研究與闡揚正常社會互動關係原理做起。其實自古聖賢對許多合乎倫理道德的優良社會互動關係原理已有很多發現，卻因時日久遠，社會變化太多，人的想法與行為對於許多古時有價值的社會互動關係典範遺忘了，或有意拋棄了。今人若能再多用心研究，加以整理闡揚，就不難獲得可供適用的寶藏。

二、教育民眾正確的社會互動關係

　　正常優良的社會互動關係原理經過有心人研究闡揚之後，還需要有人負責教育民眾正確的社會互動關係。社會互動關係的教育家常必需經由苦口婆心，不厭其煩，深入淺出，利用多種機會教育民眾，喚起民眾從內心了解與接受正常社會互動關係的意義、重要性與方法。

　　必須社會上眾多的民眾普遍先能了解與認識正常社會互動關係的意義、重要性與方法，之後才會進而實踐與落實，整個社會上的互動才能正常化。

三、實踐正確的社會互動關係行為

　　社會上正確的社會互動關係行為要能實踐，可從多種管道著手，政府提倡，官員力行，媒體宣導，宗教慈善團體參與推動，各級社會領袖，包括家庭中

的主人長輩等都能身體力行，使能上行下效，都是重要的途徑。

　　這種行為不能期待基層民眾比上層階級率先履行。由上階層先作示範非常重要，也即古人所說，社會道德的推行繫於一兩人之心。這一兩人必須是要權重位高的領導人，才較有影響力。我們的政治領袖們若能少一點費心在政治權謀上，多用一些心思在社會建設上，我們社會上的社會互動關係正常化就較有希望。

參考文獻

中文文獻

王昱峰，2006，從社會對體看第六倫的普遍主義取向：一個本土視域的嘗試，國立師範大學政治研究所。

吳麗雲，2001，衝突情境中師生互動，國立新竹師範學院。

銓敘部主編，2003，行政管理論文選輯，第十七輯。

孫震，2005，李國鼎的第六倫與企業倫理，臺北市終身學習網通訊。

徐致遠，2013，大眾傳播媒體與運動之互動現象及其影響，國立體育學院推廣學系，共18頁。

房志榮，1990，「第六倫與最基本倫」，神學論集，85期，410-422頁。

陳瑩瑜，2008，衝突的揭露——情緒包裹在溝通探究中返身重構，輔仁大學心理系。

黃玉珍，2002，高市國中學生人格依附類型生活適應與師生關係之研究，高雄師範大學。

張淑麗，2005，身心障礙幼兒處理親子衝突因應策略之研究，樹德科技大學，幼兒保育學系。

鄭善明，2011，社會互動模式與校園毒品防治，社區發展季刊，135期，272-287頁。

英文文獻

Abel, Richard. L, 1981, "Legal Services" in Marvin E. Olsen and Michael Micklin, ed. Handbook of Applied Sociology, pp. 407-430, Praeger Publishers, New York.

Hall, Richard, 1981, "Bureaucratic Functioning," in Marvin E. Olsen and Michael Micklin ed. Handbook of Applied Sociology, pp. 176-197, Praeger Publishers, New York.

Loue, James H. 1981, "Conglict Intervention," in Marvin E. Olsen and Michael Micklin ed. Handbook of Applied Sociology, Praeger Publishers, New York.

Wells, Alan, 1981, "Mass Communication" in Marcin E. Olsen and Michael Micklin ed. Handbook of Applied Sociology, pp, 157-175, Praeger Publishers, New York.

第七章　社會組織問題與管理

第一節　社會中介組織的意義、功能、性質與問題

一、意義

社會上的組織大多數是中介組織，也即是介於個人與大社會之間的組織。這些組織成為個人與大社會之間的橋樑。個人日常停留及活動於其間，透過這些組織與大社會接觸與連結。

社會中最重要的中介組織有家庭、學校及工作場所。家庭是每人每日在未上班之前，以及下班之後停留與活動時間最長的地方。學校是就學兒童在白天以及進修學業的成人在夜間停留與活動很長時間的地方。工作場所則是一個謀生賺錢的人出了家門必須到達與停留的所在，正常停留時間一天都要八小時。

個人所參加與融入的重要社會組織還有歸屬的社團及社區，與歸屬社團的接觸也甚頻繁，定期與不定期的集會都會耗費許多時間。社區則是個人所無法脫離的空間性組織，每個人天天都停留與活動在社區中，未能脫離，否則就很不方便，難以生存。許多退休或無事可做的老人與閒人，鄰閭是其常常必要報到，找人閒聊泡茶下棋的生活性組織團體，不少閒人除了三餐睡覺回家，以外的時間，都耗費與鄰居聚會在一起，這些鄰閭組織也存在於社區之中。

二、對個人的功能

中介團體給個人最大的意義及功能是提供個人學習及演練社會規範，熟悉之後即可與大社會互動自如。個人從中介團體中學習到的社會規範很多，包括如何與人談話，如何與人往來，如何遵守團體活動與生活規則，如何與他人保持適當距離，如何盡義務與享權利。在中介團體中個人有觀察的機會，也可能有人會熱心指導。這些平時接觸的熟人也是可能介紹個體踏入社會、認識社會、接觸社會

的媒介或中間人。經過中介團體的媒介，個人踏進大社會就不陌生，不會遭受太大困難。中介組織或團體對個人的幫助很大，意義也很重大。

三、性質的觀察

社會中的中介組織有下列幾項重要的特性。

（一）種類與數量很多

社會上存在的中介組織第一項重要性質是種類與數量很多，重要的種類除了前面提到的家庭、學校、工作場所、社區及社團以外，還有醫院診所、教堂教會、商店、工廠、治安機關、餐廳、加油站及車行等。每一種的組織，數量都很多，在工商業社會、商店、公司與工廠的數目特別多，提供就業機會，以及給顧客服務。

（二）規模大小不等

在各種中介組織中，規模大小不等，同類的組織規模有較固定者如家庭，但也有差別很大者，如工廠、學校等。家庭規模多半都只三、五人左右，但工廠的員工有僅數人到數千人不等，學校的規模若論學生數，有一人小學到數萬人的大學。規模不等，結構不同，功能與問題也不同。

四、問題的觀察

中介組織少有問題者固然有之，大有問題者也有不少，重要的問題約在三方面，即結構問題、功能問題與經營管理問題。

（一）結構問題

　　組織結構可能發生的問題會有多種，包括上下層級及左右部門設置與安排不當，連結不佳，複雜度不當，太正式或不夠正式，權力太集中或太分散，以及規則太嚴格或太鬆散等的問題。

（二）功能問題

　　每個組織都要有適當的功能才能生存，功能是組織設立與存在的理由與目的。但各種中介組織在功能上也會有或多或少的問題。重要的問題有未能符合與滿足顧客的需求，未能達成組織預期的目標，未能貢獻社會，甚至危害社會，未能使組織份子滿意。功能有問題的組織，常會得不到組織份子或社會的歡迎與支持，因而有垮台消滅的危機。

（三）經營管理的問題

　　組織要能維護良好的結構與功能需要經營與管理，經營管理出了問題，可能導致結構與功能問題，結構與功能不佳常是經營管理不良的反應或後果。

　　常見組織經營管理產生問題的方面有決策與計畫不當，未能啟發組織份子參與及工作的動機，未能作好溝通整合工作，領導者無能，也未能作好示範，對於功過的賞罰不明確也不合理，未能創造良好的組織氣候與文化，未能協調組織與環境的關係，最終的結果是組織缺乏效能與成績，會有被淘汰的危險。

（四）不同功能組織各有特殊的問題與必要的管理方法

　　上舉三種社會中介組織的問題是一般性的，也即各類組織都可能發生或遭遇者。唯事實上各類不同功能的組織所遭遇的問題相當不同，為能有助其預防避免或改善，值得也需要再進一步分別作較仔細的探討。

第二節　中小企業組織常有的問題與必要的管理

一、中小企業數量衆多，可代表營利性組織

營利性組織是很重要的一種企業組織，在臺灣營利性組織又以中小企業的數量最多，此與我們的企業發展政策有關，也與鄰近的韓日兩國政策上朝向大型企業發展不同。與大型企業比較，中小企業組織遭遇的問題相對更多，性質也頗不相同。

二、內部力量薄弱的問題

許多中小企業等組織內部力量薄弱是其重要特性，人力少，資金少，缺乏技術及研發能力，生產或經營目標也很微小，營利的數額不大，經不起風吹雨打，很容易倒閉關門。

三、外在環境惡劣的問題

中小企業面臨外在競爭壓力很大，資源技術都不如大型企業，備受大型企業的壓力。近來世界企業走向國際化，各國政府普遍加入全球化貿易組織（WTO），臺灣中小企業面臨嚴重競爭壓力，勢必更難生存。

四、關門倒閉的問題普遍且嚴重

近來臺灣的中小企業擋不住外在惡劣環境的壓力，政府又少有幫助的作為，乃紛紛關門收攤。其中不少轉移陣地，遷往中國或東南亞。少有的員工被解

散失業，原來承擔臺灣經濟發展社會安定的主力，如今成爲敗壞臺灣經濟與社會
安定的禍首。

五、振興之道

中小企業的萎縮對臺灣經濟的不良影響很大，其中造成失業率上升是最嚴
重的一項，高失業率造成社會不安，也影響政治的不穩定，故有必要振興。振興
的要道有二，一是中小企業必須自力自強，二是政府必要有良好的政策性輔導與
協助。企業本身的自強方法很多，加強管理能力，注重研發技術，精緻產品特
色，改善競爭條件等，都是重要的自強之道。政府方面應有的輔導與幫助則有合
理融通資金，輔導技術升級，減輕政策的束綁，防止資金與人力嚴重外流，以及
協助清除外在環境的壓力與阻礙等。

第三節　大型企業組織缺乏社會責任的問題與改進之道

一、缺乏社會責任的問題

　　國內大型企業數量較中小企業少，但其投入與產出的比率卻較高。中小企業面臨的問題大型企業比較少有，但臺灣大型企業普遍都有缺乏社會責任的問題。等而下之者有捲走大筆資金，對銀行的巨額貸款不還，掏空企業資本，逍遙國外，債留臺灣。再者是，缺乏興辦社會服務事業，或假借提供社會服務之名實際上還是在吸取社會資源。曾經有此種問題的大企業，為數也不算少。其辦理的所謂社會服務事業，如經營醫院等，營利的目的仍高過服務功能。

　　臺灣的富豪頗有其人，其富有程度有在世界排行榜名列前茅者，卻少見有大富人捐錢辦理社會公益，反而常見企業家要求政府給其減稅或免稅的優惠，實在令人匪夷所思。

二、改進之道

　　大企業要能增多社會責任的功能，政府要有應對的政策極為重要，否則企業家少有自動奉獻者。有作為的政府主要得從稅制的調整著手，並要有適當的鼓勵措施，以獎勵的辦法鼓勵大型企業從盈餘中提出較大部分辦理社會福利與服務。

　　要大企業家能參與社會服務，則企業家先要有社會責任心，這種心思與志向的養成，有賴企業家自身的努力。

第四節　醫療組織的問題與改善

一、醫療組織的進步與盲點

近來臺灣的醫療組織進步的方面不少,設置規模擴大,功能範圍加寬,技術水準改進,治療成功率提高,都是進步的象徵。但是至今此種組織體系仍然存有不少盲點,重要盲點分成下列四項加以說明。

二、醫療支出費用急速成長

臺灣自實施健保多年以來,人民看診率提升很多,也因此醫療費用的總支出急速成長。健康保險費透支的數目龐大,致使制度瀕臨崩盤邊緣。在危急之時,政府採行二代健保,加重健保負擔,以及從人民存款利息中抽成彌補,造成擾民的非議。

健保醫療費用急速上升與醫師過度用藥關係密切,因為醫療費用有一大部分由健保單位負擔,有些醫療單位會有順水人情,討好病人,用藥過量,較少有節制,或多做不必要的檢查以及多開出不必要的藥方,都使健保增加負擔。但到頭來羊毛還是出在羊身上,最後增加負擔者還是患者或一般國民。

三、偏遠鄉村醫院設施不足

醫院及醫護人員集中都市,偏遠鄉村設施不足,居民有病很難就近就醫,常必要遠赴他鄉的都市,費用負擔很重,又不得其門而入,因此偏遠鄉村人口患有疾病常會延醫或誤醫,甚至斷送生命。

四、專科醫生分配逐漸失衡

醫科學生在選擇專科時，漸有偏差的情形，辛苦吃重的專科，如外科或婦產科，新進醫生少有人選，較爲輕鬆的專科如皮膚科或眼科等，新科醫生選擇者較多。由於新科醫生選擇專科時逐漸偏向較輕鬆避開較辛苦繁重項目，以致醫院醫生的分配有所偏差。辛苦吃重但重要的專科，逐漸有醫師缺乏的問題或現象。

五、醫療糾紛不斷

醫院經常發生的另一嚴重問題是醫療糾紛不斷，糾紛的對手一方面是醫療或院內的醫生，另一方面是患者。糾紛的起因有者是醫院的疏忽，導致患者死亡或受到傷害，有因患者耍賴，要求醫院賠償。

一旦發生醫療糾紛，對醫院的傷害都很大，有時醫院不得不賠錢消災，有些醫院及醫生會損失名譽，甚至也有醫生於糾紛後被判徒刑者。

六、醫療組織與體系的改進之道

針對當前醫療組織所發生的幾種重要問題，必需加以解決或改進。解決或改進問題途徑有下列三要點。

（一）愛惜醫療資源，節制並有效利用

在健保制度下，醫療資源很容易被浪費，包括民眾亂看醫生，醫生胡亂開藥，終究推給健保負擔。爲能確保健保基金等資源，患者看診，醫師用藥等都要有所節制。

（二）醫院做好管理

醫院能做好管理，能發揮效率，其組織間的分布及組織內部醫護人員的調整

就能較爲合適，看診功能變佳，糾紛也可減少。

（三）民眾養成良好的就醫習慣與行爲

醫療體系中的醫院組織要能有良好的成就表現，民眾也需能養成良好的就醫習慣與行爲。病人與醫生的角色互補，病人有較良好就醫習慣與行爲時，醫院也就能有較良好的應對成效。

第五節　教育組織的問題與改進

一、學生來源減少不少學校難以生存

　　當前臺灣教育組織如學校普遍遭遇的第一大難題是學生來源減少，許多私立大學及偏遠的中小學，都面臨此一難題，故有關門、合併、或經營不善的問題。學生來源缺乏嚴重的小學，出現一校一學生一校長，而校長是學生家長的畸形狀態。

　　近來不少新興的私立大學因學生來源短缺，乃使出渾身解數。每年春夏之際，發動學校教職員至附近中學作廣告招攬學生，甚至也將招生的對象擴大到對岸中國各地。

　　學校規模萎縮，相關的變數也都要調整與改變，首當其衝的是裁減教師，故出現被裁減的教師成為流浪教師，也即是失業教師。也有大學將關閉而被裁撤的博士教師，經過補修碩士學分，轉職到較熱門科系，作為補救的辦法。

　　面臨招生困難，大學辦學的宗旨普遍都朝就業取向，用以攬住學生。不少原來由職業學校升格為學院或科技大學者，本質上又回歸到原來職校的性質。多年以前轟轟烈烈的教育改革到頭來是白忙了一場，勞民傷財，卻創造了更多新問題。

二、學校強調競爭導致組織的量變與質變

　　學生來源減少，規模普遍縮小，其始作俑者是，人口出生率大幅下滑，卻引發了學校之間的激烈競爭。其中尤以私立大學的競爭最為激烈。受到競爭風氣的影響，公立大學也未能幸免。

　　學校競爭的目標在爭取排名與聲譽，而排名先後的重要意義有二，一是供學生選擇入學的參考，二是向政府教育主管機關爭取預算補助的依據。使用的重要

機制是評鑑的制度。而評鑑的內容則包括學生就業與出路，教員的著作與教學成績，以及系所設備等。

前已說明，目前大學教育的目標很著重學生的就業取向，除了學生本身在意，也因評鑑的內容很強調。大學乃逐漸變為就業訓練機關，就業較為容易的科系膨脹，就業困難的科系則逐漸被淘汰。過去強調「大學之道在明明德，在親民，在止於至善」的高遠目標，已變為神話與空話。

學校因為學生數量減少，在經營目標逐漸轉變為以討好學生為重，因此普遍設有由修課學生評鑑教師的制度，表面的意義是民主化，使學生也有反應與選擇教師的權利與機會，但此一制度對於尊師重道也有不少傷害，少數本身不學習不認真的學生，在教學評量表上隨意的偏激反應，對教師雖具有警惕的作用，卻也造成傷害。

校方在評鑑教師的優劣時，也依主管機關的規範設定了一些似是而非的標準，尤其是強調與發表合乎國際規範，使用外國文字的著作為佳作，卻忽視學術的本土意義，未重視對本地社會的影響與貢獻的價值。這種制度雖然備受非議，卻也逐漸定調，偏護了一些跟得上形式的教師，卻也錯待了一些具有真才實學，卻未能跟得上形式的學者。這種導向對教育功能是好是壞，實在有待商榷。

大學為了保有足夠數量學生數量，常見一項過去所未有的做法是，到遠地開班吸收學生。以臺灣大學為例，在虎尾校區開設碩士專班，招收附近學生入學上課。也有不少大學遠到金門開設分校，甚至也有醞釀到對岸的中國設立分校，開班授課的計畫。此種做法可使大學教育更具彈性，但品質上難免不容易保證。

三、多元入學的缺失

（一）多元的現象

過去施行很久，公平性不容懷疑的入學考試制度，到近來經教育改革成多

元入學辦法，各級高等學校都得照辦。多元的入學方法共有申請、甄試、基測分發、申請抽簽、繁星計畫等免試方式，以及聯考分發，或獨立招考等辦法。學校機關實行這些多元入學辦法的理由是可從多種方面與途徑選取良才施教，不使遺漏，其實對許多學校而言，只是由多種途徑補滿招生名額的不得已做法。多元入學雖給學校及學生更多達成目的的機會，但卻也有多種缺失。重要的缺失可歸納成下列幾項說明。

（二）方法複雜繁複，學校及學生都累贅

原來的入學考試可一試定江山，學校機關只需忙碌兩三天，學生也可於短短數日衝刺之後便可聽由發落，但多元入學使校方及學生都要緊張受累，長達數月之久。

（三）公平性備受疑問

甄試的口試時有些學生及家長忙走後門，尋找關係，期望能得到好成績，或對不理想的筆試成績謀補救。甄試的才藝成績可在原校造假虛報，公平性也大有問題。

（四）「多元入學」常被譏為「多錢入學」

甄試參考的才藝成績，修習起來很花錢，赴考過程要花費交通住宿費。非窮人子弟所能負擔得起。故此入學制度即被譏為「貧窮者的悲歌」。

（五）升學壓力未除

雖然經過多元選拔學生的過程，人人得一學校就讀的機會很高，但並未紓解升學壓力。因為人人都想選較好的學校與科系就讀，升學競爭的激烈性並未因而減輕。

四、教育組織的再改進

　　教育曾經因有問題而作了大幅度的改革，但改革並未削減了問題，反而製造出更多的問題。看來國家百年大計的教育在組織與制度上還有必要再改進。

　　改進教育組織與制度的方法並不簡單，但針對目前學生人數減少、學校組織量變與質變，以及多元入學政策所衍生的多種問題，在本章最後一小節，筆者提出數點扼要的建議，當作對教育組織的另一社會學性應用的意義。

（一）教育組織必要自我適當調整

　　面對社會環境的大變化，學校組織與機關以能生存與發展為重要考量，必須針對在大社會中本身所處的特殊競爭環境作適當的應變，難能應變並發展成功者，只得關門大吉，當為應對的政策。

（二）各級學校機關的應變之道仍應以改善教育品質為基本措施

　　目前各級學校面臨激烈的生存競爭，常將競爭目標設定在爭取學生到校註冊就讀當為要務，卻常忘記改善教育品質才是贏得激烈競爭，使學校組織能夠長久生存並永續發展的最重要原則與指標。

第六節　金融機關的問題與改善

一、金融機關在現代社會的重要性

　　金融機關包括銀行、農會信用部及信用合作社等，是現代社會中一種很重要的組織體系。在當今貨幣交換經濟的時代，幾乎每人都得與其接觸往來，而且往來的金融機關常不只一處。人將多餘未用的貨幣存放在銀行等金融機關，託其保管，缺錢時也可使用有價財物如房屋、土地等向金融機關抵押貸款。貿易商人也需要到銀行通匯。一般老百姓要出國旅遊得要到銀行購買或兌換外幣。如果社會上缺乏金融機關的服務，人民的日常生活會很不便。

　　金融機關接受顧客的存款，本身也可運用顧客存放的金融用於投資生財，支付利息、員工薪資以及其他用途。因有金錢上的進出，賺錢的機會很大，但也有不少風險。這些金融上的風險也是此類組織可能遇到的主要問題，本節指出幾項重要的問題，並提出改善的辦法，當為社會學者研究此類社會經濟組織的應用意義。

二、捲入金融風暴的危機

　　金融機關如銀行等最糟的遭遇是捲入金融風暴，受其牽連與傷害。所謂金融風暴是指一個國家或幾個國家與地區的全部或大部分金融指標如證券市場、房地產、土地價格、廠商、銀行、投資公司等破產或倒閉，牽連眾多的人民都遭受嚴重的損失。在2008年美國發生金融危機，擴散成為全球性的金融風暴。在臺灣也常發生銀行或農會信用部擠兌的國內性金融風暴。這些風暴都因對於金融監理疏失及規範不足所引起。具體的原因常因銀行超貸，惡客或銀行股東掏空資產所引發。

　　當銀行等金融機關被捲入金融風暴時，會有破產的危機，嚴重者存款戶拿不

回存款，或僅能得到部分償還。一旦發生，多數的人都會損失慘重，終究會造成經濟衰敗，社會不安，政治動盪。

三、放款呆帳的風險

一般商業銀行的主要業務是存款與放款，存款是從存戶收進錢，付給利息，少有危險，但是放款風險性就很大。當借款戶因生意失敗或存心倒帳，銀行就會收不回放款，形成呆帳。呆帳太多會致使銀行週轉不靈，會有倒閉危險。政府為了維護金融秩序及社會與政治安定，常撥出公庫獎金彌補解救，或易主經營，若是使用前法補救，會使納稅人遭受損失。

四、投資失敗的風險

銀行等金融機關因有大筆存款資金進帳，部分會轉存中央銀行，部分則轉投資在各種事業。有投資就有成敗，失敗就造成風險。小者造成資產的損失，大者也可能造成擠兌或倒閉等嚴重的不良後果。

五、網路駭客入侵，設計騙局轉帳掏錢

近來金融機關帳目進出都經電腦化處理，乃有電腦駭客或是內部職員運用技巧入侵金融網路系統，設局騙錢，致使金融機關遭受損失。此類事件不多，然而一旦發生數目都很驚人。

六、防止與改進風險與問題的辦法

金融事業是高度專業性的事業，其可能造成風險與問題也都經過高度專業行為造成，防止與改進也得運用高度的專業學問與技巧處理。從上層主管機關至下

層金融內部的管理與監控都要講究細密，並要認眞執行。

在我國行政體系上管理各地金融機關的主管部門爲財政部，此部門官員的專業能力及道德操守對於屬下金融機關的管理功效事關重要，屬下機關幹部員工的職業操守與機關的安全性也都有密切關係。許多金融機關發生差錯，常是因爲監守自盜，由此可見內部的控管是防止與改進風險與問題的重要途徑。對於外部環境因素可能引發的問題，也得由機關決策與管理人員用心作有效應對而減輕或消除。

第七節　社會福利與服務性組織的缺失與改進

一、社會福利與服務性組織發展快速名目繁多

　　由於人口老化及民主政治講究公平正義等因素的影響，近來我國社會福利與服務事業有快速發展的趨勢，社會福利與服務性的組織快速增多，雖然有些組織有名無實，但多半也都能名實相符。發展中的社會福利與服務性組織有政府設置的，也有民間籌組的。綜合有關社會福利與服務性組織的結構、運作與功能，卻也顯露了不少缺點與問題，本節繼而指出若干較嚴重的缺失，供為改進的目標。

二、不少民間組織假藉社會福利與服務之名卻圖謀方便轉移　　財產之實

　　此類組織以文教基金會最為代表性。文教基金會顧名思義是以推動文化與教育為宗旨與目標的組織。基本宗旨是公益性與利他性。但實際上卻有不少文教基金的設置是為方便避稅，能夠享用的人或單位也只限於圈內的自己人，肥水根本不落外人田。譬如基金會提供獎學金，主要都在幫助家族子女求學費用，研究經費也只撥給自己人使用。

　　也有文教基金會之類的福利服務性組織，其經費並非真正作為文教用途，常由巧立名目，變相使用，消化預算，卻可避開稅賦。

三、公辦的社會福利服務組織被動性與官僚化

　　因為社會福利與服務性組織的功能在提供福利與服務，與民眾的關係是供應而非需求，因能提供給個人、家庭或私人機構經費補助，成為權力資源。使其很

容易養成權力的掌握者，因而可能表現權威性、被動性與官僚性，其與申請者或服務對象的關係常呈現被動性與官僚化。

　　被動性是指等待需求者前來求助，尤其是公營的福利服務機關養成不會主動其尋找幫助的目標及服務對象。對申請者或需要者表示有恩於他，在對方看來都有幾分官僚化。

四、我國社會福利組織體系被指出多項問題

　　行政院研考會於西元二〇〇二年四月整理全國社會福利會議報告，指出五大問題是：（一）社會福利支出分散以及社政機關層級過低；（二）人力配置不足；（三）中央對地方補助被扭曲使用，如用於爭取選票；（四）地方政府積欠全民健保保險者補助款；（五）公私部門社會福利推動不精密。針對解決此五大問題，會議的結論也提出多點共同意見，即：（一）整合社會福利與醫療衛生之行政體系；（二）社會福利機關組織調整應明確區分一級機關與單位的功能；（三）在規劃設計組織及業務時檢討社會福利行政人力的合理配置及專業化；（四）確實落實財政收支劃分法有關社會各級政府社會福利支出之劃分；（五）結合民間組織有效建立周延的福利服務體系及網絡；（六）公私部門之合作辦理社會福利工作應檢討政府採購法之運用；（七）強化民間對福利政策的參與；（八）妥善建立公部門與私部門的合作關係，包括公部門給以適當委託費用及對私部門作品管、監督及接受申訴。（行政院研考會91年4月）

五、私營社會福利服務機構經營管理不善

　　我國社會福利服務機構方興未艾。其中經營管理績效良好者固然有之，但經營管理不善者也甚為普遍。不善的情形繁多，依不同組織而有差別，但綜合起來重要者包括組織不健全，福利協調不良，設施不足、人力欠缺，以致執行力不佳，提供的服務品質不良，缺乏安全性，組織應變能力差，以及財務運用不良等

情形。這些問題都極待改善。

　　經營管理不善的私營社會福利與服務機關，有者被淘汰退場，有者繼續存在並提供劣質的效能，對於組織本身及社會整體的影響都很不良。政府主管機關有必要介入輔導與管理，但政府也常缺乏有效輔導與監督能力。

第八節　非正式社會團體的重要性、崛起、問題與改善

一、非正式團體的重要性

社會組織除了正式性組織之外，另有非正式團體，此種團體數量不少，對個人及對社會的影響常不小於正式組織或團體。對個人而言，此種團體是面對面的性質，人與人接觸容易，因此與各份子的互動也頻繁，都是全人格投入，此種團體常成為個人人格與行為的最重要參與團體。個人從團體中分享共同興趣，或實現共同信念。個人遭遇挫折與困難時也可從團體獲得重要精神慰藉來源。因為此種非正式團體對個人重要，也是社會整體安全性的重要連結鍵。社會上有非正式團體的存在，連結起來較為容易，也較為穩固。

二、團體的崛起

今日社會上的非正式團體比以往只會更多而不會減少，重要原因有三項。

（一）政治民主化，政府對私人結社的管制鬆綁

在政治戒嚴時代，政府管制民間結社甚嚴，許多非正式團體都受到封鎖或禁止，人與人互動也較有戒心，不輕易與人私密往來，社會上的非正式團體乃不發達。但自從政治解嚴以後，管制結社的政策變鬆，民間公開與私下的互動與結社也因而崛起，大行其道，數目大量增加。

（二）交通通訊發達，個人社會活動範圍擴大，也有利於非正式團體的擴張

過去交通通訊較不發達的時代，個人能接觸的人有限，常以個人、鄰閭及社

區範圍之內爲限，可能形成的非正式社會團體也以此爲限。但自從交通運輸與通訊發達以來，每人可接觸之人擴大到極廣大的空間範圍，與遙遠地方之人也可能組成關係密切的非正式團體，並非面對面不可。

（三）許多正式組織功能喪失，乃被非正式團體取代

許多個人因爲某種特殊興趣或需要而加入正式組織，當正式組織失去功能，或難以維持時，個人爲了維持及延續滿足這些興趣與需要，可能尋求或發展非正式團體爲之替代。

三、問題

非正式組織因其特性而具有長處，但也有缺點或問題，將其重要缺點或問題分別述其要點如下。

（一）缺乏正式規章對團體份子容易失去控制

非正式團體的特性之一是缺乏正式的規章可以約制其份子，故當團體份子有不當行爲時，團體或他人很難加以約制，例如當好朋友借錢未還，借者常只好啞巴吃黃蓮，自認倒楣，將倒帳自己吞下肚，少用依法提告求償。

（二）團體份子關係密切很容易受到人身傷害

此種傷害可用近來新發展的網路交友爲例說明。網路上盛行的交友遊戲進展迅速，網友之間很快速就可發展成關係親密，結合類似非正式團體的性質，其中常有不負責任的騙財騙色行爲，使受騙者遭受財物損失及身體傷害。

（三）非正式團體或關係也容易導致循私不正當行爲發生

政府機關首長將工程交由親近之人營造，法官輕判關係密切親友的罪刑，教

師偏護喜愛學生給其較高的成績或分數，這些是人之常情，但也是非正式團體與關係延伸爲循私不正的行爲表現。社會上、政治上與司法上許多不公不義的事件或行爲都建造在非正式的社會關係上。

（四）個人在團體中容易有角色衝突或矛盾

在非正式團體中，個人常是全身全人投入互動，一人經常扮演多種角色，而多種角色之間又常互相衝突與矛盾，不像正式組織每人的角色與職務較爲單純與明確，不致產生這種角色衝突問題。

世人常說的球員兼裁判就是很代表性的角色衝突與矛盾。裁判角色是很正式性，也很明確並要很公正，但若由球員兼任，則球員與自己的球隊與友隊之間常有非正式的親密關係，很容易對自己的球隊與友隊作較有利的判決，乃失去了公平性。這種角色矛盾或衝突，同樣也發生在愛國裁判上。

四、改進之道

非正式團體雖有缺點，但好處更多，故不宜因有缺點就使其在社會上完全消失，對其缺點，重要的改進要訣是必要經由有關係的人共同努力。

（一）社會學者應有的努力

社會學者有能力解析非正式團體的性質與問題，將之解析之後進而推廣給社會大眾了解，並參考遵行，減低錯誤運用，以便減低傷害與損失。

（二）社會大眾的努力

社會大眾每人都有可能進入非正式關係領域成爲非正式團體的一份子。爲能避免錯誤以及對己對人的傷害，都有必要深入了解非正式團體的精神並能正確與人進行或運用這種關係。

參考文獻

中文文獻

行政院研考會，2002，全國社會福利會議議題三「如何健全社會福利之組織體系分組報告」。

王哲祥，2004，社會資本與企業社會責任之研究，國立中山大學公共事務研究所。

涂秋汝，2007，定期海運企業社會責任、企業形象與組織績效之探討，國立成功大學，交通管理科學系。

陳燕禎，社會福利機構經營管理之探討：以某教養院為例。玄奘管理學報，1卷2期，87-123頁。

廖春文，2004，學校組織變革發展整合模式之探討，教育政策論壇，7卷2期，131-166頁。

鄭衣雯，2003，「中小企業的現況與概述」，中小企業人力資源運用策略對勞資關係影響之研究，第三章。

楊清池，2004，臺灣基層金融經營問題類型化及其對策之分析，國立臺灣科技大學。

蔡宏進，2006，社會組織原理，五南圖書出版股份有限公司出版。

鍾俊文，陳惠玲，2001，金融機構愈放問題，新世紀智庫論壇15期，23-31頁。

英文文獻

Chu, C. I. d H. M Hsu, 2003, Job Satisfaction of Hospital Nurses: an Empirical Test of a Causal Model in Taiwan, International Nursing Review, vol. 50, No. 3, pp. 176-182.

Johson, William H. A. 2006, Roles, Resources and Benefits of Intermediate Organizations Supporting Trip, Helix Collaborative R&D: The Case of Precarn Waltham MA. USA.

Liu, Jin-Tan, 1999, Do Small Plants Grow Faster? Evidence from Taiwan Electronics Industry, Department of Economics, National Taiwan University.

Nappalos, S., 2010, Defining Practice: the Intermediate Level of Organization and Struggle, Miami Autonomy & Solidarity, USA.

第八章　權力與政治運作

第一節　權力與政治的社會學應用意義

一、權力概念得自社會學理念

　　權力的運作是一種重要社會現象，因此權力概念被社會學者當爲一種重要議題加以討論。社會學家所指的權力（power）是指影響他人行爲的能力。包括影響四周的同輩，影響上司以及影響下屬。權力操作得宜可爲社會接受，但過度運作便失去了正義，乃至成爲惡魔。

二、社會學的多種權力理論

　　社會學家對權力有所議論者很多，重要的權力理論有John R.P. French及Bertram Raven提出的五種權力基礎論（five bases of power），所指五種權力是合法權力（legitmate power）、對象權力（referent power）、專家權力（expert power）、報酬權力（reward power）及強迫權力（exercive power）。Walrasian提出理性選擇論（theory of rational choice），是指行動者可由選擇行動以達成希望的結果。在選擇行動中運用到兩種權力，即結果權力（outcome power）及社會權力（social power）。前者是引導出結果的能力，後者是指經由改變其他行動者來達成結果的能力。馬克斯主義者（Marxism）指出在西方社會有支持資本主義的權力及在俄國則能產生共產革命的權力。這些馬克斯的信徒將此權力歸因於文化因素。Wesley Newcmb Hohgeld提出權力是單方可改變權利的能力的理論。Stewart Clegg提出第三種權力模式，即所謂圓圈的權力，此模式整合了插曲的（episodic）、配置的（dispositional）及促進的（facilitative）三種權力。Alvin Toffler認爲權力主要有三種，即暴力的（violence）、財富的（wealth）及智識的（knowledge）。Gene Sharp深信權力基於對規則的遵守。Bjorn Krans將權力分爲建設性（Instructive）及破壞性（destructive）兩種。Geamsci及Gee等人

提出應對權力（counter power）的概念與理論。除了上舉這些理論之外，對於權力提出論說者還有不少人，如Thoma Hobbes將權力視爲是人使出方法或手段得到一些物品，Friedrich Nietzsche提出權力的意志（will to power），指出這種意志是盡可能控制外在環境對其加以支配。

三、權力與政治的密切關係及兩者對社會大眾的影響

依照前面多種權力的定義、基礎、類型的了解，社會上的每一個人多少都有點權力，但有的人權力大，有的人權力小。權力大的人可影響、主導、支配或強迫許多人。權力小的人則受到他人的影響、引導、支配或強迫的成份較大，機會也較多。

權力可能存在於社會生活與活動的各方面，也在其中運作，但是在政治上的運作尤其明顯。政治的運作每方面都會用到權力，有時用權力可以很和平順利完成政治使命及行政效果，有時則會暴發出激烈的政治鬥爭與對抗。處在政治結構中的人常喜歡取得較多的權力來影響或統治他人，許多政治活動常常都是權力的鬥爭活動。所以權力與政治簡直像是不能分離的連體嬰或孿生兄弟，有權力運作就有政治，有政治操作就涉及到權力。政治權力對眾人的影響深遠，包括影響其生計、幸福甚至生命。

四、應用的要點

基於社會學應用是著重診斷及治療現實社會病徵及設定與實現重要社會建設目標的原則，則本章對於權力與政治的社會學應用意含乃著重在探討政治權力不公取得、問題、政治權力的濫用、政治的退化及其禍害、政治權力的節制與政治變革的必要性、人民的覺醒與權力正常運用及政治進步的目標等。

第二節　政治權力取得不公的問題

一、多種社會權力來源的理論

　　西方的古代哲學思想家如蘇格拉底與柏拉圖，以及近代的英國哲學家羅素等，都很強調權力來自知識。社會學家對於權力的來源指出很多種，包括正式的職位或角色、個人的特技、專業技能、可利用的資源、及社會影響力、獎賞、吸引力、強制力或支配力等。也有學者強調經濟的、意識形態、軍事及政治等不同來源者。

二、不同層次政治權力的來源

　　政治權力存在於多種層次上，政府人物有權力，政治職位有權力，政治組織或團體如政黨或派系等有權力，政府與國家也都有政治權力。就政治人物的權力來源看，有得自個人的魔力，如能言善道、功勳蓋世、勇敢負責、慷慨無私、誠實可信或儀表非凡等個人特質，都具有魔力，因而可獲權力。也有因為占有政治職位，因而獲有權力者。一般職位高者權力都較大，相反的職位低者權力就較小。有的政治權力是被指定獲得者如繼承，也有是經由自己努力得來的，如經過選舉或推薦等。

　　政治組織或團體的權力來源，有因團體或組織的份子有政治實力後，使其政治組織或團體因而也獲得政治權力，但也有由組織或團體經整體性的繼承或努力而得到者。國家及政府有權因獲得法律的規定可世襲傳承，或由努力革命與建設而獲得。

三、由世襲與強制的不公制度獲得政治職位與權力

在專制獨裁或半專制的社會與國家，政治人物的權力常由世襲得來。皇帝或諸侯的兒子自小就注定了是皇位或諸侯的繼承人。這種天生世襲傳承的政治權力是不公平的，常要配合高壓的手段才能穩住地位。

四、由不公平的選舉過程獲得政治職位與權力

到了今日二十一世紀的時代，有些國家政治的民主發展仍不成熟，雖然重要的政治職位與權力已非世襲，而是經由道地的民主選舉方式，但是方法與過程不完全公開也不公平。選舉時有權力的政治團體曾使用作弊的方法，企圖使黨籍的候選人當選。作弊的方法包括作票、用黨產或默許黨員買票賄選。而買票賄選的資金則來自不公的黨產。由於黨產龐大，選舉時可運用的數目龐大，影響力量也大，常足以顛倒是非與公正，很難真正選出賢能。

除了黨產的運用以外，政黨對選舉過程不正當的介入也是造成選舉不公的重要原因。不正當的介入包括對選舉制度動手腳，扭曲設計，對黨員投票的控制，對一般民眾使用吃喝玩樂及免費提供交通工具等方法加以利誘，都會使選舉的過程與結果有失公正公平。

五、政治領袖私心授與職位與權力

在民主政治制度下，許多重要的政治職位是經由選舉勝出的政治領袖所指派，私心太重的政治領袖在選擇與授與這些團隊幹部的職位時，常以是否聽話同心為任用標準，故少顧及能力與操守，政治幹部這種產出的方式也非正道，其行政功能也常跟隨民選的領袖一齊濫用職權，錯誤百出，無能造福人民。

第三節　誤用政治權力的情況及禍害

一、會有缺乏民主作用的民選官吏

臺灣現存兩級民選的行政首長及民意代表，一種是國家級的總統及立法委員（國會議員），另一種是縣市長及縣市議員。這些民選政治領袖都是握有政治權力之人，其權力的運用是否得當，關係國家的命運及人民的生活與幸運至鉅。至今臺灣的政治歷史曾經選出不少風範良好的政治人物，但也選出作風不民主，對權力會加濫用的政治領袖。也有政治人物先好後壞，或中途變節的情形。

當民選的政治領袖，缺乏民主作風，對權力會加以濫用，是很可怕的事。不僅其終究會身敗名裂，在位施政結果常會遺留禍患，讓人民承擔痛苦。臺灣就曾有經歷如此悲慘政治過程，國家領袖將權力亂用，常作出違背民意的決策及施政，使人民的生活不好過。

二、小圈子決策模式的不良影響

政治領導者的決策會影響施政，也影響全國人民的命運，故應非常小心。依照民主的政治體制，政治領袖的決策有很縝密的防護網，包括有政策顧問、機關顧問，如總統府或行政院顧問，協助作較正確的決策。許多決策作成後實施前，也要送交國會或議會，制成合法性的法律，才能進而按照法規實施。這樣慎密嚴謹的決策與政策制定的過程，可以提升決策的品質，防止錯誤，減少對人民利益的損害，進而也可增進人民的福利。

可是剛愎自用的政治領袖常會規避這些繁複但周密的決策機制與過程，常以自己意思或頂多只讓周圍少數同道或聽話的親信參與，就對有關國計民生的重大決策獨斷下定。有時於事後經外界嚴厲批評或大罵後一變再變，或根本置之不理，一意孤行。

一人或少數核心人物的決策做錯了，依照民主體制會有失去職位的危險性，但因受到任期保障以及罷免門檻墊高，在國會又有同黨議員獨大，作為掩護，方便政治領袖自作主張，決策乃一再違背民意，宰制底層人民的生活與生存權。

三、有些施政目標有危險性

由小圈子所做的決策，常不能符合多數民意，因而會使人民遭受痛苦的危險，決策者本身也會失去民心遭到人民唾棄的危險。

在過去的三、四年內臺灣政治領導人獨斷獨行所做的決策具有上述危險性者為數不少，屈指可數者共有，在二○一○年六月簽訂的兩岸經濟合作架構協議（ECFA）、二○一二年三月起准許開放美國毒牛肉進口，二○一二年上半年推動油電價格合理化導致油電雙漲，帶動萬物價格齊漲。接著一連串的實施政策還有放寬陸客來台，推動外交休兵與推動募兵制、開辦國民年金、推動證所稅、繼續建造核能電廠、實施二代健保、准從人民存款利息滿5,000元者抽2%彌補虧損、調整公務人員及勞工退休金制度、以及最近推出的實施十二年國民義務教育，簽訂兩岸服務貿易（投資）協議等。每樣政策推出後，爭議都很大，反對的意見很多，力量也很大，其中有些政策剛推出就會急轉變，或胎死腹中，表示決策過程都太草率，未能深思熟慮，與民間的想法差距很大，因此未能獲得支持，以致其政治聲望直直下落，最低時僅獲9.2%民意的支持度。

四、經濟衰退與民生困苦

當前政治在決策及行政上的差錯，造成的不良後果最為多數百姓感受到的是經濟衰敗民生困苦。上列人民不滿意度高的政策中多項直接影響經濟衰敗以及民生困苦，其中簽署ECFA，油電雙漲，推動證所稅，扣除存款利息填補健保損失，推動證所稅，以及簽訂兩岸服務貿易協議等政策，都直接對臺灣的經濟造成

不良影響。就經濟衰敗及民生困苦的情形分成下列幾點說明：

（一）經濟成長率低

經濟成長率是綜合各種經濟活動變化的總體績效指標，此項指標顯示的數字不高。二○一三年一期官方估計的經濟成長率僅爲1.67%，二期爲2.40%，比許多亞洲國家的經濟成長率都低。經濟成長率低表示國內人民生活所需商品與勞務的潛在生產力擴大的幅度小，能力低。這也表示一般整體經濟景氣不佳。臺灣晚近幾年經濟成長率最差的一年是二○○九年，呈現-1.8%的負成長，明顯呈現經濟衰退。

（二）失業率高

失業率是指失業者占所有勞動力的百分率。這些年來臺灣的失業率呈持續增加的趨勢，自二○一○年以來都高達5.0%以上，其中二○一○年高達5.9%，二○一一年爲5.2%，二○一二年以後到二○一三年五月，失業率也都持高不下，維持在4%以上，與經濟成長良好時失業率低至2%不到，實不可同日而語。失業率常以年齡劃分，在二○一三年三月間青年失業率高達13%以上，甚爲驚人。臺灣失業率攀升的原因以開放對中國投資，掏空臺灣經濟，被認爲是最主要原因。

失業率高對經濟、社會、家庭、與個人等都有諸多不良的影響。就對個人的影響看，沒有工作就沒有收入，消費能力變低，生活水準變差，也直接影響家庭生計，牽連其家人的生活都受到危害。失業者在人際關係上及心理上都會有不良後果。常見失業者遊手好閒，不受人尊重，伸手向人借錢、乞錢，惹人心煩，避開閃躲。本人的心理上也很挫折，煩悶憂鬱，甚至憤憤不平。

失業者的家庭因缺少收入來源，每日茶米油鹽的消費沒有著落，不得不降低生活品質，也因此使失業者與其家人的關係失和，造成家庭衝突的風波。

社會上失業率高，失業的人多，難免造成不安定。失業者中可能有人偷搶

財物，也可能走向街頭抗議，造成動亂，對一般人民及政府的壓力與威脅都很大，因此必也影響政治的安定，應為政府所警惕，並努力改善。

失業因經濟惡化而引起，失業率高，勞動力未能充分利用，必也不利生產效果。因為失業率在不同業別之間會有不同，故必然會影響產業結構的調整，終至影響產業結構的改變。

（三）生活水準下降

生活水準是指人民用以滿足物質及精神文化生活所需要的社會經濟產品及勞務產品的消費程度，失業導致收入減少，必然也影響生活水準下降。在二〇一三年六月底的新聞報導，當時臺灣人的平均實質薪資倒退到十六年前的水準。本來所得水準低的人失業以後，兩手空空，淪為貧窮階級，缺乏可達到最低生活水準的能力。一般人在失業狀態，只能依靠平時儲蓄或靠政府救濟度日，消費支出不得不壓低水準，省吃儉用，吃穿只求能達溫飽水準。從近來許多高價位的商家無人光顧，紛紛關閉。消費者都找傾向低廉物品的消費。街面上原來很風光的觀光級休閒場所都消失不見，高價位的百貨公司的人潮也不如從前，反而是路邊小吃攤等低廉小店的生意較能維持得住。

五、國家安全門戶洞開的問題

（一）門戶開放的政策因素

政治權力濫用，決策與施政差錯，造成的不良後果除了經濟衰敗民生困難一項最為詬病以外，其次就是國家安全門戶洞開，人心不安。

造成此種不良後果與決策者心繫祖籍地，不惜喪失主權，力求回歸統一的政治政策有關。經濟一而再的明暗談判密謀，洞開國家大門，讓原是第一號敵國的人民及政府開步進門，不僅用短期旅遊窺探，甚至是長久居留，我國必然要付出國安代價。人民憂慮未來掉入在另一種政治制度下生活。

（二）內戶開放導向兩岸政治統一使人民感到憂慮

洞開國安門戶將是走向兩岸政治統一之路，也許部分人民的期望與政治領袖的目標相同，但從民意測驗，卻可測知大多數的人對此目標有所憂慮，不予贊同。主要原因是臺灣好不容易從獨裁專制體制逐漸進步到享有個人較多自由的民主體制，人民不願意再倒退回去過著讓政府控制自由的生活方式。也擔心兩岸人口混合之後，臺灣居民將變成處於劣勢的少數，受到多數的壓制與欺侮。統一之後臺灣將失去自主自立的地位，成為大國的一個地區，變成大國的附庸，政策上都得聽命於大國，難免會受到大國的壓制。而目前大國的經濟、社會、文化與政治水準都不如臺灣，一旦臺灣聽命於他，則各方面的水準都要下降。

臺灣人民對於兩岸政治統一有所戒心，也因目前尚處分離之際，大國對臺灣小國在外交內政等多方面都有打壓舉動，禁止或干擾外國對臺灣示好，封殺外國與臺灣友善邦交，對臺灣人民厭惡的通緝犯，未有輯拿引渡的表示。也不顧臺灣人民經濟上的死活，吸去大筆資金，且不斷存心闖進貨品，重創臺灣產業，這些在未統一之前給臺灣的對待，都使臺灣人民缺乏好感。

（三）人民憂慮的表現

臺灣人民對於政治走向統一危及國家安全的後果已有多種表現，一種是人民透過言語或文字表示對政府決策與作為的不滿，每日在報章媒體可以看到許多人民不滿的反映。另一種是在電視媒體上每天都有名嘴或學者對於統一的政治走向加以撻伐與痛批。第三種是群眾上街頭示威表示抗議，這種行動常由政治反對勢力推動助長而能有成。第四種是偶爾對穿梭兩岸人物，作較激烈的抗爭行動表示。第五，有組織較永久性的團體主張反對統一，走向獨立自主的反對目標。

六、政敵的日子不好過

政治權力的濫用除了禍及上述有關社會整體性安危外，尚有對較重要的政敵

加以處理，包括監禁。過去歷史上政治權力者對於重要的政敵謀殺取命的極端殘酷作風並非新聞。今日也見政治權力者的政敵，入監坐牢，嚐過不自由生活的苦頭。

政治權力浮濫使用的情形也可見到各級政治人物浮濫運用手中權力向台商吸取金錢，或與商人勾結，在公共工程上偷工減料，苛扣費用，中飽私囊。薄弱的工程經不起雨水侵害，常造成人民生命財產的損失。

第四節　政治退化的問題

　　當前臺灣的政治受到不少批評，其中有一種從文化評論觀點說成「政治退化」。退化是進步的反面。評論內容提及西方社會對政治退化都知所警覺，都有防護網，但臺灣的政治退化卻缺乏這個網，因此退化的速度很快。評論所指政治惡化層面包括財政惡化，獨斷的領導，制定及推行錯誤的政策，政府對錯誤的政策與行政不予負責，功能喪失，親信的幹部貪腐。於此較有重點與系統來探討當前臺灣政治退化的幾項重要問題。

一、政治理念爭議的問題

　　政治是人為的事物，會發生退化現象，先要歸因於政治領導人物觀念欠當。政治領導人是全國政治事務運籌帷幄的靈魂人物，重要的政治決策都出自其心思。自古以來不論是君主世襲制或民選總統的制度，明君與賢主等領導人物的心思無不都以造就人民的福祉為念，由此基本觀念出發，則制定的政策必是能受人民歡迎與支持的良策，施行的政務也都必是良政，也受人民支持與擁戴。但是如果政治領袖基本心思不在人民身心，只顧自己私人意圖，如所謂特殊的歷史定位，或不尋常的承諾與意圖，就會不斷制定有違民意的政策，行政業務也不能替人民謀福利，甚至會給人民帶來痛苦與不幸。

二、施政目標不連續的問題

　　政策改變，施政目標不同往常，未能連續，引起人民難以理解與信服。當前臺灣有些政治目標於剛推出時，就讓不少人民覺得奇怪反常，使過去的常態不能連續，政策目標常未見能使人民獲得福祉。實施之後，人民感受到不幸。但是施政者好像並不覺得有何錯誤，對於人民的反應，也無動於衷，常會堅持到底，乃

常被外國媒體批評。

三、實現政治目標的方法有粗糙之嫌

進步的政治不但目標要正確，方法也要藝術，但退化的政治不但目標奇怪反常，方法也嫌粗糙。粗糙的方法包括未多考慮多數人民的感受，堅持實施。技術上常運用民意機關的投票部隊，此種部隊背後有政黨龐大的財產支持。

四、曾有重要官員貪腐的問題

貪官自古有之，但在進步的民主政治體制下應該要越來越少見。但在退化的政治環境下，司法不很公正，站在權力一邊的親信幹部比反對部門較有機會也較敢大膽貪汙。於是在晚近出現的幾項較重大貪腐案件，都是權力者的親信所為，給人有政治權力的核心即是貪腐集團之感。此種執政團隊給老百姓感覺到不是進步的團隊，而是走向退化的團隊。

貪腐的政治幹部也象徵其執掌的政治不清明，會有與商人勾結，浪費國家公帑，糟蹋公共建設品質，犧牲人民的財產生命，都是嚴重的政治錯失與退化。

五、人民感覺民意被漠視

退化的政治，人民都能看得很清楚，也常有明確的監督意見表露出來。但是民意少能上達天聽，被接納採用機會不多。雖有政治體系管道可供運作，但因結構不很健全，民意乃少能經此體系而發揮監督與制衡的作用。在民主制度下真正民意如果不能影響與決定政治的內容，這種民主政治就不高明，是有缺失且也退化。

第五節　權力節制與政治改善

一、政治權力節制的必要性

政治權力的賦予是給予政治人物能力去盡政治責任完成政治使命。但政治人物掌握權力時常會過度使用，致成濫權，不但無法盡好政治功能，甚至也會惹出政治禍患與麻煩。因此，國家賦予政治人物的權力也必須要有合適的節制，才不致使其濫用與誤用，也才不致造成禍害，傷及人民。

二、節制政治權力的方法

節制政治權力並非一定要鏟除或消滅這種權力不可，而是要使權力的運用處於適當的水準，不缺乏，但也不過度。政治權力的節制很強調由握有政治權力的人自動節制使用，也即是強調權力者主動內控，無需假手於人。政治人物中能有效內控自己權力者有之，但不多。較多的政治人物要控制其權力常要假手於人，當外人批評並施出壓力時，才能知所控制。由外人的批判、勸導、諮詢或施壓才能節制自己權力的控制方法是外控的方法。

三、能自我節制權力的政治人物是政治家

做錯事能認錯並改錯的人是有良心的人，也是社會人。掌有權力能不濫用，或無意間濫用了能即時改正，不再犯錯的政治人物算是可受信賴的政治家。

政治家對於國家及人民所賦予的權力能夠節制，有守有為。以有節制的權力多做造福人民的事，不製造傷害人民的孽障。故經過其任期或終其一生，功績昭著，足以留名青史，活著時受人民敬仰，死後受人民追思。這樣的政治人物也都

值得成爲後世喜歡從事政治者的典範。

　　臺灣政治民主化的過程短暫，經歷的政治人物不多，國家級的政治領袖人物更是沒幾人。在少數的政治人物中多少都有被批評與指責，但有相對較能節制權力的運用之人，能多做有助人民利益，少做損傷人民權益之事，退職或死亡之後都有較多人出自內心對他們表示好感。

四、不知自我節制權力的政治人物是政客

　　自古以來政治人物中較多是不知節制權力的政客。當前臺灣政治人物中的政客爲數也不少。將政客的若干重要人格及行爲特性說明如下。

（一）基本意義

　　按照百度百科的解釋，政客是以政治活動爲職掌，爲了本階級、本集團或個人某種政治需要而搞政治投機，玩弄政治權術的人。其一生都在追逐權勢，爲達到目的而不擇手段。

（二）追逐權勢的最大特性

　　政客最大的特點是追逐權勢，權勢所在其人也在。追逐權勢的政客對更有權勢之人粘著不放，甚至出生入死，取得信任，獲取權勢。等到更有權勢者倒了，隨之離去，甚至落井下石，另再投入新的權勢盟主。

（三）政客投靠權勢常假借眞理、正義與理想

　　政客假借的眞理、正義與理想會符合其投靠權勢盟主的所要標準，卻要犧牲許多無權無勢平民百姓的利益或生命。政客假借眞理、正義與理想先是做更高權勢的手下走狗，幫高位的權勢打天下或打雜。但當高位者無勢而去時，也以眞理、正義、理想、主義或黨團體爲理由，而不會說出是爲自己的理由。

（四）政客沒有真實正確的信仰、原則與立場而只有自己

　　政客的歪理很多，會下田住農家取悅農民，但實際並不關心農民不愛護農民。問政、施政還會傷農。政客為了拉選票，必到菜市場關心物價與菜販的辛苦，但決定政策或問政起來，卻不惜弄成物價上漲，使買菜賣菜的人都覺辛苦。政客玩弄的信仰、原則、立場與理想都是他自己的，只為自己利益，不顧他人死活。因此其信仰、價值、原則與理想也會害慘國民。

（五）政客很會利用手段

　　政客將手中的權力轉換為手段也是其特長。重要的手段包括培養手下，讓其當傳聲筒，上火線，當擋箭牌。利用媒體說假話，粉飾太平。政客也常暗算政敵，使其無法翻身作對，或安撫封口使其停息作對。政客的另一常用的手段是假親民，走入群眾，讓媒體拍照，求能獲得較多民眾的支持。

五、政治改善與政治人物導正作為的重要性

（一）政治改善的重要性

　　政治是關係眾人生命安危的大事。會使人民驚恐不安，與痛苦的政治，很必要改善。自古以來為使太平盛世的重要政治目標是，風調雨順國泰民安。臺灣人民也很希望能有這種良好的政治環境，使人民能享有豐富安定的生活。

（二）政治人物作為的導正

　　政治好壞，人人有責，但政治人物的作為尤其重要。不少政治的不安與危險都是先由重要政治人物的決策與施政作為不當及權力的運用不當所造成，故也必要政治人物，包括政治家與政客，先能導正自己的信念、價值、與理想，將自己定位與人民的命運結合在一起。善用人民所託的權力，將政治辦好，使能符合人民的願望，達到風調雨順國泰民安的境界。

第六節　人民政治職責及政治進步的目標

一、人民對政治的職責

（一）多數人為明哲保身不過問政治的心態

　　臺灣多數的老百姓普遍都不喜歡過問政治，為的是明哲保身，以免惹禍上身。這種政治心態與性格與過去長時間缺乏民主制度有密切關係。

　　在長達五十年日本統治期間，臺灣人民是殖民地的子民，統治者政府將殖民地的人民看為是次等國民，不容許平等參政，因此人民也就養成並習慣不過問政治，乖成很聽從統治者命令的臣僕。這時期雖然也有受較高教育的知識份子，但都偏向專攻較技術性的醫農學科，少有專攻與政治相近的法政學問。偶而冒出少有的敢過問政治的菁英，也都是醫生等較技術學科的專業者。

　　二次世界大戰結束，一九四五年日本戰敗，離開對臺灣的統治，換來國民政府。國民政府來台以後也未將臺灣人民視為是自己的子民。來台不久就發生流血的二二八事件，加以大陸淪陷在共黨之手的影響，從此政府對於人民存有戒心，於一九四九年五月開始頒布戒嚴令，長達三十八年之久，至一九八七年才解除。在戒嚴令下的政治先將臺灣分成五個戒嚴區，方便控制。在戒嚴令下又陸續頒布一些相關法令，包括戒嚴期間防止非法集會結社遊行請願、罷課罷工罷市罷業等規定實施辦法、戒嚴期間新聞雜誌圖書管理辦法、懲治叛亂條例等，人民必須遵守，違者受罰。此外又實施連坐保證制度，從公務人員開始而後擴及全臺灣幾乎所有公私機關單位，包括中學生入學都要有人保證。此一制度成為戒嚴時期遍及臺灣絕大多數人口的基本政治審查制度之一。

　　在戒嚴期間，每個臺灣人民幾乎都受到政治監控。不能有任何不被允許的政治舉動，能被允許的政治活動也都經過篩選管制。僅有少數與政權結合的政治人物，成為統治者統治臺灣人民的幫手。大多數臺灣人民對於政治的活動與談論禁若寒蟬，不敢開口過問。直到一九八七年解嚴以後，政治逐漸民主化，但是長達

近一世紀的外來統治，使臺灣人民仍然習慣不敢過問政治，也因此臺灣至今仍然未能達到較成熟的民主化。

（二）人民必要覺醒否則就任人宰割

當臺灣的政治經由前人努力奮鬥變到民主化以後，人民應有良好的政治環境與生活。但是由於人民並未完全覺醒，政治被政客玩弄在手掌中，人民也脫離不了任人宰割的命運。

臺灣人民對於政治未能十分覺醒可從許多方面見之。第一，對於不利自己甚至有害自己利益的政策仍然不敢出聲反抗。第二，選舉時未能深切了解正確投票選人的重要性。常很容易被一點金錢的賄賂收買或只顧人情關係，不知政治人物行爲對自己及大眾影響之嚴重性，以致未能選出有助臺灣政治發展的候選人。第三，未能造成進步的政治環境使有能力有正義，眞正清廉的人參加政治，致使至今政治大權仍落在有足夠錢財花用的富人或政治集團之手。

最近幾年臺灣人民面臨了政治新危機，被政治領導者步步帶上困苦的經濟及危險的政治生活，有人已知，有人則尚未知覺，未來命運與前途堪慮。

（三）經由教育與教訓從內心覺醒自己的政治權益

臺灣要能變得更好，則人民的覺醒是極爲必要。能使人民覺醒自己政治權益的途徑有二，一是教育，二是教訓。教育的途徑很多，包括學校課程與課外活動要有合適的民主與自決的政治教育，以及社會上的政治現實給人民正確的教育。教育的途徑可在人民尚未受到不良的教訓之前就先施展，以免慘受悲痛的教訓。

另一種獲得覺醒的途徑是經過慘痛教訓後才覺醒。神經較爲粗大的臺灣人民常要到了慘痛的政治後果發生之後才能覺醒辨識政治的重要性，但此時已經有點太遲，難免要經過吃上一些苦頭，但總比昏昏沉沉，不知覺醒要有較多極救的希望。目前是兩種途徑都要一齊走的時候，由臺灣人民的政治覺醒換來政治績效的

改善。

二、人民的政治權力與運用

（一）多種合法的政治權力

　　早在十七、八世紀大哲學家洛克及盧梭等就已告知世人「天賦人權的概念」，人民有理由要求國家政府保護人民的自然權利。這也是政治上民權理念的重要依據。社會演變到民主的型態，人民爲了保護自己的利益，必須要有若干重要的政治權力。三民主義的制度設計給人民有四種重要的政權，即選舉權、罷免權、創制權與複決權。這四種政權是人民權，可當爲與政府的治權相抗衡。人民可用這四種政權管理政府。但是當人民的政治意識不夠清醒時，對於政權的運用常有缺失與不足。

　　以目前臺灣人民較爲常用的政權，似乎只有選舉權，對於罷免不法或不當的官吏幾乎很少使用，也因適用的門檻定得太高使然。至於可用爲對憲法與法律立廢的權力只能間接透過議會使用，最高議會機關的立法院又是治權機構，形成創制權與複決權運用的矛盾性。又因國會議員一向爲了被黨提名並獲得黨部資金援助的顧慮，在立法與廢法時常聽命於政黨，反而少能站在人民立場運作。至今創制與複決兩種政權的運用可說仍很不理想。

（二）隨處可得的聽政權與辨識權

　　人民對於政治權力要能適當的運用，必先對政治有正確深入的認識。在媒體訊息已相當發達的今日，人民有很多的機會可以聽聞與辨識政治的善惡與眞僞。政治訊息可得自報紙、電視、雜誌、書籍或政治人物的演說等。奉勸全臺灣人民有必要多把握從這些媒體多收聽與了解政治訊息，以便正確運用自己的政治權力，共促政治的進步。

（三）重要選舉權的使用

前已提及至目前臺灣人民使用較充分最普遍的政治權力是選舉權，此項權力雖不足以非常有效管理與控制政府，卻是至目前為止最重要的一種。因此臺灣人民要能有較好的政治報應，必須對此唯一較能掌控的權力慎重並正確運用。可從正確的學習教育或教訓中揣摩出所謂正確的選擇。

（四）不得已得要實行罷免權

此項權力對於管理與控制不肖的官員等政治人物非常重要，但迄今尚未普遍使用，也因其牽涉太麻煩。但不得已臺灣人民也應學會有效運用，使官員等政治人物能知所警惕，用心為民服務。

三、臺灣政治進步的目標

（一）能有一位與人民站在同一陣線的政治領袖

目前臺灣政治發展目標的重要項目應是能有一位與人民站在同一陣線的政治領袖，能有這樣的領袖，政府的施政才能不違背人民的利益，人民才能得到政府的照護，才能安居樂業，也才能有幸福可言。

現任的政治領袖很必要努力修正現行作風，能多為人民福祉著想並施政，使人民能有較好的日子過，否則人民只能苦等新的好領袖之出現。

（二）民意代表都能反應民意保衛人民權利

民意代表與政府官吏是有權影響國家政治的人物。在民主的國家兩者的政治職責應該都是共同為國家的富強及人民的安和樂利而努力。官吏透過政務而民意代表透過監督管理官員不使偏差，而達成政治職務與目標。

但是很不幸，有些民意代表不但未能發揮監督與管理官吏的使命，反而成為官吏的護航者，如果官吏的作為符合民意也無可厚非，但當官吏有違背民意

時，民意代表卻又扮演護航者的角色時，就未盡到責任，也失去了本職。臺灣失職的民意代表爲數不少。爲國家前途與人民幸福的目標著想，就很希望民意代表個個都能發軍反應民意，保衛人民權利的本色。

（三）各層級官員都能替眾多人民服務謀福利

官員的職責是替眾多人民服務並謀福利，不能僅爲少數親近的人謀利益，更不能貪圖自己的利益而損害眾多人民的利益。很可惜現有的官員中貪圖自己或周圍親信的利益而犧牲人民大眾的利益者頗有其人。其中有者建設粗糙公共工程中飽私囊，有者爲圖利他人而浪費公帑，終究人民要損失納稅錢。未來臺灣的政治要能進步，這種不符多數人民益處的官吏也要能消失或減到最少。

（四）有一個自立自強的國家與政府帶領與保護人民享有尊嚴與安定的生活

未來臺灣長遠的政治目標是要能建設一個自立自強的國家，政府能帶領並保護人民過有尊嚴與安定的生活。這樣的政府與國家不致受到外國的威脅與恐嚇，內部也能融和與安全。

參考文獻

中文文獻

自由時報社論，「臺灣經濟的一大浩劫」，2013年6月24日，A2。

南方朔，「政治退化已在臺灣發生！」自由時報，2013年6月23日，A8。

徐火炎，2007，人民心目中的政府責任：東亞與歐美的比較，中央研究院政治學研究所特備處。

黃琛瑞，2003，權力精英與臺灣的政治發展，國立成功大學政治經濟學研究所。

薄慶玖等，1991，競選經費問題之研究，臺北行政院研究會。

黃煌雄、張清溪、黃世鑫主編，2000，置財於民之國民黨黨產何去何從？臺北商周出版。

蘇彥圖，2012，追求更公平合理的政治職責法則，法制與政治重大問題研究，123-155頁。

廖翊君，2005，組織權力與政治行為，國立臺灣師範大學，教育政策與行政研究所，共16頁。

曾水英，2013，理解政治權力：權力問題的西方政治思想史考察，中央編譯出版社。

英文文獻

Bimber, Bruce, 2003, Information and American Democracy Technology in the Evolution of Polical Power, Cambridge University Press.

Domholt, G. William, 2006, Mills's the Power Elite 50 Years Later, Contemporary Sociology.

Gioddens, A. M. Duneier and RP Appelbaun, 2012, Introduction to Sociology, Eu Wiley. Co.

Schier, Steyer, E. 2011, The Contempory Presidency: The Presidential Authority Problem and the Political Power Trap, Presidential Studies Quarterly, vol. 41, No. 4, pp. 793-808.

Stealer Stephen F. and Jammie Price. Applied Sociology: Terms, Topics, Tools, And Tasks, Chapter 12. Power and Politics, pp. 94-97.

第九章　社會階層與分化的問題與導正

　　社會階層是指社會上在垂直架構的劃分，社會分化則是指水平結構的劃分。階級與分化的存在是社會的必然現象。本章應用社會階層及社會分化與分工的概念與理論來討論臺灣的實際現象與問題，進而對於存在不當的社會階層與分化問題思考並提出導正的方法。

第一節　臺灣社會階層架構的變遷

　　一個國家社會階層架構的形成與其價值系統與歷史因素甚有關係。影響臺灣社會階層架構變遷的管道或因素約有四大項，將之分析說明如下。

一、農地改革打破存在長久的地主佃農階級架構

　　臺灣歷史上階級制度的大轉變是在農地改革之後。農地所有權是農業社會決定階級的一項重要因素。臺灣自一九四九年連續實施三七五減租，公地放領及耕者有其田的農地改革，使本來很鞏固的地主佃農階級倒塌並逐漸消滅。改革之後地主階級不見了，原佃農階級變成自耕農或半自耕農，也成為後來普遍存在的小農戶。

二、教育普及使下階層的人有翻身的機會

　　臺灣階級結構較大改變的力量或因素是教育普及，因為教育普及，使原來社會底層家庭的子女也有較好的讀書機會，受過較好的學校教育之後，身價與發展機會都提升。不少貧苦人家的子女，受好教育者，職業變好，地位也升高，也幫助整個家庭的地位提升。

三、經濟發展使努力的人可以致富

　　臺灣經濟發展的過程也促成不少原是貧窮階級者變為富有階級。經歷這種階級地位變遷的個人或家庭，都從經濟發展過程中發財致富而晉升社會階層。

四、政治民主化

　　政治民主化也使一些原來地位平平甚至偏低的人因為參政成功而提升地位，不僅個人的地位經政治而提升，家庭的地位也能提升。

五、攀升地位也有不尋常的機遇與旁門左道

　　在臺灣可能影響人改變社會階層與地位的因素除了前面所列四種之外，還有一些不尋常的機遇或旁門左道。有人因為攀上上等階層，而能麻雀變鳳凰，或少奮鬥數十年。也有人使用旁門左道的手段奪人財產，升官致富，販毒走私，購買學位或彩券，都可提升地位，改變命運。

六、由世襲途徑獲得地位者仍不少

　　臺灣社會流動開放的程度增加不少，但世襲制度仍有很大的作用與影響力。不少人的社會地位仍由家庭繼承得來，包括繼承財產家業、社會聲望與不良的發展條件。社會開放了升學、就業、升官與發財的機會，但有些出身於貧寒家庭者仍然很難衝破約束與限制，也很難改變命運與提升地位。

第二節　階級之間不公平的現象

　　社會階級有上下之分，上下不同階級的人在與人互動、生活方式與心理感受等各方面都會有不相同也不公平的現象。這種不公平現象也是最值得研究社會學的人注意的焦點。

一、社會經濟資源分配不均

　　社會階級不同的人之間最不公平的現象是社會經濟資源分配不均，高階層的人分配的資源多，低階層的人分配的資源少。資源多的高層人士常高過其所需要，以至會浪費或用爲欺壓低階層者。而低階層的資源常少至其生存的最底線，這是很不公平的分配情形。

　　在此所謂社會資源包括權力、聲譽、人脈、福利等。而所謂經濟資源則涵蓋錢財、土地、物資、或生產技術等。上階層的人能夠獲得較多的資源，因爲有錢財等資源可用來購買或交換其他資源，也因爲他人受他優越的地位、聲望或力量等的吸引或影響而願意爲其服務。

二、生活水準與品質懸殊

　　高階層與低階層者另一重要的不公平現象是生活水準與品質懸殊。同樣是人類，可是高階層的人在食、衣、住、行、休閒娛樂的水準高，品質好，常非低階層者所能相比。反之，低階層者的食、衣、住、行、休閒娛樂水準卻很低，品質也很差。如果當上階層的人對低階層者的生活水準與品質又有吝視虐待的情形，就更令人覺得不平。

三、對社會的取與給不對稱

　　高階層的人從社會所得到的回報常是較多的，但其對社會的給予及付出會與其獲得不相對稱。相反的低階層者從社會獲得的報酬常是相對較少的，但其付出常比高階層的多。當社會的上下階層從社會的獲得與其付出不成對比，也顯然是很不公平的。

第三節　貧富階級差距擴大的問題

一、差距擴大的現象

　　臺灣社會另一項大不公平的問題是貧富差距擴大，富者越富，窮者越窮，中產階級消失，社會財富的架構形成M形的兩極化分配。

　　貧富差距也稱貧富懸殊、貧富不均、經濟不平等、或國民收入不均等。經濟學家常用基尼係數（Gini coefficient）當為衡量差距的指標。所謂基尼係數的概念，是指測試收入分配絕對平等與絕對不平等之間的面積，除以絕對平等線與絕對不平等線與實際收入分配曲線之間面積和的商數的百分率。此百分率界於0與1之間。

　　依據財政部的報告，將二○一一年綜合所得稅分成二十等分。最貧窮與最富有的5%家庭平均所得超過96.56倍，創造歷史新高，在二○○八年時，差距為65.32倍，二○○五年時僅55.13倍，六年時間差距擴大的變化實在驚人。財政部說明這些資料只限課稅所得，並未將分離課稅、免稅及非課稅範圍所得計算在內。實際所得的差距雖然難以估計，但也不無可能更大。財政部也說明若將家庭所得組別減少計算，差距可能變小。但實際上若將二○一○年收入最高的20%與最低20%計算差距相差6.2%，也比一九七○年4.2%擴大。

　　依據二○一一年綜合所得稅資料，所得最高的5%家庭平均年所得為463.5萬，最低的5%家庭平均所得為4.8萬元。

二、造成的原因

　　造成所得差距擴大的原因相當複雜，從大處看有兩大類，一類是歸因於個人因素，別一類歸因於公共因素，兩類的因素也都包含許多的重要細項因素，將較重要者指出並說明如下。

（一）個人先天決定因素

有人先天身體傷殘，或出身家庭的先天限制，都使其無法正常工作賺錢，淪落為難以改變的貧窮階級。當其他的人能掌握機會創造財富時，這些先天難以脫離貧困的窮人不但無法跟進，甚至有可能跌得更慘，於是與富人的差距越來越大。

（二）經濟環境的改變

當社會與國家的經濟環境改變，有人圍繞高成長與發展獲得良好機會，創造財富，增加所得。有人卻因經濟蕭條與衰敗而難以維生，長期失業，未有所得而淪為赤貧一族。經過急速的經濟循環變動，所得差距很快拉大。

（三）財經政策

這種原因本來可以避免而未能避免，政策有意或無意的錯誤都可能造成貧富差距擴大。有意的政策最常見由鼓勵投資，刺激經濟成長的理由，對投資的富人減稅免稅，或獎勵補貼，致使富者越富。但在對待窮人方面，缺乏較可觀的福利措施，乃使貧富差距在不長的時間就會拉得很大。

我國為獎勵投資，自一九六○年開始公布，至一九九一年先後修訂十七次，每次修訂多半都增加優惠項目。條例中的重要優惠大項有減免稅捐，協助取得工業用地，以及公營事業之配合。其中減免稅捐一類就包含八小項，即減免獎勵投資之稅捐，獎勵儲蓄及促進資金市場發展，獎勵外銷之稅捐減免，獎勵研究發展之稅捐減免，促進企業經營合理化之稅捐減免，工業用地取得之稅捐減免，其他稅捐減免，減免所得稅之條件。有這麼多種的獎勵，凡是投資又能用心經營的企業，無不都能獲得厚利。

當企業獲得豐厚利益的同時，貧窮族群卻未能享有豐富的福利輔助，貧富差距乃越來越大。當不少企業被政策養肥之後，又受政策允許甚至鼓勵而出走，最常見到的實例是將資金、與技術轉移到海峽對岸的中國，留下國內基層勞工變成

失業。到了晚近不少外移的台商，將在外賺到的錢匯回國內抄作房地產，刺激房地產價格高漲，抄作者累積大量財富，升斗小民卻永無能力置產，淪為永遠租屋的無殼蝸牛族。

（四）科技產業技術知識的獨占性

在科技發達的時代，新產生的富有階級許多都為科技產業的專家。科技業的專家掌握科技知識的獨占性，很快就能成為巨富。此種形成富有階級的原因與過去農業時代緩慢養成一個地主，或在貿易經濟時代也經緩慢產生一位大商人的情況頗有不同。臺灣新興的富有階級以科技業界的投資與經營者最為出色。

三、不良的後果

貧富差距擴大的結果，對於富有者或許會有一些好處，但對全社會與國家以及貧窮的人而言，不良的後果更為醒目。如下列舉數項重要的不良後果。

（一）造成窮人不安與不滿心理

國內少有心理學家研究貧窮心理學，國外少數從事此種心理學研究的學者指出貧窮與多種心理問題有關聯。這些問題包括心理挫折、想死或自殺、精神分裂、憂鬱、極端饑渴、不滿意道德、犯罪、政治叛亂、流浪、少有就業機會、知識低、孤立、感受被歧視、少有人生的期望、嗜好毒品等。

過去中國社會有丐幫之說，由窮人會集成團體組織向社會討取公道。歷史上也有幾次由於窮苦的農民不滿無能殘酷的統治者而引發革命的事例。這些都是因為窮人不滿心理所表現出來的極端行為。

教育心理學者很關注研究貧窮對兒童的學習影響，指出發現兒童經由承襲父母的貧窮文化、父母不適當的管教方式、衝突的家庭氣氛、貧瘠的家庭學習環境、不良的社區環境、以及學校中不平等的學習機會等的影響，造成兒童在學習

上的不利後果（陳雅玲2010）。

（二）造成生理健康不良

世界衛生組織（WHO）指出貧窮對生理健康也造成多種不良影響，包括因饑餓而缺乏營養，引起疾病，嬰兒死亡率高，平均壽命短。

（三）引發社會問題

不少社會問題創造了貧窮，但貧窮也引發或助長許多社會問題。因為貧窮而引發或助長的重要社會問題有身心障礙的問題、生產力降低、消費能力下降、家庭暴力與失和、娼妓色情氾濫、無家可歸的流浪漢、治安不良、環境髒亂、階級對立與衝突、藥物犯罪、增加福利支出等。

（四）增加經濟成本

世界上不少貧窮問題都是由經濟因素造成，但貧窮也對經濟有極為不利的影響，其中最負面的影響是增加經濟成本。這種成本來自貧窮家庭出身的後代生產力都較低，健康不良，也容易犯罪，都會增加家庭及國家的經濟成本。美國經濟學家Harry Holzer等合著貧窮的經濟成本（The Economic Costs of Poverty）一書，計算貧窮家庭兒童低生產力影響國家的經濟成長率（GDP）減少1.3%，犯罪成本也減少1.3%的經濟成長率，健康支出則減少經濟成長率的1.2%（Harry Holzer etc. 2007）。

第四節　普及教育是減低階級不公的重要途徑

一、排除造成貧富差距擴大三大原因之外的一項重要對策

在本章第二節指出造成社會貧富不均的三大因素，若能排除此三大因素，則貧富差距的問題就可不致太過擴大。除此，筆者也指出在政治民主化與產業工商化的社會，普及教育幾乎是可使窮人翻身的唯一方法，因而也是減低階級不公的重要途徑。

因為窮人及其他低階級的人在受教育過程當中障礙特別大，故也不是每個窮人都能透過教育而獲得提升地位。但教育越是普及，下階層的子女受教育機會會大為增加。

二、受好教育就有獲得較好職業的機會

教育與職業的關係至為密切，許多職業學校的教育以培養從業人員實用技能為主要目標，不少受高等教育的人也以畢業後能獲得良好職業為目的。好職業者的薪水高，工作環境適舒，工作職位也較有地位與權力等。人的一生能獲得好職業，爬上高階層的機會就很大。階級的高低就常使用職業指標加以衡量的。

三、有好教育就可能營造好家世與好聲望

在社會階層的排列除使用個人為單位外，也常以家庭為單位，階層高低常用家世來衡量。教育可以營造與改變家世，其中有人由教育取得職業後而建立家世，有人於受教育後經婚姻而營造家世。現在的年輕人都先要取得較穩定職業後才進行婚姻。有一些人因教育而影響結婚，而後牽連到家世。家世不同，其社會地位就有很大的差別。

　　另一種經由教育而連結到社會地位的中介變數是個人聲望，教育的好壞與個人聲望有甚密切的關係，此與長久歷史上士大夫階級觀念有關。受好教育的人就是士大夫，就能享有較高的聲望與地位。

四、教育促進社會流動變更社會地位

　　教育可促進社會流動，包括水平流動與垂直流動。受較高教育的人，遷移的彈性較大，到處爲家能較容易適應。可較容易找事而不受挨餓，也較知悉適應之道而不被排擠。許多國際間的人口移動，都有很高的教育選擇性，選擇受較高教育的人，尤其曾接受過專業教育的人，都比較能被移入國所歡迎。

　　教育有助垂直流動，是指上升機率較大，變更社會地位的可能性因而較大。雖然賺錢也可使人的地位上升，但只會賺錢會被社會上的人認定銅臭味重，缺乏學問與知識，若有好教育陪襯，就比較可以享有較爲完美的社會地位。

　　近來臺灣社會男女兩性接受與完成高等教育的機會相當接近，過去女性地位偏低的問題已不再存在。許多女性的地位都已爬高到女總裁、女部長，乃至女副總統。男性的部屬在其手下者都得服從其命令。

　　有不少父親一代是地位卑賤的農民或工人，兒女一代因有較好的教育，都爬升到社會高層，大大改善家庭的生活與地位，家庭中的年輕一代若有較高的社會地位，老人家長也與有榮焉，不再被他人瞧不起或歧視。

第五節　社會分化與分工的必然性

一、社會分化的原因與分工的理由

（一）分化與分工的意義

社會分化（social differentiation）是社會上的人或其團體因為性質差異，而分解許多不同類別，不論在財富上、觀點上、立場上及角色上都不相同。這種差異比較是著重在水平性質的不同。而垂直的差異則適用本章前面所論述的階層化。

社會分工（division of labor），是指社會團體或全社會整體中的每個人依其特長分擔特殊而適當的職務，彼此緊密結合在一起，使團體或全社會發揮最好的功能，也使團體中或社會上的人能過最好的生活。社會分化與分工的原因或理由不只其一，重要者有下列幾點：

（二）社會分化的主要原因是社會份子的差異性

社會或團體及其內部會分化為許多不同類型，其最主要原因是社會份子的性質有差異。從年齡看有老少之分，從性別看有男女之別，從膚色看有黑白之分，從體型看有高大、矮小、肥胖與瘦小的差異，從智力看也有高低之別，從個性方面看更為複雜多樣。因為性質不同，從各種指標去看，就有分別，就有不一致性。

（三）社會分工的主要理由是不同的社會份子各有特殊的才能，及特殊的社會與團體的要求

分工是指做不同的事，社會份子之間會分工因為不同份子各有特殊的才能，適合扮演的角色及克盡的功能不同，於是就分別適合做不同的工作。也因為社會或團體需要有不同的人來做許多不同的工作，社會與團體才能充滿符合大家

的需要。社會上要有人耕農生產糧食。有人要當工人，生產大家需要的工業用品。有人從商，將各種物品販賣到需求者手中。有人要當教師，教育年輕的一代。有人要當公務員替政府辦事，服務人民。不同的工作由最適合的人去做，效率會最高，全社會或團體的人也才能得到最大好處。

二、社會分化與分工以行職業別與功能別爲重要指標

（一）行職業關係個人的工作性質與貢獻

社會分化的面相很多，故指標也很多，但與分工相提並論時，最有意義與最重要的指標是行職業別。行職業是社會或團體份子替社會或團體工作的路徑或門道。各份子透過專門的行職業別，替社會與團體盡功能，也發揮所長與貢獻。

（二）三大行業與千百種職業別

社會上的行業共分成第一、第二及第三級行業，相當於農、工、商及服務業。在各行業之下的職業又各有許多種，過去常能粗略說成365種，目前則可細分成千百種。

各種行職業的從業人員數目不同，有者工作性質較簡單容易，人數較多，有者較複雜困難，人數較少。不同行職業工作的性質不同，得到的報酬或工資也不相同。有者餬口都成問題，有者則報酬甚高，可得錢財萬貫。

（三）不同行職業有高低等級之別

簡單容易的行職業工作不必太費心，一學就會，薪資不會太高。複雜困難的行職業工作則常要學習很長時間，有者長達數年之久，能耐得住辛苦並通過測驗關卡的人不多，因此其薪資報酬通常也都較高。

各種不同的行職業者有高低等級的差異，通常與其報酬多少最有關係，報酬高者等級地位都較高，反之，報酬低者等級地位則較低。但也不全是以報酬多少

決定地位高低。有些行職業聲望好地位高，但報酬並不相稱，有些報酬多但聲譽不好，其地位也不高。

三、社會各方面的分化與分工逐漸細密

社會各方面的分化與分工有逐漸細密的趨勢。此種趨勢與各種類包含的人數不斷增多有關。更多的人投入同一社會類別與族群後，每個份子為求生存，必要展現特色，以便與他人區隔，就不斷衍生更細密的類別與族群。

分化更細密表示社會更進步，分化與分工更細密，投入的技術更複雜，產出的品質就更良好。近來臺灣的各種工業化過程中，分工更趨精密者要數電子業，產品種類不斷推陳出新。目前生物產業的產品也被政府列為發展的重點，未來也可望發展出類別更細密，品質更精良的產品。

政治民主化的過程中政治立場與意見也有逐漸分化的趨勢，不同政治理念與目標的政黨紛紛成立，從極保守到極激進的政黨都有，就以兩大黨的政治理念與目標的走向看，也越分岐，政黨之內小黨派也各據山頭，分別林立。

四、分化與分工後整合的必要性

社會與團體分化與分工有趨於解體的危險，必要整合為之調節，才不致走向崩解。

分化與分工的社會要能避免解體，走向整合，社會學家指出有兩大途徑可循，一種是規範整合，另一種是功能整合。前者是指不同份子在標榜差異性與特殊性的同時，也要講究共同的信念、價值與規範，由大家共同遵守，才不會各走各的路，越走越分離。有共同信念、價值與規範之遵行與約束，社會與團體才能鞏固結合在一起。後一種功能整合，是指各份子能各盡所能，彼此交換所需，功能互相依賴，彼此不能分開，必須結合在一起。社會的分化與分工也可經由此種功能整合而不致解體。

第六節　農工職業階層弱勢的問題

一、弱勢的情形

臺灣在晚近社會經濟變遷過程中，農民與工人的職業階層都處於弱勢。實際情形可分成經濟弱勢、社會弱勢及政治弱勢三大方面說明。

（一）經濟弱勢

農民與工人的經濟弱勢表現在收入相對偏低上。依照農委會統計報告，晚近歷年農家每人所得約僅在非農家每人所得之70%上下變動。二〇一〇年時為70.25%。同年農家每戶所得為非農家每戶所得的77.43%。這種偏低的比率在過去三十年間雖有變化，但變化不大。農家與農民所得長期偏低，成為社會上明顯的經濟弱勢者。

依據行政院主計處最新的統計，二〇一一年底的全國人民每月平均所得為43,193元新台幣，而依據勞委會的統計，在同一年底，製造業工人平均每月經常薪資僅為33,920元。約僅占國民每月平均所得的78.5%。也是較弱勢的一群。

又依照二〇一三年四月政府設計規定一位月薪3萬元的勞工退休可領1萬9千元，替代率約為61%，比公務人員所得替代率上限80%相比，相差約20%。

（二）社會弱勢

農民與工人不僅是經濟弱勢者，也是社會弱勢者。在一九九二年由中央研究院所進行的社會意向調查結果，1,636個受訪民眾共指出十項社會弱勢者，農民被排到第五位，共有41%的樣戶回答，勞工被排到第八位，共有34.2%樣戶回答。在民眾心上目中農民與工人的社會弱勢程度雖比殘障者、老人、窮人等好一些，但畢竟還是被認為是弱勢族群，主要原因除收入偏低外，也因生活品質偏低，地位偏低。

（三）政治弱勢者

農民與工人也是政治弱勢者，因為在政治上缺乏地位，無法發聲，缺乏政治利益，故常被政治犧牲或拋棄。在政治集團中缺乏代表性人物。

過去在立法委員選舉時，曾有農民和勞工代表的保障名額，後來都被廢除掉。因無代表委員可在國會上代替發言，其利益心聲與願望也無法表達，成為政治上的絕對弱勢，國會制定的法規常有利財團，而不利於農民及勞工的弱勢者，原因也甚明顯。

二、形成弱勢的原因

農民與工人會成為經濟、社會與政治的弱勢者有因本身的因素所影響，也有因外在因素所造成。就此兩方面的因素加以分析如下。

（一）本身的因素

農民與工人成為弱勢者的本身因素又可分成幾個小點說明。

1. 勞力性的工作技術性低

農民與勞工多半都靠勞力工作，技術程度不高，競爭力不足。古時遺訓中有「勞心者治人，勞力者治於人」。勞力工作者常要受人主宰，少能自我控制命運，地位容易淪為弱勢者。

2. 小農與小工人收入低微缺乏經濟能力

臺灣的農民擁有土地面積都很狹小，平均每戶僅為一公頃左右，生產量與生產值都很有限，有時收成不好，扣除成本後，無有收益或收益低，經濟能力薄弱。工人工資所得也不高，養家餬口不易，經濟能力也薄弱。沒錢的人說話就無法大聲，經濟力量弱，社會地位也缺乏。

3. 農民與工人的弱勢群體難以形成有力階級

弱勢的農民與工人因為力量薄弱，溝通集合能力不足，團結力低，難以形成堅強有力的階級，對於自己的困難與不利的表達能力不足，要求改善的對策也缺乏，因此問題難以獲得有效解決。到了晚近，偶爾見到有大規模的農民及工人示威遊行的動作，但都是曇花一現，少能有持續性的抗議行為。當示威遊行過後，其弱勢仍然少見改善。

（二）外在因素

農民與勞工的弱勢也有因外在因素造成，也可分數點說明。

1. 政策因素

過去長時間臺灣的政權都掌握在外來集團之手，執政者與本地的農民與勞工的心理上有差距。農民與工人的辛苦與困難少能獲得政治權力人物體諒與同情，因為未能得到較有效的照護。這種不利情勢到了選出兩位道地出自本地的總統執政期間，大有改善，包括廢除對農民不平的法規，以及提升老農年金等有利農民制度的規定。但好景不常，現任國家領導人與本地農民及工人背景與距離遙遠。最近政府擬與對岸中國訂立一些經濟、服務、貿易的協定，中國多種農產品及服務業將會無遮欄的進口，農民及小工人的生活將受到嚴重威脅。也因政策上大幅開放企業西進，不少工人工作的工廠關門倒閉，失業工人日增，生活陷入絕境。政策上致使弱小農民及工人雪上加霜的情形，也以現階段最為嚴重。

2. 外國的壓力

我國自從在二十一世紀初加入世貿組織後，外國的產品都可減免關稅自由進口，其中不少進口的農產品對於本地農產品造成競爭與壓力，農民的生產與經營都較前困難。

自由貿易大致上對我國的工業產品利益較多，對農業危害則較大。但我國多半的工業產品都在中國生產出貨，企業主獲得好處，但勞工則面對失業。自由

貿易對我國農產品造成來自開發國家與開發中國家產兩面夾攻，開發國以機械生產，開放中國家則勞動成本較為低廉，故外國農業產品的成本都相對較我國產品的成本低，致使我國農產品難以與之競爭。

3. 工廠主的壓力

許多勞工工作的工廠主於關廠之後常有積欠勞工工資、退休金或遣散費不給，或不預告就關廠，都使工人無招架之力，面臨失業，也得不到積欠的工資或遣散費，生活陷入困境。政府也少能為其出力，不少工人示威抗議都是因為工廠主失信而起。

4. 地方政府未能體恤小農強制徵地

這種事件發生的情況不多，但確也發生過，苗栗縣政府為了開發工業用地，就曾發生這種強制徵用農地事件，迫使農民未能收成當季快成熟的稻穀，也使小農民失去歷代賴以為生的農地。

三、農工增強勢力之道

過去農業推廣學界都很注重技術教育的方法，輔導農民增進產銷能力來提升產量與地位。工人也有勞工行政單位輔導就業的辦法與措施來改善收入。這些辦法對於增強農民與工人勢力雖不無幫助，但也有限。

農民與工人的一些難解問題常來自更高階的政策因素，就非技能教育或輔導所能有效改善。此類難題必要借助政治力量的增強，來提升其政治爭議能力。農民與工人過去曾有保障國會議員的席次，目前此種制度已廢除，政治力量更形薄弱，目前只剩在選舉時投票權仍掌握在自己手中，必須要能覺醒，不要因為只收小小的一兩千元的走路工錢或賄選金，就輕易將選票出賣，應能選出可為自身的職業階層出力的人。然而有些政治人物善變與善騙的本性，選前說的與選後做的都不同調，讓農民與工人眼花繚亂。但也必須從經驗中的教訓求進步，不再輕易受騙，才能使自己的力量也能經由政治的管道，為自己保住一點利益。

第七節　兩類強勢集團的社會影響

若論勢力及其對社會影響力的大小，則大企業財團及政府算是兩大強勢集團。先說明大企業財團社會影響的性質，再論政府集團的影響。

一、大企業財團的社會影響

臺灣大企業財團的單位不只其一，依照富比世於二〇一三年為世界二千大企業的排名，臺灣的企業入榜的次序是(1)鴻海精密（176）；(2)台積電半導體（332）；(3)台塑石化（429）；(4)中鋼（490）；(5)中華電信（511）；(6)友達光電（513）；(7)廣達電腦（616）；(8)華碩科技（621）；(9)富邦金控（642）；(10)南亞塑膠（676）。這十大企業在世界的排名都在七百大之內。最大的鴻海精密排在世界第176大。排在後面但還在世界第二千大企業內的臺灣企業應還有不少。

大企業是除了政府集團外，是民間集團中勢力最大的一種。大企業集團與政府之間向來都有良好的關係，否則很難壯大與生存。各大企業集團對社會都有很大的影響力。重要的影響力約可分成數大方面說明。

（一）掌握集團內員工的生活命脈與社會的安定

大企業集團的員工以企業為工作場所。集團內的員工數量很多，其生活能否安定關係全社會的安定。

（二）左右政府的政策

因為大企業的生存與否決定員工的命運，也影響社會的安定，對政府的安危也有很大的關聯。又其都是繳稅大戶，選舉時也常提供巨額獻金，故政府對之都照顧有加。政府在決定政策時都會先考慮照顧大企業集團，在行政措施上也都會

儘量給其方便。政府保護企業集團，也常導致企業集團干預，甚至左右政府的決策。就以今日稅賦的政策就常被批評富了財團，卻苦了平民百姓。

（三）方便百姓的生活卻也搜刮百姓的錢財也留給社會負擔

各大企業集團的產品雖有不少供爲外銷，但內銷部分爲數也不少，各種內銷的產品及服務都能方便百姓的生活。臺灣老百姓需求的手機、電腦、油電、鋼鐵、通訊、燃料、保險、投資等產品或服務都有各大企業集團的影子。確實給了百姓許多方便與滿足，但是卻從消費者老百姓得去了不少財物，也爲社會製造汙染等負擔。期望企業界能了解本身影響力之大，而能多給社會正面的貢獻，減少對社會的負面不良影響或罪過。

二、政府集團的社會影響

企業集團多半屬於私部門，政府卻是影響人民最廣最深的公部門集團。政府對社會的影響有正也有反，將較重要者列舉幾點扼要說明如下。

（一）解決人民及社會的問題

政府是辦理政治的組織，而政治是管理眾人之事，故政府所辦理的事都與人民直接或間接有關。政府的最主要功能是解決人民及社會的問題，使人民能安和樂利過生活，也使社會能安定和諧求發展。政府能爲人民及社會解決的問題種類繁多，從人民及社會上的食、衣、住、行、育、樂等大大小小的問題都是政府需要管理之事。

（二）保護人民的財富與生命

人的一生很在乎財富與生命，因爲財富是維持人民生活的最重要資源，而生命是人生的一切，有生命才有其他，缺乏生命其他都無意義。政府的銀行金融制

度及稅賦制度等都有過精深的設計，故有妥善的照顧及分配措施，可使人民無後顧之憂。也因政府有良好的制度爲之應對，使人民也得到充分的保障並從中得到利益。

政府中有治安與國防等機關，是保護人民生命的重要機制。治安的機制爲保護人民不受到危險人物的威脅與傷害，國防的機制可以防禦不受外國的汙辱與武力攻擊。因此人民若沒有政府就有遭受傷害的危險，但如果政府缺乏保護的能力，人民同樣也會有危險。

（三）提供社會福利照顧弱小族群

政府對社會的另一重要影響，也是貢獻，是提供社會福利照顧弱小族群，使其能過安定的生活，也促進社會的和諧與安定。政府的福利措施包括直接由政府提供資金與技術，或間接誘導或迫使民間興辦社會福利事業與計畫，幫助弱勢族群能過安定的生活，使社會能在安定中求進步。

（四）帶動社會發展

每個國家與社會都必要發展，而發展的工作最必要由政府帶動。政府可先發動各方面的學者專家協助構思各種社會發展事宜。進而帶領人民參與其事，使社會能發展與進步，人民、政府與國家都可共同獲得好處。

（五）保護人民的安全

政府的基本貢獻與影響是保護人民的安全。良好的政府都很努力達成此種功能與目標，但不良的政府會缺乏決心與能力，則人民的安全就得不到政府的保護。影響人民不安，社會秩序失常。

總之，政府對社會的影響包括非常多樣複雜，影響面之廣與影響程度之深，無其他任何類別的集團所能比擬。故在探討社會各重要階層與各類別時，不能忽略政府這一重要環節與類型。經由探討其對社會的影響，可使社會大眾了解

此一階層與類別的重要性。也期望能使政府深澈了解其影響力量之大，而能善爲
運作，促使社會繁榮進步，人民健康快樂與幸福。

參考文獻

中文文獻

薛承泰，1995，「中下階級」或「工人階級」？——主觀階級認同的社會基礎，研究論文。

許嘉猷，1987，「臺灣的階級結構」，中國社會學刊，11期，25-60頁。

侯漢君，2001，知識經濟時代的貧富不均問題，財團法人國家政策研究基金會。

黃俊傑，1999，「論臺灣意識的發展及其特質、歷史的回顧與未來展望」，國立臺灣大學歷史學系，共38頁。

維基百科，社會階級，2012，自由的百科全書。

維基百科，社會階級，2013，自由的百科全書。

陳雅玲，2010，貧窮如何影響兒童，國立屏東教育大學幼兒教育學系。

經濟學人，2012，當代社會最大問題：貧富不均，天下雜誌，首頁。

蔡淑玲、廖正宏、黃大洲，1986，「從社會階層化的觀點論農民階層」，中國社會學刊第10卷，85-113頁。

蔡宏進，2005，「高低與尊卑：社會階層化」，《社會學》第八章，雙葉書廊有限公司發行，99-108頁。

蕭新煌，2007，臺灣社會的貧富差距與中產階級問題，臺灣民主季刊，第四卷第四期，143-150頁。

關秉寅，2001，臺灣社會民眾的階級認同，潛在類別分析，國立政治大學社會學系。

英文文獻

Corder-Bolz, Judy, 1986, Gender Role, in Marvin E. Olsen and Michael Mickliry ed. Handbook of Applied Sociology, Preager Publishers, New York, pp. 293-319.

Garrison, Haward H. 1981 Racial Inequality, in Marvin E. Olsen and Michael Micklin ed, Handbook of Applied Sociloglogy Praeger Publisher New York, pp. 249-270.

Halzer, J. Harry; Diane Whitmore; Schanzenbach, Greg J. Duncan, and Jens Lwduig, 2007, The Economic Cost of Poverty, House Ways and Means Committee Hearing.

Penn, Roger, 1975, "Occupation Prestige Hierarchies," Social Force, 54, pp. 352-363.

Tsai, Shu-Ling, 1985, Changes in Differentiations of the Stratification Structure in Taiwan, paper preesented at the Coference on "New Differentiation of Status Strucutre," Duisburg, West Germany.

第十章　偏差行為與矯正

第一節　偏差行為的普遍性及原因與後果

一、普遍性

社會上有不少人會有偏差行為，這種行為偏離了標準方向、程序與思想，是異常的也是變態的。偏差行為有多種類型，包括個人行為偏差、習慣偏差、人格偏差、團體或組織行為偏差，以及次級文化的偏差行為等。偏差行為也常是違規或犯法的。如偷竊、搶劫、強暴、詐欺、盜用公款等。習慣性偏差是指一再發生的偏差，如慣犯或吸毒者。人格偏差是指無法與他人正常互動的人，如精神病患者或變態狂者。團體或組織的偏差行為則是指由團體或組織所表現者。如幫派或其他犯罪集團等。而次文化的偏差是指特殊團體所表現的偏差行為，與其他多數常態的團體所表現者不同，如同性戀者或黑道組織的文化。

至於犯罪等偏差的細項很多，細數不完。社會上多數的人都會犯錯或偏差，只是有時不被發覺，或發生過後立刻調整改正，給別人看起來，並不覺得有偏差，但自己心知肚明。

二、原因

偏差行為的原因並不單純，從大處著眼約可歸納成三大方面，即（一）生物原因，（二）心理原因，（三）社會情境原因，將三類原因再作說明如下。

（一）生物原因

這種原因包括遺傳因素、特殊體型，以及yyy染色體的作祟。

（二）心理原因

這種原因包括缺乏道德感，缺乏良心，或因為心理上的防衛過程。

（三）社會情境的原因

此類原因包括秩序迷亂，文化轉移，標籤的作用等。

三、後果

偏差行為對個人及社會都可能有正面的功能，也有不良的負面後果。

（一）正面的功能

偏差行為對個人而言，重要的正面功能是其對規則的挑戰，可能在明處製造機會，在暗處得到好處。例如小偷有得手的機會，能不勞而獲得財物。

對社會而言，偏差行為的好處更多，社會因懲罰偏差行為者而收維持秩序的功效。偏差行為也可能引發對社會不平等的注意與修正，乃促成社會變遷與發展。偏差行為也可使社會澄清與界定社會規範，社會為共同打擊犯罪等偏差行為者而促成團結。

（二）負面的後果

個別偏差行為者常會受到懲罰或制裁，致使失去自由與自信。偏差行為對社會造成多種不良後果，第一妨害人類複雜的互信系統，危及社會正常有效運作。第二，偏差的不良示範動搖他人遵守規範的動機。第三，有人行為偏差會危及團體生活的安全，正常人擔心受到偏差行為者的傷害而不敢參加團體組織，或輕易與人互動。

四、多種解釋的理論

有關偏差行為的社會學研究成果已相當豐富，理論已有不少，都可用為更深入了解其原因、過程、後果或其他相關事項。共有實證理論（positive theories）

主要用來解釋偏差行為的原因，細部的理論包括生物學理論、心理學理論、社會區位理論、功能理論、緊張理論、副文化理論等。（二）現象學理論，主要用為解釋偏差行為的過程。細部的理論有，互動理論、標籤理論、學習或生涯理論、道德恐慌或偏差擴大理論。（三）批判理論，此一理論是針對不滿資本主義社會的批評為出發點，較細部的理論有階級分析論，馬克斯主義者偏差理論，傳統馬克斯理論，街頭犯罪理論，文化馬克斯主義，左傾現實主義理論等。

第二節　偏差行為的應用

　　偏差行的基本概念是指背離規範的行為，此種行為也具有異常、傷害、驚奇等特性，故為世人所重視與關心。除了實施與關心其特殊性質，也很重視與關心其應用。可應用也常被應用的方面有下列七項：

一、應用基本概念與特性作更廣泛更深入的相關研究

　　社會不斷在變，偏差行為也不斷有變化。新偏差行為現象不斷出現，新社會情境不斷產生，兩者的連結點面也不斷增加，值得必要作更廣泛與更深入的研究與探討。社會學家對新的相關研究不斷，研究之後也都深具應用的意義與價值。

二、應用於了解及打擊犯罪

　　社會學界常將偏差行為與犯罪相提並論，視犯罪為一種較嚴重性的偏差行為，因為會較嚴重傷害到他人與社會，犯罪者也常要坐牢而失去自由。

　　有關偏差行為的概念與原理有助於對犯罪行為的了解，也可因有了解而方便使用有效的防止或制裁的方法來打擊犯罪。在工商業及都市社會，犯罪行為更為多見猖獗，故對於犯罪的研究與了解也更加迫切，犯罪學乃發展成為社會學的一重要支門。

三、應用於司法與治安事務

　　社會上因為犯罪的事件多，犯罪率高，有關打擊犯罪的事務也非常忙碌，這種事情最多見於法律案件及治安工作。法院的刑法訴訟多半都與犯罪有關，監獄

關禁經法院判決有犯罪事實的犯人。警察等治安機關每日處理的犯罪案件也不勝枚舉。社會上因有偏差行為，使這些研究與防止犯罪的機構有事可做，而這些相關事務若能從了解偏差行為入手，再加以應用，也定能有不差的成效。

四、應用於社會工作

社會工作的任務是協助與輔導社會上的弱勢者，處理其無法或不便自己處理的事務。偏差行為者常必要社會工作者的服務與輔導。

偏差行為者在未發生事端之前，可能是社會上的強勢者，如黑道的流氓或強盜等，眾人都要怕他的三分，但是一旦肇事之後則成為階下囚，失去了自由行動的能力乃成為弱勢者。許多心理或生理疾病或殘障之人，在未發病之前也常是很健壯堅強之人，但於發病或發生傷殘之後，行動不便，也成為弱勢者，心態行為可能產生偏差，也需要社會工作者的幫助。社會上因有偏差行為者，社會工作者就有發揮職責與功能的空間。

五、應用於心靈改造

偏差行為常由偏差的心理態度開始。要能有效治療偏差行為，有必要從心靈改造做起。社會上不少宗教團體、其他的社會福利團體，及政府組織中的文化建設部門，都很重視由心靈改革來矯正偏差行為，因此做了許多有助心靈改革的工作。

常見的心靈改造工作有佈道、講經、演講開示、提倡助人的社會服務，表揚善行之人，著書立說宣揚道德等。這些改造心靈的工作都立基於偏差行為上，也是偏差行為的轉換與應用，經由神職人員、道德專業者、演講家或政府相關工作人員傳播與指導給已經是或將可能成為偏差行為者，使其能提升心靈的品質，能改進、避免或減少偏差行為。

六、應用於精神醫學

有些精神異常之人都與偏差行為有關，有人於表現偏差行為前，內心先起了變化，如憂鬱、害怕、焦慮等心病而成為精神異常之人，有人則於精神異常之後會表現偏差行為。與偏差行為有密切關聯的精神異常者常是精神醫學的患者，接受精神神經醫師的治療。

精神神經醫學除了門診，背後也做研究，其研究的對象多半是偏差行為者，除研究其心理病因，也研究其生理病徵，方便作有效治療。

社會趨於複雜，人口生命延長，偏差行為增加，精神神經醫學的臨床患者也增加，醫師治療的方法也更為多樣化，研究的課題也不斷推陳出新。此種醫學的進步與發達也拜偏差行為之賜。

七、應用於文學與藝術創作

有異於正常行為的偏差行為常具有奇特性，也具有趣味性，是許多文學家與藝術家喜歡捕捉畫面展現靈感的要點。不少文學創作如小說或論述常以偏差行為作為題材，很能滿足讀者的新奇感與同情心，而成為佳作或名著，甚至可獲獎賞。

也有藝術家運用人類對於偏差行為的好奇或害怕等特殊觀感與心理感受，而取材偏差行為作畫，製作音樂或影片，也可收到良好效果的機會。電影中的暴力片及懸疑片，不少觀眾都很喜歡觀賞，因此常很叫座。演員及製片都能得到不錯的酬報，也都能助長偏差行為在電影藝術上的應用。

總之，偏差行為雖然相當普遍，但也有其特殊性，是其值得應用的賣點，能否應用得宜，就要看應用者的功力而定。

第三節　矯正與控制偏差行為的方法

一、非矯正與控制不可的理由

　　偏差行為的應用最直接要應對的是對這種行為的矯正與控制。如果不作矯正與控制，對於行為者及社會的傷害會越加深，可能造成不幸的悲劇。

　　如果不對偏差行為作適當的矯正與控制，使其恢復正常，而只顧及應用於可以生財的工作事業上，對偏差行為者是很殘酷不道德的對待，應用者的心態與行為也有偏差之嫌。要能有效矯正與控制，對於可用的方法也要事先研究與實驗，使能準確應用好，以便收到良好的效果。

二、內控的方法

　　此種控制的方法與過程是指個人由接受一個團體或社會的規範來控制自己的行為，使其不產生偏差。具有內控能力的人很自然地會遵守規範，而且會拒絕違犯規範或法律。真正接受規範的人，不是只口中說說，而是能從內心真誠接受，這要經過社會化的修練才能達成。

　　有人獲得內控的能力可由自我學習反省達成，也有人先要經過他人的指導或教育，再於內心中接受後轉化成內控力量。宗教界舉辦靈修就是先提供修練的環境與機會，使參加的人經過靈修，而增加內控的能力。

三、外控的方法

　　這種控制的方法與過程是經由外在社會控制以收防止偏差行為的效果。依照控制方法嚴謹的程度及其對受控人壓力的大小，而可分為非正式與正式兩種方法。非正式的控制是指經由語言的勸導、溝通、提醒等較軟性的方法或過程，

使接受者能有知覺而矯正自己的行為。但此種控制方法卻常有感情因素融入其中，也會有對偏差者袒護或立意不夠明確等缺陷。正式的外控方法是指經過很明確的懲罰或制裁，由經過使用懲罰或制裁的工具或設施，使受控者有明確的感覺，甚至是痛苦而能反悔改正。這種控制的方法常見於判刑、拘留、監禁、鞭打、或降級等。

現代進步的社會與國家也常使用正面救助或鼓勵的控制辦法，如對社會弱勢族群或問題家庭，使用社會福利或社會工作的方法，幫其減低問題與痛苦，脫離偏差行為。

四、控制矯正可能失敗

內外控制的方法對於矯正偏差行為會有功效，但並非完全能保證成功，都有可能失效。

（一）內控失敗的時機

當偏差行為者自我控制與矯正毅力不足，或找不到合適的學習或模仿目標，就產生不了內控的力量，內控的效果也無法達成。

內控失敗也可能因為外在的社會環境未能給有心內控者提供機會。住在街頭暴力嚴重罪惡深重社區的小孩，沾染上惡習後想要自救，常很難脫離環境的誘惑與壓力，常於自控的半途退縮，自控效果失敗。

（二）外控失敗的時機

非正式與正式的外控方法也都可能失敗。非正式方法的賞罰可能表示不當，或受控者不以為意，都產生不了矯正或制裁的作用。正式的外控方法會有過度嚴厲，造成受控者反彈，或引起社會公憤，致使控制的效果喪失。也有因為受控制者頑劣成性，惡行太深，再嚴厲的控制方法都難使其矯正回頭。

第四節　犯罪與處罰的密切關係

一、犯罪爲嚴重的偏差行爲及可應用的理論

（一）犯罪是嚴重的偏差行爲

犯罪是違犯法律的偏差行爲，此種行爲比違犯道德、風俗習慣的偏差程度較爲嚴重，因此違犯的人會受到法律的制裁，包括罰款、拘留、坐牢、甚至是死刑。

犯罪是偏差行爲，因爲這種行爲常會有損他人的財路、健康與生命安危，是法律所不容，也是他人所不容。正常的人也都能節制不去觸犯，會觸犯者有者有意，有者無心。但無心者也都因爲所處的社會環境異常，使其不得不違背常情而去觸犯，一旦觸犯了都成不正常的罪犯。

（二）犯罪的類型

法律上常將犯罪的類型依所侵害權益而分爲侵害國家權益，侵害社會權益以及侵害個人權益之罪三大項。在侵害個人權益之部分再細分爲侵害生命權益、侵害自由權益、及侵害財產權益等。犯罪學在研究上又常以犯罪的型態及特殊性而區分暴力犯罪、白領犯罪、青少年犯罪、性犯罪、智慧型犯罪等。

也有依據犯罪動機而分爲故意犯及過失犯之差別，依犯罪時間而分爲現行犯、預謀犯、或結果犯等。也有將犯罪者的身分而分爲自然人犯及法人犯（或組織犯）等。

（三）法律犯與政治犯的差異

法律犯是在法治國家，當人民有違法行爲時，依據法律判決罪刑，判罪所依據的法律多半是所謂的刑法。民法訴訟有輸贏，但都去除涉及罪行。

　　在獨裁專制的國家，政治性的犯罪特別多，罪犯多半是因為不滿政治措施，對統治者挑戰，引起統治者的不悅而將其判刑入罪。臺灣在戒嚴時代，觸犯政治的標準較低，因此政治犯的人數很多。監禁政治犯有特殊的設施，常會將之隔離，台東外海綠島上的牢房就是專為政治犯而設置的。

（四）可被應用的犯罪理論

　　犯罪學發展至今已相當成熟，學者創造出不少理論，各種理論都從不同角度探討犯罪的性質，也提供對控制犯罪的不同機會。將重要的犯罪理論扼要述說如下。

1. 古典理論（Classical School）

　　此種理論發展於18世紀，立基於實用哲學，主要內容有四點：第一，人都有自由意志選擇行為。第二，人為選擇減少犯罪是因喜歡享樂而不喜歡痛苦，衡量犯罪的成本與效益，不划算，乃不想選擇非理性及非意識的犯罪行為。第三，處罰可減低犯罪，對罪犯的處罰要與其觸犯罪行的嚴重程度成比例。第四，處罰越快速明確，對阻止犯罪行為越有效。

2. 實證學派（Positivist School）

　　實證學派認為犯罪行為來自個人內在或外在因素，可用科學方法來研究人類的犯罪行為。要證實犯罪原因可從生物、心理及社會三方面的因素入手。實證學派又細分成義大利學派、社會實證學派及差異結合或副文化學派。義大利學派強調生理特質關係到犯罪。社會實證學派則認為貧窮、歸屬的副文化、低教育程度等劣勢的社會條件，使人容易犯罪。而且犯罪也與年齡、性別等人口因素以及酗酒等因素有關。副文化因素則強調犯罪可與副文化團體份子互動而相互學習感染與影響而造成。

3. 芝加哥學派（Chicago School）

　　此一學派很注意都市中的區位因素與犯罪的關係。在都市中的轉變地區

（zone in transition）有較多青少年犯罪。在此種地區鄰居都較窮困，社會結構與制度破裂，社會群組對行為控制的力量減失，乃創造了犯罪環境。

4. 社會結構理論（Social Struatural Theories）

此一學派用較一般性的結構衝突的社會學觀點，將不少分歧的支派都包含在內。包含的支派共有五類，即社會解組理論（Social Disorganzation Theories）、社會區位（Social Ecology）理論，緊張理論（Strain Theory），副文化理論（Subcultural Theories）及控制理論（Control Theories）。社會解組學派主張貧窮及經濟弱勢的鄰居會有較高的人口流動，人口較為異常，社會結構較不穩固，較難維持社會秩序。社會區位學派認為貧民區容易孤立於社會主流之外，以致會有違反規範的行為。緊張理論認為當社會機會不均等時，使多數人無法實現希望的夢，會有一部分人採用非法的手段來實現。副文化的理論指出小文化團體背離社會文化主流，持有自己的價值觀，低階層的青少年容易有犯罪行為。控制理論從相反角度看人不犯罪，是因信賴道德規則，堅信成就的重要，參與習慣的活動。傾向這種性質的人越能控制自己，不致犯罪。

5. 符號互動主義（Symbolic Interactionism）

此一學派的思想著重在有權力的國家、媒體、統治菁英與其他較少權力的民眾之間的關係。前者強迫後者接受其所給的意義，後者以前者為有意義的他人。前者可對後者判決有無犯罪，後者只好照收，但會造成內心的道德恐慌。

6. 標籤理論

此理論認為被標籤為犯罪者，不是拒絕就是接受，若接受就承認犯罪，拒絕者也會被同伴懷疑，以致也陷入真犯罪的地步。

7. 個人理論（Inidividual Theories）

此理論再分成個人的特質理論、理性選擇理論及例行活動理論。特質理論重視犯罪者的遺傳或社會特質對犯罪的影響。理性選擇理論則認為犯罪是理性的選擇行為，收益都比成本高，且也選在時間、地點或其他方面成本都最低的犯

罪。例行活動理論認為犯罪機會都因有例行的違犯動機，適當目標及缺乏監護等元素構成。

8. 生物社會理論（Biosocial Theories）

此理論認為犯罪兼由生物及社會環境因素造成。生物因素包括遺傳、神經心理及演化心理等。社會因素則包括各種社會環境因素。

9. 馬克斯主義犯罪學（Maxist Criminology）

此一學派認為犯罪是常態的行為，主要原因是社會分歧，對財物的分配不均等所造成。

二、社會對犯罪者的處罰

多數的國家對已犯罪者在未判刑之前都稱為嫌疑犯，為不讓其逃脫，對嫌疑犯通常下令扣留，或交保候傳。被扣留者都在看守所中或羈留所中執行。後經法律判定罪刑。當法院判定有罪，可能被罰執行罰金、拘役、有期徒刑、無期徒刑或死刑。也有國家對罪犯處以肉型者，包括鞭打、灌水等。

總之，處罰是為人所不喜歡的，也常不被接受的，但為維持社會的秩序，不得不實行。社會處罰犯罪都具有四種正當化的概念，一為懲罰偏差或錯誤，二為能使犯罪減少，三是使犯罪者能恢復正常的守法者，四是褫奪犯罪者在社會上的資格，使其孤立不再毒害社會。這四種正義的概念只有第一種懲罰具有處罰的意義，其餘三種似乎都少有處罰之意。

三、犯罪控制

犯罪控制是指可以減少犯罪的方法。常用的方法如前而所敘說的懲罰，懲罰可使人不敢犯罪，已犯過罪的人不敢再重犯。政府也常從制定或實施正確的政策而收減少犯罪之效，民間所常使用的保全方法，也有助犯罪的減少。

四、社區控制與社會控制犯罪的模式

在各種減少犯罪的控制方法中，社區控制模式是一種重要有效的模式或方法。社區控制模式是指透過社區中的鄰閭關係，因相互認識與互動，也相互監督而收減少犯罪之效。

社區內的人幾乎都互相認識，每個人在人人認識的社區中生活，不方便也不適合違犯規範。社區中的人彼此關係也都相當密切，彼此的得失與利益常都互相連結在一起。每人都被鄰居或認識的許多人所監控。

社區是一個可以獨立自主的生活範圍與單位。社區可以發展出自衛組織，一來可較有力量抵制犯罪者，也可較有效抵禦外來的侵擾，使外界的力量少能侵犯社區及社區內的人。

五、犯罪與受罰的密切關係

社會上行為偏差的罪犯，終究都要受到處罰。所謂法網恢恢疏而不漏，人犯了罪少有能不被制裁的幸運。有良心的人犯了罪不僅要受到法律的制裁，且會受到良心的譴責。罪與罰的關係密切到似乎形影不離。

罪與罰的正常關係是有罪必罰，且重罪重罰，輕罪輕罰。殺人放火的重罪常被判死刑或無期徒刑的重罰。交通違規或違章建築等輕罪，常只受到罰款或拆除的輕罰了事。

有罪有罰，天公地道，犯者受到適當處罰無話可說，旁人心中的感覺也較舒坦平安。不必擔心有罪未罰變成姑息養奸，終究演變成社會秩序混亂。

六、重罪輕罰與輕罪重罰的矛盾與原因

社會上判裁犯罪的制度或機制是由人為在操作，會有矛盾不公的不良判例。自古以來重罪輕罰或有罪不罰的特例仍會發生與存在。這種矛盾與特例有依

法行使者，也有是法外開恩者，不論是那種情形的矛盾，都可能引人遐思，不服與不滿。仔細研究造成罪與罰不對稱或不調和的原因有下列多種情形。

（一）罰證不足

法院法官或檢察官找不到嫌疑犯充足的罪證，乃未給嫌疑犯定罪。雖然犯罪的後果已是事實，譬如有人死亡，而且嫌疑犯犯罪的動機也強而有力，卻找不到明確的罪證，由於罪證被掩沒，或找不到，乃未能對嫌疑犯判罪。這種罪與罰不一致性的問題，給社會大衆感到扼腕，但也無可奈何。

（二）法官等裁定者能力不足

這種原因與前者有所不同，前種罪證不足的原因是客觀條件。法官等裁定犯罪者的能力不足是主觀的條件，如果換一個有能力的法官，就可很明確而且很適當地給犯罪者判決或裁定處罰。

法官等判罪者能力不足是由於經驗不夠，判斷力差，或法律知識欠佳，以致有誤判的情形，將有罪者判成無罪，將輕罪者判成重罪，或將重罪者判成輕罪。這種無能的法官並非有心刻意誤判，而是因爲無能，實也無心之過。遇到此種情況，受害人有時也要莫名其妙的發笑，但有時則也如啞巴吃黃蓮，欲哭無淚。

（三）司法故意不公平運用

在司法未能進步到獨立，不受行政干擾的情況，國家的司法系統常聽命於行政權力者，成爲行政的一部分。法官判決時常觀察政治權力者的眼色，順應其心意，故意扭曲事件的性質，作出不正確的判決。尤其當事件涉及政治性或關係重要政治人物時，司法有意誤判的情況，就特別的明顯。

七、罪與罰矛盾的不良後果

（一）司法崩盤

司法淪落爲政治手段的嚴重性，會使司法崩盤，徹底摧毀人民對司法的信任，也連帶喪失掉政治與政府的威信，使整個政府系統及國家的命脈陷於嚴重危機。但是昏庸的政治人物及奴隸性高的司法人員，卻常不以爲意，連結一起弄權，不顧公平正義，也不給人民公道。社會上重罪輕判，輕罪重罰的事件頻頻發生，前者最常見於權力者的親密同志貪汙犯錯，只給輕輕的處罰，後者則最常見將政治理念不同的政敵假司法之手判以重刑，打入黑牢，至死方休。人民對政治犯的同情求情，得不到回應，甚至會有危險性，必然也引起人民對政治不滿。司法的不公，實也危及政治的穩定。

政治權力借司法之手對政治人物作出不公平判決的目的，無非是爲鞏固本身的政治地位，除了助同伐異之外，也給人民警告，對於政治權威能以順從，不容挑戰。其中背後也許也有與貪瀆的黨友之間有共同的抄作謀利弊情，也未可知。

司法機關及人員願意配合政治權力者操弄司法，故意做不公平的判決與裁定，多半是因爲貪圖升官發財，藉由配合也討好政治權力人物，而能保有或晉升官位，也可由官位獲得財富等更實質的利益。

司法不公，執法人員自然享不到高的社會聲譽，不像美國最高法院法官地位之高，是全國各種職業之首。反觀我國對願意淪爲政治工具的高階司法官員，都得不到太高的聲望。

（二）社會公義蕩然

許多人常說司法是社會公平合理也是公義的最後一道防線。當司法崩盤時，社會公義也蕩然。依照公義的定義看，當社會失去公義，也即失去平等、團結、人權。以公平、人權或團結爲基礎所建立的制度，包括稅制、財產分配等也

都有了問題。

（三）社會行為準則失據

司法崩盤，社會公義蕩然的結果，使社會大眾失去了行為準則的依據，於是各自設立標準，對道德法律既無信心也不遵守，行為者多自以為是，則社會難免混亂。這是很嚴重的社會問題，也是政治問題，實也值得國人警惕，並努力補救，而補救的源頭明顯在司法及政治。

第五節　心靈感化的重要性與途徑

一、偏差行為起於內心的想法與念頭

各種偏差行為都起於內心有違規範的想法與念頭，因此要矯正偏差行為有必要從提升心靈做起。心正則行直。人能先在內心受到道德規範的感化，就能奠定端正的想法與念頭，也就能表現合乎道德規範的正常行為。否則心理不正，則行為乖張偏差，就可能走向犯罪之路。

人的心理發展過程必先經過認知，也即經由吸收知識，改變思維，以應對環境解決問題。心理認知過程有必要從小開始，父母、周邊的親友、師長、及社會上的他人等都能提供觀念與榜樣。提供的觀念與榜樣端正，兒童的認知正確；如果提供的觀念與榜樣偏差，兒童的認知也容易偏差。

二、內控能力從心靈培養與感化做起

前面提過矯正與控制偏差行為有內控及外控兩種途徑，內控操之在自我，也是能使行為導正的較根本方法。內心端正自在，也就不必擔心外在風暴的搖晃。內控能力的大小則看心靈培養的成效而定。心靈培養可由自習得來，但小孩時期自習的能力低，常需要成人給其感化。通常心靈的發展多半都由教育與學習混合同時進行。父母、家人、朋友、師長與他人都可能給人感化。但偉人、教育家及道德家能給人心靈上的感化則更有效。

三、經教育感化與培養榮譽感與道德心

矯正與控制偏差行為很必要先在內心建立榮譽感與道德心。人有榮譽感就不會汙損自己，就會自我約束，行為就不會越軌與偏差。人有道德心就不想傷害他

人，也就不致表現傷天害理的行為，行為就能端正不偏。

　　榮譽感與道德心最能經教育感化與培養而成。現代的學校教育都較偏向知能的教育方式，對於心靈人格教育相對較為疏忽，實有必要加強輔導。感化與培養榮譽感與道德心的心靈感化教育設計，雖然也可採用正規教本與講課的方式進行，但能請有道德楷模的高人或有名望的名人現身說法，蒞臨現場演講，可能會更有效發生啟發作用。

　　教育兒童榮譽感與道德心，除用正面的感化，也有必要提供負面的道理及事例給其警惕。兒童能學習到正面的榮譽感與道德心，對其避免偏差行為有幫助。若能從反面感受與體會偏差行為的壞處，也可得到警惕與戒心，免於陷入。

四、應用多種偏差行為理論感化心靈的途徑

　　偏差行為的理論有多種，這些理論指出念頭行為發生的原因，同樣也可供為探討與運用控制偏差行為的工具，包括內控與外控。在此以多種偏差行為理論為基礎，探討多種可以感化人的心靈不使表現偏差行為的方法。

（一）應用標籤理論（Labeling Theory）的途徑

　　標籤理論強調一個人先被標示偏差行為者，而後才表現偏差行為。此種理論提示大家，要能減少或避免偏差行為，就不可亂給人帶上偏差的帽子。對於初犯偏差行為者，少用指責，以免增強其偏差的標籤，而能善於淡化及減除標籤，轉由鼓勵，使其奮發向上，而不繼續墮落。

（二）應用結構緊張理論（Structural Strain Theory）的途徑

　　此一理論重點在說明人為何會有偏差行為，主要是受結構緊張所造成。人常因接近或接受文化目標與結構性的手段或方法不能一致或配合，形成緊張而走

向偏差與犯錯，如接受發財致富的目標，但由受教育的結構性方法或手段卻難辦到，乃改由用偷用搶，以致走向偏差之途。

此種理論給以心靈感化措施的啓示是，使人了解與相信結構緊張有可化解之道，一旦發生緊張也未必非走入偏差的行爲不可。人可走的正道很多，遇緊張可用正規的方面破解，或避開被迫的邪路。迂迴反應都可避免偏差行爲的發生。

（三）應用控制理論（**Control Theory**）的途徑

此理論說明人能由有效的社會控制及自我控制而遵守社會規範。方法上可用積極鼓勵或消極的規避。此種理論可給心靈感化方法上許多啓示。心靈感化方法正是取信控制的效用，且將外在控制歸納入內心控制的流程，確信由心靈感化是達到由內心發生自我控制的最根本控制方法。心靈感化的方法能運用得宜，控制效果必能呈現，偏差行爲也可由之減少。

（四）應用差異結合理論（**Differential Association Theory**）的途徑

差異結合理論指明人從其結合附著的團體學得偏差行爲。從結合與附著團體的人學得偏差的價值，與有偏差的人接觸越多，經由學習與觀察，自己陷入偏差行爲的程度就越深。

此種理論給心靈感化的最重大啓示是，人與團體是學習與感化的最重要對象與來源，因此本身爲能有效接受正面的感化提升心靈水準，必須注意選擇對象，向好人，向有道德的人學習效法，自己就能變好，變爲有道德。相反的如果接近並效法行爲偏差的人，則心靈感化的成效就會破功。

第六節　難解的失智疾病與治療

一、衆多失智疾病患者

今日臺灣大型醫療門診部門的精神科，求治的老人失智病患之多令人不敢想像。常使看診醫生忙得無法準時進餐。據說臺灣老人失智的速度超越全球平均速度。這種疾病也稱老人癡呆症，但醫界不建議使用，而稱阿茲海默症（Alzheimer's Disease，簡介AD），或稱腦退化症。

二、患者的偏差病徵

此種患者的主要病徵是腦部退化，記憶力喪失或衰退，身體功能也逐漸喪失，隨著疾病的進展，症狀包括健忘、易怒、情緒不穩，具攻擊性。至今醫學界對於病症的成因尚不十分清楚，但從研究得知患病者大腦中有斑塊，或神經纖維糾結。目前將症狀分爲家族性及老年痴呆兩種。

阿茲海默症者的行爲偏差異常，與一般偏差行爲者有不同的地方。後者的偏差是有意識的，而前者的偏差是無意識的。此種患者可分輕、中、重度三大類情形，其異常與偏差行爲也由輕而重。以中度病患者的無意異常與偏差情形爲例，其計算能力下降，失去選擇適當衣服與日常活動之能力，走路緩慢，退縮，容易流淚，妄想、躁動不安等。

三、醫學上治療的方法

阿茲海默症的疾病，在臨床上都由神經內科醫師治療。雖然有人認爲治療無效，但事實上近10%的病因與病況是可治癒。另有35%因腦中風所引起的血管性失智症可經治療而遏止惡化或改善病情。另有55%的患者病情會不斷惡化，但仍

然可以醫療。

　　醫師對於此種疾病的治療方法可從四個層面下手，（一）病因治療：即找出病因對症下藥。（二）認知功能與行為異常之症狀治療：目前已有藥物可改善認知功能障礙，也可改善病人的生活品質及行為。（三）支持治療：即給予支持照顧，不使其有意外發生。（四）家屬諮詢：讓家屬了解病情與病程，使家屬能及早準備，以作適當應對。醫師在用藥方面，包括為控制憂鬱、幻覺、妄想、暴力而給鎮靜劑之類的藥物控制，此外也給幾種特效藥，包括塔克寧、愛憶欣及憶思能等。也有醫生認為可用女性荷爾蒙、維生素E、抗發炎劑、單腦抑制劑來延緩病情惡化，也有用抑制類澱粉質生成的藥物以防止腦細胞死亡。甚至也有用腦細胞移植到失智者腦中的方法治療者。針對血管型失智症的治療方法是先對危險因子如高血壓、菸癮等進行控制，再加上預防中風的藥物。對於慢性血管性失智者，也已有數種藥物可使用。

四、難解的治療效果及家屬的照護方法

（一）難解的治療效果

　　雖然治療老人失智症的醫學界很努力，在研發有效藥物及藥治方法，也有部分患者病情會有改善，但病情不斷惡化者為數似乎更多。但是一般的偏差行為者經過內控及外控過程之後雖然不少人仍然失敗，卻也有所謂浪子回頭金不換，或有改過自新的重生人，都是矯正或控制成功者，於矯正控制成功之後能與正常人無差別。

　　然而失智的人能完全痊癒者幾乎沒有，能有部分改進已很幸運。因此患上這種腦病的人要能恢復如昔幾乎不大可能，故是一種無解的答案。病人的家屬僅能以愛心與耐心陪伴患者，照顧患者。

（二）家屬照顧方法

家屬如何照顧失智患者的方法有如下幾項重要的建議可供遵行：1.盡量保持患者的健康；2.了解患者的不當行為是來自疾病，而非故意搗蛋；3.簡化環境、簡化日常活動，簡明扼要溝通；4.患者外出時讓其攜帶可連絡物件以防走失，或於走失後容易找回；5.避免批評、拒絕、責罵；6.陪伴患者喜歡的活動；7.照顧者要投入愛心、耐心與恆心；8.照顧者要有喘息機會。

參考文獻

中文文獻

林桂鳳，2013，「從犯罪學理論談犯罪心理學與自我控制理論」，外交部員工服務邀稿No. 4.

邱銘章，2009，失智症的預防，台大醫院。

游佩眞，2010，失智老人的照護，台大醫院。

梁培勇主編，2009，兒童偏差行爲，第二版，心理出版社。

馮觀富等編著，2008，兒童偏差行爲輔導與治療，臺北心理出版社。

陳杏容，2001，青少年因應壓力行爲之探討——憂鬱情緒與偏差行爲，東吳大學，社會工作等。

蔡宏進，2005，歧途與矯正：「偏差行爲與社會控制」，在蔡宏進著，社會學，雙葉書廊有限公司，第9章，109-119頁。

蔡德輝，1998，臺灣地區少女犯罪行爲之實證研究，國立政治大學犯罪防治研究所。

劉景寬，2001，老人痴呆症無藥可救嗎？失智者的治療現況，高醫醫訊月刊21卷4期。

英文文獻

Alex, Thio, 2004, Deviant Behavior 7th ed. Houghton Mittlin Company, Boston.

Dubin, Robert, 1959. Deviant Behavior and Social Structure: Continuities in Social Theory, American, Sociological Review, Vol. 24, No.2.

Harvey Lee and Morag Macdonald, 1993, Doing Sociology, A Practical Introduction, Chapter 6, The Macmillan Press Ltd. London.

Kaplam, H. B. 1980, Deviant Behavior in Defense of Self, Academic Press Inc., San Diago, USA.

Korgen, Kathleen Odell and Jonathan M. White, 2011, Deviant Behanior and Social Movements, in Kathleen Odell Korgen and Jonathan M. White, The Engaged Sociologist: Connecring the Classroom to the Community. Pine Forge Press, an Imprint of Sage Publication. Inc. pp.81-102.

Sigel, Larry J. 2003, Criminology 8th Edition, Thomson-Wadswarth.

第十一章　集體行爲及其應用

第一節 集體行為的意義、性質與應用價值

一、意義

集體行為（collective behavior）也是一種集體動作，是由一群組織不嚴謹的團體或群眾，因受到某些因素的刺激或影響所表現或發生的臨時性一致動作或行為。重要的集體動作或行為有暴動、示威、遊行、革命、謠言、群眾鬥爭及社會運動等。

二、性質

集體行為或動作有多種重要性質或特質，將之扼要說明如下：

（一）人數眾多

集體行為包含的人數都很多，少者也有上百人，多者可包含數十萬人。這些人都有相同的目標或感觸。

（二）行為者缺乏組織性

集體的眾人都於短時間聚合而成，缺乏秩序與嚴謹的組織結構或社會關係模式。

（三）行為易變，含糊及不可預測性

這種行為可能很快消失，也可能於消失後再度發生，一般都未能持久。

（四）情緒激昂

集體行為發生時，眾人的情緒很高亢激昂，情勢有如排山倒海，成員的情緒都很缺乏理智與冷靜。

（五）行為者相互影響

每個人都不是獨立行為，而是與他人互相依賴，相互影響。

（六）自願性

參加集體行為者雖有經人遊說鼓吹後參加的，但參加時都是自願的，未有受到壓迫的情形。

三、應用價值

（一）民氣可用

集體行為代表一種強烈的民氣，而民氣可用，可用在許多建設性的場合，包括用為改革頹廢的事象，或用於建構發展及建設目標。

（二）集體行為的訴求可轉換成重要的公共政策目標

集體行為發生時常會對社會有所不滿，並將不滿事項轉換成訴求目標。群眾共同的不滿與訴求，必然都具有社會性，因而可能換成公共政策目標。

（三）集體行為可成為一種可用的社會及政治力量

集體行為結合群眾高昂的情緒，可成一種強大的社會及政治力量。對某一種社會領袖或政治人物具有威脅性，對他種人則又可成為強大的支持力量。因為威脅的力量可以逼迫不被大眾歡迎的人物下台，因為支持的力量卻也可使值得同情

的弱者增強其力量，改善其不良處境。

（四）運用集體行爲解決突發的災難

　　許多災難發生時場面都很混亂，也需要緊急處理與解危。這時候常有自願性的集體行爲出現，以救援災難爲共同努力目標。因有集體救援災難行爲的表現，常可使災難減輕或解除。

第二節　常見的集體行為類型

在臺灣較常見的集體行為有四種：

一、街頭示威遊行的群眾（crows）行為

（一）自解嚴以後才漸多見

自從戒嚴解除以後，街頭示威遊行的群眾逐漸常見。此種集體行為所會集的人數都相當多，最多者有上百萬人手牽手護臺灣的集體行動。人數較少的示威遊行有時僅有數十人。

（二）實際的場面

此種眾多人數聚集一起示威遊行的群眾活動，在戒嚴時期並不被允許，違者可能受到非常嚴厲的制裁。但從解嚴以後，允許條件放寬，活動也逐漸常見。

街頭示威遊行的原因常是公眾對政府的政策施政表示不滿，或是勞工不滿自己的頭家或老闆的行為，例如資遣不給撫恤金，或突然工廠關閉，廠主未給員工退休金。

街頭示威遊行的集體行為，有時有人帶領，有時卻未有明顯的領導者。領導者有者由群眾內部推出，內推不成，則可能由與執政黨籍不同立場的民意代表，或民間團體的領導者出面帶頭進行。

示威遊行先要向示威遊行所在地政府主管機關申請核准。申請過程固然有者能順利被核准，但也常有被政府主管機關拒絕者。

示威遊行時間常選擇在周末或假日，可使更多有工作的人方便參加，但也有因為配合合適的時間，選在上班的日子進行者。

政府為了維護秩序，不允許遊行示威者未按照原先承諾的範圍或時間進

行，若有違犯者可能受到處罰。群眾示威遊行的現場，常有政府派出維護場面的警察。群眾與維護的警察常有激烈的爭鬥，曾經有人頭破血流。

（三）示威遊行的後果

示威遊行的集體行為，後果有時不差，公眾的訴求有可能被接受，但較多是不歡而散，而缺乏良好的結果。未獲得合理的回應時，可能經過一段時間後從頭再來。因為發動示威遊行的成本很高，有時雖然未有結果，但經過一些時間後，熱度也就冷卻下來。

二、立場鮮明一致的政治性及非政治性公眾（publics）行為

（一）政治性公眾的意義

臺灣常見的另一種集體行為是政治意識與立場鮮明一致的公眾聚集在一起對某一特定事件或問題表示特別關心，或表示大家一致性的共同意見，選舉前的政見發表即是一例。同一政黨的支持者都會聚集在所支持候選人的私辦政見發表會上表示捧場支持。也有可能對某一政策表示特別支持或反對，而以集體的方式表示。

（二）政治性公眾的行為表現

政治性公眾的行為表示都很熱烈，表示支持的方式常用搖旗吶喊，或拍手叫好。表示反對的方式有用吹噓，也有用叫罵者，甚至也會發生拉扯、丟鞋或揮動拳頭打人的情形。

（三）非政治公眾的行為表現

臺灣社會上除政治性的公眾外，還有許多種非政治性的公眾。當重大公共建設、公共危險發生、或有重要公共活動在進行時，現場也都會聚集許多公眾表示

關心，也有人將自己當為旁觀者處在公眾之中觀看熱鬧。這些公眾對吸引他們前往聚集或圍觀的事件或活動也會七嘴八舌，說個不停，以能表示自己的看法為快。

三、平時分散各地缺乏組織但對同一刺激有相同反應的大眾（mass）行為。

（一）大眾行為的意義

社會上的每個人都常為大眾的一份子，但平時少有關聯，卻對同一事件的刺激會有相同的反應。

（二）類型

近來最常見聞的大眾行為或許應數不滿政府對經濟措施未能做好，其中以不滿油價雙漲引發物價高漲及人民生活困苦而罵聲連連最為明顯可見。但是細數大眾行為還有不少，包括謠言滿天飛、趕時髦、七嘴八舌、歇斯底里以及愛說閒話等。這些大眾散在各地，卻都有相同的行為表現。

四、較有組織且較持久的社會運動（social movement）行為

社會運動是指一種團體性的行動，由一群非正式團體份子或一種為特殊政治或社會問題所組成的正式團體所表現的團體性行為。社會運動的目標都具有政治性或社會性。參與運動者都很關心政治或社會問題。有關社會運動的集體行為性質將在下一節作更詳細的說明。

第三節　社會運動的應用性質

一、了解與掌控其性質而加以應用

社會運動是一種應用價值很高的社會學概念及社會行動，社會及政治改革家或革命家經常應用社會運動的方法，來達到社會與政治改革或革命的目的。社會或政治保衛者也同樣可以發動或運用社會運動，來達成保衛社會或政治制度及權力的目的。社會及政治領袖要能有效應用社會運動，必須要先要了解社會運動的重要性質並善爲運用這些性質，才能有效掌控。

對社會運動最需要了解的要項有下列數點：（一）社會背景條件；（二）類型；（三）確認支持者；（四）動態性；（五）理論；（六）媒體與網路的威力。能從這些方面了解社會運動，就能較有把握掌控與應用這種運動。

二、社會運動的背景條件

從長期的人類歷史看，不是所有的社會都能產生社會運動，能產生這種運動的社會都有其必要或合適的背景條件。都市化的社會人口聚居在一起，容易形成共同目標，容易聚集與互動，乃較容易形成社會運動。工業化形成大量的勞工也是容易造成社會運動的重要背景因素。大學的設立及教育普及、政治民主化也都是形成與發展社會運動的重要社會背景條件。

三、社會運動的類型

社會運動可依據多種指標而分成許多類型，每種類型的性質不同，應用時都必要加以辨識才能適當並有效應用。

（一）依照範圍分：可分爲改革性運動及較劇烈的運動。前者指鼓吹改變規

範與法律，後者致力於價值體系的改變。

　　（二）依改變的型態分：可分為創新的運動及保守的運動。前者指要引導或改變特別的規範或價值。後者指要保衛既存的規範與價值。

　　（三）依目標分：可分為影響團體及影響個人兩種目標。

　　（四）依工作方法分：可分和平性運動及暴力性運動。

　　（五）依新舊分：有存在已久的老型運動，以及新興的運動類型。

　　（六）依規模大小分：可分為全球性的運動及地方性的運動。

四、確認該運動的支持者

　　對於社會運動及支持者與非支持者有必要加以區分，才不致受騙或造成錯誤。但此種辨識都不容易，若有人故意偽裝或做假，常不容易被發現，必須要小心辨識，才不致誤判而遭受破壞。

五、社會運動的動態性

　　社會運動不是永恆不變的，而是都存有生命週期性，從創設、成長，到有成就或衰敗而至停息或終結。每次運動的每一階段或每一環節都有一些特別明顯的動態力量促使其變化。運動的開始都由有實力的領袖開創，繼之要有支持的人及繼承的人，在發展過程中有可能逐漸被外界接受，或受到外界打擊與阻擾。

六、社會運動的理論

　　社會學家對社會運創立多種理論，也都是應用社會運動者所必要了解者，重要的理論共有八種，將之列舉並說明其要點如下。

（一）集體行為或集體行動理論（collective behavior／collective action theories）

此種理論發展於一九五〇年代，其要義已大致在前二節集體行為的意義與性質部份有所說明，在此就不再多贅述。

（二）剝奪理論（deprivation theory）

此一理論指出社會上一些認為自己的權利資源被剝奪者最可能組成社會運動團體。此種理論有兩個問題，一個問題是社會上自認為被剝奪者有人參與社會運動，有人卻未參與；另一種是剝奪與社會運動是相互循環的，難說前者為後者之因。

（三）馬克斯主義的理論（Marxist theory）

此一理論先從工人與資本家的衝突性而興起工人的運動，後來也加進了種族、性別、環保及消費者等的政治經濟性的運動等。

（四）大眾社會理論（mass society theory）

此種理論認為社會運動是由許多與社會分離的個人所造成。但此說法相信者不多，事實上不少參與運動者都因有朋友先加入運動，而後被引進者，並非全與社會分離。

（五）結構緊張理論（structural strain theory）

此種理論也稱價值增生理論（value-added theory）。此一理論指出六種結構緊張的因素會引發社會運動，這六種因素是

1. 結構傳導，也即許多人認為社會有問題。
2. 結構緊張，有人經驗到剝削。

3. 解決問題的成長或擴張，有人主張對問題要解決。

4. 促成因素，如不滿或觸媒因素。

5. 缺乏控制，當運動來得太快或太強有力，缺乏可控制物資或方法。

6. 推動，經由組織的推動。

（六）資源動員理論（resource mobilization theory）

此一理論強調資源對於社會運動的發展與繼續的重要性。重要的資源包括知識、金錢、媒體、勞力、社會連結、法定的、及內外部支持等。

（七）政治過程理論（political process theory）

此一理論認為社會運動的形成有三項重要元素，即肇事者的意識，組織的長處及政治機會。其中政治機會是指政治上的弱點無能而面臨了挑戰。所謂政治上的弱點來自政治多元化的成長，效能喪失，菁英分裂、內部破壞等。

（八）文化理論（culture theory）

此一理論認為社會運動都經由集體信仰、意識、價值等文化要素。「不公正」常是發起運動的重要文化性的集體意識因素。

七、社會運動與社會網絡的密切關係

（一）社會網絡是影響社會運動的重要因素

社會運動需要許多人的結合，社會網絡可提供人群的來源。每一個人身後都有社會網絡，動員這些網絡就可匯集許多人而形成社會運動。

（二）近來的電子媒體建構了可快速連繫的社會網絡

近來新發展的電子媒體容易快速建構連繫的社會網絡，此種快速的連繫極有

助社會運動的發展。具有相同理念的人可在瞬間接收到訊息，也能容易集合形成社會運動群體。

（三）因社會網絡對社會運動的重要影響

今日的社會運動與社會組織相結合，而不再像以往常將社會運動與社會解組（disorganization）或解構（distructure）相提並論。

第四節　革命的集體行為與應用性

一、革命的意義及集體行為性

（一）意義

革命的意義是指在短暫時間內對權力及組織結構做了根本的改變。通常此一名詞用在政治上，而政治革命是指完全更改立國的憲法，或對現存的憲法做了修改。革命一詞除用於政治方面之外，也用於經濟、社會及文化等許多方面。不同方面的革命強調在某方面做了劇烈的改變，但革命也包含社會全面的徹底改變。

（二）集體行為性

集體行為性具有五大重要性質，即1.突發性；2.缺乏結構性；3.易變；4.不能持久；5.需要情緒力量。以此五點集體行為來檢驗革命，大致也甚符合。如下就革命具有此五種集體行為特性作些分析與說明。

1. 突發性

許多政治革命發生的情況都很突然。也許革命者對政治不滿都已累積很久時間，但因行動的嚴重性，故革命份子起先都走地下化，直到時間成熟才於短時間內爆發。發生的剎那有如洪水猛獸，常會引起原來政府出兵鎮壓，因此常見浴血街頭。

2. 缺乏結構

革命之初的行動未能明目張膽，故常在暗地組織，卻不敢在明處張揚發展組織。在革命過程中，革命份子即使有組織，也都很缺乏較完善的結構。常只以方便在暗中連繫指揮為限。革命團體的組織結構如果越完善，曝光性越大，危險性

也越大，不符革命者的安全原則。

3. 易變性

　　不少參與革命的份子都能堅持信念，也能視死如歸。但也有不少人於中途變節，退出革命行列者。

　　堅定忠貞的革命份子雖然也有堅定不變的氣節，卻也可能為了安全起見而常變換身分，以防被其對抗的政治權力團體識破，而被逮補。

4. 不能持久

　　許多集體行為不能持久，因為行為成本很高，也容易招來抵制與鎮壓之故。革命同樣因為受權力當局不喜歡也不允許，因而容易招來鎮壓與抵制，故也有容易被消滅而不能持久。

　　但也有革命軍不怕挫折，不斷前仆後繼，再接再厲，經過很長久時日未被打倒而能成功者。這種長期性的革命行動過程，多半的時間都是潛伏醞釀的時期，實際上激烈的戰鬥期間都不會太長。

5. 需要情緒的力量

　　革命的確需要有熱烈的情緒力量為之鼓吹與支持，才能壯大聲勢，邁向成功目標。如果情緒力量不足，革命的火花就不易產生，革命也較容易失敗。多年的革命份子本身的情緒都很激昂。除能壯膽之外，也以此熱情繼續吸引同道入夥，讓挑戰的對方心寒，危險性反而會較少。

二、革命的應用性

（一）各種革命都有實用的目的

　　多半的革命都不是僅為革命而革命，這種嚴肅到足以使人流血的事情，必定都有更實用的目的。政治革命的目的常是為了推翻腐化的政府，改善人民的生活與命運為目的。社會革命的目的也都在廢除不合理的社會制度，使社會上的人免

於受害受苦。經濟革命的目標則在能丟棄不良的經濟體制，促進經濟發展，使人民能獲得較好的經濟條件。

（二）政治革命的原理與方法可應用在別方面的革命上

政治革命是最常見的革命類型。此種革命的重要原理原則常見有八大項即：1.自由、2.平等、3.民主、4.社會主義或工團主義、5.分散化或聯邦主義、6.分享教育與科學、7.宗教信仰自由、8.人民擁有土地所有權。這些重要的政治革命原則也常被應用為當成社會、經濟、文化或教育革命的重要原理原則。

政治革命的重要方法包括喚起及結合同志，以及使用武力，都能證明有效。其中喚起及結合同志的方法適合應用在許多其他方面的革命上。使用武力的方法則較不適合被廣泛應用，但在政治革命的範圍內，這是一種有效對付掌握權力的執政者的革命方法。此種方法長期以來都被政治革命家所應用。

（三）一個國家的革命目標與策略常被他國效法與應用

世界各地在搞革命時，多半也應用以前的經驗事件，設定革命的目標與策略，可以節省花費成本不必重新開創。

三、革命的功能

各種革命都有它的目標與目的，達成目標與目的也就使出了功能。前面提到多種政治革命的原理常是革命的遠程目標，也常是革命所期望發揮的終極功能。但是每一種革命還都有較短期迫切需要達到的目標，也是其較立即性要完成的功能。綜合古今世界各地的重要革命約有兩大類，一種是衝突性的政治及社會革命，其正反功能參半。另一種是和平革命，正面的功能相對較多。摘要各種革命的重要功能，列舉說明於下。

（一）推翻獨裁專制又無能的政府

歷史上多次政治革命的目的與功能都是爲能推翻專制無能的政府，使能改朝換代，解救人民的痛苦。十八世紀末法國大革命、二十世紀初中國滿清末年的辛亥革命等都屬這種革命。革命成功之後也都能收到救國救民的功效。

人類設立政府的制度是爲能替人民做事謀福利，當政府走向專制又無能時，最不能爲人民所接受與諒解，因此就會有不滿，累積長時間的不滿就很容易走向革命，不惜流血，企圖徹底把專制獨裁無能的政府消滅。之後通常都由成功的革命者接收政權，實現革命時提出的理想。

（二）逼使政府改變不當政策

在近代許多國家的人民不滿政府時，已有較理性溫和的方法要求政府改善，但仍然有些政治領導者過於專制，不用正常合理的制度與管道改革政治，仍然有可能引發人民使用革命的方法，包括使用比較激烈的社會運動方法，有時也會流血，迫使政府改變不當政策，還給人民較多的權利。

（三）迫使政府實施新政策

在推倒政府之下方的政治革命目的，也有可能收到迫使政府實施有利人民但卻遲遲不加實施的新政策。此種革命都可收到政治革新的功能。

（四）改變社會結構與制度的功能

世界上也有不少社會革命的目的與功能在改變不合理的社會結構與制度。例如先行於西方社會，後也流於全世界的反種族歧視，反階級不平等，反貧窮，反性別歧視等的革命性社會運動，都以改變不合理的社會結構與制度爲訴求目標，革命行動完成之後，也多少能收到訴求目標的功能。

十九世紀馬克斯鼓吹的無產階級革命，動搖了世界的社會秩序，甚至是政治結構，不少第三世界的國家變爲實行共產的社會分配制度。卻也反而害苦了人

民生活程度達很長久的時間，直到晚近，這些國家的社會制度才逐漸解體，並修正。

（五）工業革命加速世界經濟擴張與發展的功能

工業革命係自十八世紀中葉英國人瓦特發明蒸氣機開始，而後展開一系列的機器生產方法，世界經濟產業變為快速大幅擴張與發展，世界貿易交流也隨之擴張，並影響殖民地主義的盛行。

從十八世紀的工業革命以後，新的工業革命持續不斷，至十九世紀中葉以後，世界工業技術不斷推新，從西歐到美國，到日本，而後遍及全球，稱為第二次工業革命。這期間以電力包括電燈的大規模使用最為代表。世界生產與經濟又一次大幅度的推升。

到了二十世紀八十年代以來，人類的工業技術又進入另一波的大進步，包括原子能等能原技術、電子技術、生物技術、訊息技術、空間技術、及海洋技術等的發明與使用，推動了人類經濟的大變革，也影響政治、社會與文化的大改變。

（六）綠色革命增多糧食生產來源

二十世紀的六十年代，歐美先進國家將新農業生產技術推廣到亞洲、非洲及拉丁美洲等經濟較落後國家，大量使用人造肥料、農藥及新改良品種，使世界糧食大量增加。但因過度使用人為的生產技術，使糧食中的營養成分改變，土壤及農產品也包含了不少毒性，影響人類健康，致使此項技術革命後來也受到節制。

四、革命的害處與反制

（一）革命最大的負面功能無非是屠殺流血傷亡生命

　　政治性與社會性的革命雙方衝突激烈，常會造成流血死傷人命的悲慘後果。歷史上的獨立革命與政變性的革命，死傷人數都較多。較大規模的革命死亡人數之多，常達數萬甚至更多。這種傷亡寶貴生命的結果相當殘酷，害處之大莫此為甚。

（二）革命份子被判刑坐監

　　次一等的革命害處是不少革命份子被政治權力者判決判亂罪或擾亂治安罪而長期坐監，喪失自由。當然也有革命成功將原來權力份子治罪坐牢的情形。對於勝利的一方判決對手坐監，也許是件快事，但就失敗者方面而言，總是一種極大的壞處。

　　被判坐牢的政治犯不但本人失去自由，也連累其家屬受罪，包括生活可能陷入絕境，要背負受刑人留下的原罪，求學、工作與生活都可能受阻，而難以伸展。

（三）破壞社會的設施、歷史資產與社會秩序

　　凡是激烈的革命都具有強烈的破壞性，重要的破壞目標與對象包括社會設施、前朝留下的歷史遺產與社會秩序。其中有者是蓄意的破壞，有者是無意的傷害。破壞的程度有全毀，也有部份傷害的情形，但都是社會、國家也是人民的重大損失。

（四）經濟損失

　　革命阻礙與影響社會的生產力，因為革命破壞了生產設備，也損失人力生產資源，甚至消耗了經濟資金。都會損傷經濟能力，阻礙經濟的成長與發展。嚴重

的革命性衝突之後，國家與社會都要經過一段時間的恢復期，才能使經濟生產能力恢復正常。

（五）和平的革命也會造成負面的後果

工業技術革命改善生產能力，但也造成嚴重破壞自然汙染地球以及貧富不均等嚴重問題。原來較為純真的人性也起了很大的改變，變為追求物質與享樂，而不顧天理。

（六）革命挑戰者的反撲及各種革命的壞處，使人對革命望而卻步

革命的發生對被挑戰者權益的威脅很大，因此常會給以反撲，包括以武力對抗或使出渾身解數不擇手段的策略。此種反撲的力量也加重破壞性。對本身、對手及全社會都會有不良影響。

和平革命給人類社會帶來的負面後果，也使人類望之卻步，對於此種革命不再只見其益處而不斷擴展追求，也會對之加以節制。如今人類又深受到各種生產技術所產生的毒性等所傷害，而以強制性的手段阻止或放棄。

第五節　傳播媒體資訊對集體行為的影響與缺失

一、廣闊傳播焦點問題的訊息

　　集體行為都要有焦點問題變為引爆的力量，此種焦點問題可經傳播媒體廣闊傳送，可同時間傳播到範圍很廣的全國甚至全球，成為人人皆知的訊息。這種傳播效果有助集合多數人對同一事件與同一問題的關心及強烈的共同性支持或反對的回應，終究會發展成集體行為。

二、快速感染與凝聚共同意識與訴求目標

　　平面傳播媒體如書刊報紙已能很快速將焦點事件與問題傳播開來。近來發展快速的立體性或稱雲端傳播媒體如收音機、電視及網路等，更能在瞬息間將焦點事件與問題的訊息傳遞到各地每人的眼前，能快速感染並凝聚眾人共同意識，成為集體行為訴求的目標。

　　收音機及電視媒體主要使用聲音及影像的傳播方法。網絡的媒體則經由將聲音、影像及文字同時並用，更快速傳達並能方便儲存，傳播效果有增無減。

　　因有傳播媒體的助力，集體意識與行為常能快速形成，能夠保有重要的新鮮度及及時性，其增進集體行為的效果因而大為增加。

三、有效促成集體行為與行動

　　集體行為的形成，從凝聚共同意識到行為動作表現之間，還有許多的中介變數，包括規劃及執行計畫等。這些過程也常必要會集及動員在不同地點的人力及其他資源等。大眾傳播媒體工具都能協助快速完成此事。

集體行為的規劃與行動過程中，最需要搜集資源，分派使用資源，以及職務分工等工作，都可使用傳播媒體工具的幫助，使規劃與行動可以快速有效達成。

過去曾有農民團體在策劃發動反對政府規劃由商業銀行併吞農會信用部的政策，因能善用網絡媒體快速傳訊的功能，在短暫的時間串連約十三農民於同一時間會集在首都臺北總統府前面廣場，宣示農民及農民團體反對的意見，政府主管官員因未能預料傳播媒體威力之大的情勢，而窮於應付，也終於能保住大多數農會信用部的組織，繼續行使協助農業資金運用的功能。

四、也能阻擾與消滅集體行為

傳播媒體能助長集體行為，也能阻擾或消滅集體行為。重要的傳播媒體多半由國家機器及財團兩種力量所把持與控制。這兩種力量的立場與人民立場常會有不一致性，故當人民喜好與支持的集體行為目標不能為政府或財團所喜歡或支持時，傳播媒體常會試圖阻擾與消滅集體行為，使人民的目標與利益不能得逞，政府與財團卻能保有其利益。

五、不公正的報導誤引、迷亂與壓迫民眾集體意識與行為的 缺失

傳播媒體報導不實及不公，不是一種新問題。當前主要傳播媒體的電視，不是政府掌控就是財團所有，當人民的社會運動與集體行為發生時，人民大眾與政府及財團常是處在對立的一方，媒體為背後的主人說話，對人民就不會公平。經由傳播媒體不實與不公的報導，有些人民會被誤引，也可能受其迷惑而失去正確的判斷。

更不負責任不公道的媒體甚至可能順從背後老闆的政府或財團，壓迫人民聽信與自己認知違背的言論或消息，以致對自己造成傷害。也有媒體以危言聳聽的

態度迫使人民接受不實的訊息，放棄參與集體行為。集體行為乃會因參與人數太
少而告解散。

第六節　宗教呼喚與影響集體行為的力量

一、集體性的宗教信仰與活動隨社會經濟發展而提升

世界各大宗教起源都很早，迄今歷久不衰。在臺灣的社會，宗教信仰與活動也隨著社會經濟發展而提升。多種宗教活動背後都跟隨眾多的信徒，容易形同集體性的行為。

有些特殊情況的宗教活動，如基督教的佈道大會，佛教的法會等，都能會集成千上萬的信徒，一齊參與，其具有集體行為的性質更為明顯。

二、宗教的無私與玄奧令世俗的人民願意追隨

社會上的許多人都有自私的念頭及世俗的作為，當其接觸到宗教無私的精神及玄妙的哲理時，很容易被其吸引而沉迷。尤其當人的私心慾望都已實現，對自己世俗行為起了厭惡之感以後，或心中藏有難解的苦悶時，都很容易皈依宗教信仰，熱衷宗教的活動，使能求得心理上的解脫與超越。今日許多人心中的強烈慾望未能達成，以致內心有苦悶的人很多，信仰宗教並參與大型的宗教活動者也很多，宗教活動乃能熱鬧滾滾，與集體行為相當接近或一致。

三、宗教團體呼喚人民共同集體信仰宗教

自從電視媒體發達以來，常在電視媒體上聽或看到宗教團體運用軟性的語言，呼喚人民共同信仰宗教，形同呼喚集體行為。這種行為表現在大講堂中聆聽宗教的道理，也能表示認同。信徒大眾也為能回饋宗教團體而捐獻款項，或集體參與服務，求得內心的平安與滿足。

四、宗教是促成集體行為的另一重要力量與因素

　　近來宗教與媒體結合的情形逐漸普遍，使宗教更容易成為促成集體行為的一項重要因素。宗教提供給信徒一致性的理念及辦理一致性的活動，都很可能引發成集體行為。

參考文獻

中文文獻

王甫昌，2009，「社會運動」，社會學與臺灣社會，第十六章，中央研究院社會所出版，
421-425頁。

南方朔，1986，「臺灣新社會運動」，中國論壇，269期，36-40頁。

彭百崇，2012，社會運動（編）總論，臺灣大百科全書，文化部出版。

徐正光、宋文里合編，1989，臺灣新興社會運動，臺北巨流圖書公司。

瞿海源，2012，宗教、術數與社會變遷專書（一）（二），中央研究院社會學研究所。

蔡宏進，1989，「鄉村社會運動的萌起與變遷趨勢」，蔡宏進著，鄉村社會學，第11章，
255-276頁。

蕭新煌，1990，「解嚴後社會與國家關係的重組」，中國論壇，354期，68-80頁。

MBA智庫百科，2010，集體行為。

英文文獻

Foran, John, 1993, "Theories of Revoluation Revisited: Toward a Fourth Generation, Sociological The-
ory," No. 11: P1-20.

Goldstone, Jack, 1980, Theories of Revoluation, The Third Generation World Politics No.32, pp.
425-53.

Obar, Jonathan, 2013, "Canadian Advocacy 2.0: A Study of Social Media Use by Social Movement
Groups and Activits in Canada," Retrieved 27."

Ope. J. A. M. 1999, "From the Streets to the Internet. The Cyber-Diffusion of Contention" The Annals
of American Academy of Political and Social Science, No.566. pp. 132-143.

Wikipedia, 2012, "Collective Behavior" The Free Eneyclopedia.

第十二章　社會制度的問題與改進

第一節　社會制度的應用性

一、社會制度密切關係人民生活

社會制度的形成是因為社會上的人過共同生活時需要規範性的制度來維持。有制度為依據，人民的生活才能有秩序，也較容易滿足。如果未有社會制度，社會行為必會混亂，人民的社會生活也難以維持，故其需求也難以滿足，因此制度非常重要。

二、多方面的人民生活都有建立制度

制度是綜合性的概念，事實上人民的生活包含許多方面，在每方面都可建立制度，至今曾建立的社會制度已有不少，且是不斷會有新制度設立。若將人民生活的大類別分為經濟、社會、文化、政治、教育、宗教等方面，則都已設有經濟制度、社會制度、文化制度、政治制度、教育制度與宗教制度等，且每大類制度之下都還有許多更細密的制度。

三、社會制度會有問題其原因各不相同

社會制度因功能需要而設立，但經過運用一些時日之後，外在環境改變，人民的想法與要求改變，生活的方式改變，原有的制度可能不合時宜，有的會喪失原有功能，有的甚至會產生反功能，也有者雖然功能性還在，應用起來卻不方便或很困難等問題，都極需要加以更改。

各種社會制度問題的發生除大環境的共同性原因以外，都各有其特殊原因。可能與使用的人有關，也可能與其牽連的事情有關，難以列舉清楚。依不同層次而分，則重要的原因有國際因素、國內結構因素、政策因素、家庭因素或團

體因素及個人因素等。

四、應用有效的步驟、方法與技術解決制度問題

社會制度有問題，對社會整體及社會中的眾多人民都有傷害，故要加以解決或改進。解決問題則要講究步驟、方法與技術。

（一）解決的步驟

解決制度問題的步驟與解決其他問題的步驟雷同，共有四個重要步驟：1.分析與評估問題的性質；2.設定解決問題的目標；3.尋找並使用適當有效的方法與技術並行解決行動；4.評估解決的成效，決定後續行動。

（二）解決方法與技術

可供應用解決問題的方法與技術很多，視問題性質不同，適用的方法與技術也不同。可用解決一種問題的方法與技術有多種，一種方法或技術也可用為解決多種問題。問題解決者要能有充分的知識，才能作正確的判斷及使用。

第二節 不良制度造成禍害需要加以改進

一、不良制度的意義與性質

（一）意義

　　不良制度是指不適合或不適用的制度，甚至是有害處的制度，主要的不良性質有兩種，一種是喪失功能（dysfunction）另一種是反功能（malfunction）。

（二）性質

1. 喪失功能

　　社會制度興起或設立之初都有一定的目的或功能，但日子一久可能運作制度行使功能的結構變壞，或有缺陷，以致使其功能喪失。許多原來功能不差的社會制度也可能因為環境改變無人願意或喜歡利用或不加遵守，以致喪失了功能。喪失功能的社會制度就如喪失靈魂的軀體，存在既無作用，反而礙眼，遲早會被丟棄或銷廢。

2. 反功能

　　此種不良制度的問題更為嚴重，不僅不能盡功能，反而會行使或展現與應有功能完全相反的功能。造成原因常是制度的推動者或執行者權力大，形成一種特權，有機會應用特權做其對本身有利，卻有失原先設計與催生制度的美意。

　　以治安功能為主旨的警察制度的執行人員因有操作權力的機會，乃有份子會誤用與錯用權力幫助惡徒，助長犯罪，反而成為助長社會不安的力量與因素。

　　中國長久以來立以規範社會行為的禮教，也被指責會有吃人的弊病或反功能，因其曾被統治者用為控制人民的工具，也對人民的自由有嚴重的約束，使人容易失去自由也失去創造力。

二、不良制度的禍害

社會制度的本質是社會規範，供為人類行為的指針與標準，當制度不良時，人類會缺乏正確規範可尋。當行為失去準繩而任所欲為時，社會必亂。更嚴重反功能的不良制度會逼迫個人走向偏差，也會傷害到自己、他人及社會。

不同方面的不良社會制度造成的禍害性質會不相同，程度也會不同，較詳細的不良制度與禍害方面將於本章後面各節再加討論。在此先指出一般性禍害的概念。

（一）凡事有正就有反

社會制度與多種事情的原理相同，有正必有反。故制度有好的也必有壞的，其影響必有正面的也會有反面的。正反相左的評價所以會發生，重要原因之一是社會分化，社會的價值也分化，有人認為好，他人會認為是壞。

（二）事物會改變的道理

物理科學家指出能量不滅定律，但也同意其形態會改變。社會科學家更注意社會變遷及所關聯的各種改變。因為時空環境的改變，他日良好的制度，今日未必是好，他日是壞的制度，今日也未必是壞。

（三）人存有劣根，不良制度的禍害難以根除

不良社會制度因人為造成的成分居多，人性中存有劣根性，故不良社會制度難除。不良制度可能造成的禍害也難以根除，但是多數人類都不希望受到禍害，故對不良的制度也不斷要求改進。

三、改進不良制度的通則

不同的不良社會制度要改進，各有其特殊的要點，對各種不良社會制度的共同改進途徑則必要先找出通則。重要的通則有兩項，一是修改，二是廢除。

（一）修改制度

社會制度中常會有部分產生瑕疵，有必要加以修正，否則問題與瑕疵會如同毒瘤，可能越長越大，終至不可收拾。

修改制度有者容易有者難，牽涉使用或實行的人越多，越是深入人心的部分越不好修改。牽涉的人較少且比較行之於表的制度，就比較容易修改。在較局部性的地區或由局部的人民所實行的較非正式制度修改時，常只由領導階層的人說說就成定案。但是涉及全國人民共同遵行的較正式性制度，例如法律規則等，則需要經過較複雜正式的程序才能改進。常見立法院不斷都有修法的議程。

（二）廢除制度

已經完全喪失功能或有嚴重性反功能的社會制度，最佳的改進途徑是徹底廢除，不使其繼續傷害使用者、搭配者乃至全社會的人。

廢除制度過程中常會受到獲得利益者的護衛抵抗，主張廢除者與獲衛者雙方常會引發衝突，可能爭吵也可能流血。流血革命常是涉及到廢除與護衛制度者之間的鬥爭，也是創設與拒絕新制度者之間的鬥爭。

廢除制度會有失敗與成功的機率，失敗則舊制度復辟，繼續存在與行使，改革者可能被其反撲，原來獲利或權力群體繼續掌權，其腐敗壞處也繼續存在為害。廢除成功，則舊制及其背後的權力結構可能一併拔除。更新制度的名稱與內容後，也會改變其功能，新制度都有不差的興盛氣象，但於運作一段時間之後又會因為掌握大權管理與運用制度的新人會有私心與腐化，也再變為不良並再面臨廢除的挑戰，循環不息，這又是另一階段的制度變遷與改進過程。

第三節　家庭制度的問題與改進的補充

一、家庭是最根本普遍的社會制度之一

家庭制度深具社會學意義，有關家庭對穩固社會基礎的重要性，在本書第三章第三節已有說明。在本節就其在社會制度上的意義、問題與改進，再作些補充說明。

人類自古以來就有家庭制度，且中外社會都有，可說是一種最根本也是最普遍的社會制度。臺灣社會自古時聖賢對家庭定下很豐富細密的規範，成為歷代子民普遍都遵行的傳統制度。五倫中有三倫屬家庭倫理，包括父慈子孝、兄友弟恭及夫婦有別，都以家庭為履行規範與制度之所在。家庭份子能遵守這三種倫理關係，也就能夠達到齊家或家和的目標與境界。

到了政治民主化，產業工業化，人口分布都市化的階段，傳統家庭面臨了很大的挑戰，社會逐漸講求新時代的家庭觀念，對傳統的許多部分認為落伍，甚至是殘酷，於是在婚姻、養育子女及成人職責等方面的政策與制度也起了不少變化。新舊制度之間也存有進步與落伍的觀念與價值之間的衝突與矛盾的問題。本節在以下數點就敘說與分析幾方面的重要問題及調適的方向。

二、離婚問題與調適

婚姻是組成家庭的起步，今日進步的婚姻與傳統的婚姻比較，最大的特點是開放自由，對象的選擇已普遍流行自由戀愛，婚姻的行為也開放到有實無名，或名不符實的同居關係等。因結婚自由開放，離婚也較輕率容易，離婚率高到驚人程度，成為婚姻最大問題所在。

以進步的觀點看離婚本身或許不是嚴重問題，但若看到離婚之後形成單親家庭，棄嬰及缺乏照顧的小孩，失教叛逆的青少年，以及矜寡孤獨的成年人等，無

一不證明離婚會造成問題。

在本書第三章探討建立穩固的社會基礎中的第三節變相婚姻的部分，對離婚問題已有說明，對於改進離婚問題的方法提及可由婚姻諮詢與輔導方面加強，需要社會福利與服務工作團體的努力，以及教育文化機關及資訊傳播媒體及宗教團體等多方面共同參與應對。在此就不再多加敘述。

三、子女的家庭教育不足問題與改進

多數中低收入的家庭，生活壓力都很大，夫妻雙人都工作賺錢維持家計的情況相當普遍，年輕夫婦對於成長中的嬰兒及幼兒的典型養育模式是，白天將幼小嬰兒託養給保姆，稍長託育給托兒所，較差的家庭對小孩都未能有妥善的照護安排，普遍缺乏家庭教育，自小養成對家庭的觀念歪曲。

因為離婚率高，不少兒童都在單親家庭中長大，有者失去母親，有者缺乏父親，家庭生活與教育都不健全，造成人格異常的可能性很大。在不充足與不健全的家庭照護下成長的小孩，人格異常的可能性很大，也常是導致青少年時期容易叛逆與犯罪的重要原因。

兒童是未來社會與國家的棟樑，使其人格發展正常，教育充分，對其本人、家庭、社會與國家都很重要，對其在幼小時照護與教育不充分與不正常的問題，有必要加以改進。除了父母家庭應努力負責以外，由社會福利服務機關及政府介入幫助也甚為重要。因應這種需要，在都會中興起不少托兒所之類的照顧及教育幼兒機構，但問題也有不少，收費不低及托兒所容易感染流行性疾病，是家長最關切的兩個問題。政府在此方面能給的幫助是多投入經費。近來面對低出生率的問題，對新增幼小人口的珍貴已能重視，故也有增列預算補助的政策，但杯水車薪，效果有限。若能使人民的家庭收入增加，對幼兒有更充足的照護與教育能力，將是比較重要的根本改進方法。

四、青少年性犯罪與非婚生子及棄嬰的問題與改進之道

社會的開放，青少年求學及工作上壓力造成的苦悶，父母缺乏的叮嚀、教育與管制鬆綁，避孕、墮胎方法普遍化等都可能是影響青少年婚前性行爲的原因，也容易造成非婚生子的性犯罪行爲。

社會上常見有未婚青少年生子後棄嬰的新聞，對青少年本身、家庭、及社會都是壓力與負擔，不僅影響少女健康，也影響其求學、工作，以及婚後的幸福。棄嬰被社會福利機關收容後，也增加其經濟及人力負擔。未被收養而於出生後就被殺害者也屢有新聞。棄嬰者無視人性，對社會價值嚴重傷害。也是對法律的挑戰，都是重要的問題。

如何改進青少年性犯罪及非婚生子及棄嬰等問題。有必要經教育與社會控制兩管齊下。由教育導正青少年正確的性行爲觀念，並對其不當不法行爲加以管理與控制，使其避免及減少犯錯行爲。對已犯錯的青少年輔導其心理及求學與工作能力復原，也甚爲重要。此種工作很需要社工人員的參與及努力。

第四節　經濟制度的問題與改進

一、經濟制度是人類社會生活方法的一種重要制度

經濟生活是人類最基本的生活，人生首先要求麵包，而後才進而要求愛情，也因此對經濟活動創立最多的方法與制度。經濟制度對於人生的重要性居各類制度之前。

世界上的人每天都要吃飯、穿衣、睡覺、交通、與娛樂等，天天都有經濟活動，都使用到經濟資源，經濟的制度也最為繁多。將此種制度較重要層面列舉說明如下。

二、經濟制度包含許多層面與類型

參照經濟活動的重要層面與類型，則經濟制度的層面與類型也有很多，重要者包括生產制度、分配制度、服務制度、消費制度、工作制度、職業制度、休閒娛樂制度、發展制度、資源保護制度、農業制度、工業制度、金融制度、貿易制度等。

每一大層面或大類型的制度之下，又可再分成許多小類的制度，就以生產制度而分，可再分成投入、轉換、產出等三階段分別發展出制度。在投入階段可能有關的制度，包括原料取得與使用的制度、勞工的獲得制度、給酬管理制度、資金來源及運用的制度等。且在這些重要的投入制度之下，都還包含更詳細的制度，其餘就不再多加列舉了。

臺灣現階段的經濟問題是社會上千頭萬緒的問題中的首要項目，也是人民最不能滿意的項目。各種問題的內涵都與制度有關，不是制度規定不良，就是對制度的運作不當。有些嚴重的經濟問題如失業與財富不均等，分別在第三章及第五章已有說明，本節再舉出幾項當前臺灣經濟制度上比較嚴重的問題，加以探討並

提改進的方法或對策。

三、經濟景氣蕭條成長緩慢的問題

經濟制度中對於景氣與成長的評定與衡量也很重要，具體的評定與衡量指標常用國民生產毛額的成長速度或簡稱GDP。但是衡量或評定經濟景氣也常用蓬勃或蕭條加以形容，對於成長速度的衡量或評定則常用快速或緩慢來形容。使用這些形容詞來看臺灣近幾年的經濟，可說景氣蕭條，成長緩慢。這種現象也反映相當嚴重的經濟問題。

在二○○八年時，臺灣的經濟成長率僅為0.1%，在世界上的排行在很落後的位次，當年鄰近的香港成長率為2.4%，韓國為2.2%，中國為9.0%，新加坡為1.1%，泰國為2.6%，情況僅比日本的-0.6%的惡劣情況稍好一點。再以二○一二年全年的資料作比較，臺灣的經濟成長率為1.3%，美國為2.4%，日本為2.0%，歐元為-0.5%，南韓2.4%，新加坡為2.3%，香港為1.4%，中國為7.8%。除比歐元區較好外，與其他重要國家相比也都敬陪末座。經濟不景氣，成長率低，與失業率高，人民荷包縮水生活不好過等都同時發生，故幾乎可以劃上等號。

四、國家債務多，財政瀕臨破產的問題

根據財政部統計的資料，在二○一二年時中央政府債務未償餘額為5兆5百36億元，占當年國內生產總值（GDP）的35.6%，也即全年國內生產總值若還掉債務，僅剩不到三分之二。但是既然成債務就是不能還或不便還，多半是因窮困而還不起，或窮才需要借債，借了債當前不還，就要留給後代子孫去還。這個問題也相當嚴重。

五、通貨膨脹的問題

近幾年來因爲政府支持油電頻頻漲價，舉債龐大，造成物價飛漲。此種經濟問題使人民生活普遍陷於痛苦狀態，一般人薪水收入不漲，支出的物價卻不斷上漲，相當於貨幣貶值，同等貨幣能購買的物品數量減少，消費水準與品質都下降。

六、經濟犯罪頻頻發生的問題

過去發生多次大數額的掏空銀行及公司的不法事件，肇事者消遙國外，債留國內，對於國內經濟造成重大的不良影響。留給銀行的債務終究要由納稅人替其償還，也給企業留下不良榜樣，會形成骨牌效應，接力式的連續倒帳，損傷國家的經濟能力。也給人民對國家經濟、企業及治安缺乏信心，並產生極端的惡感。嚴重的政治貪腐，吞歿公款，搜刮民脂民膏又是另一類的經濟政治犯罪結構的類型。

七、由改善政治救經濟的關鍵方法

前面列舉當前臺灣幾項嚴重的重要經濟問題與危機，造成的原因固然有很複雜的經濟背景因素，但是政治背景因素是很關鍵的共同性因素。要能有效改善諸項嚴重的經濟問題，從經濟策略與技能方面謀改進是很重要的方向，但是將政治背景因素問題尋求政治策略與方法謀改進，更是重要的方向。

解救臺灣經濟的重要政治策略與方法，應先由政治權力人物決定有利經濟發展及拋棄有害經濟的政策下手。重要的策略有避免及減少流失經濟資源，有效控制國家及施政預算，以量入爲出爲重要指導原則，避免浪費與消耗以及舉債度日。啓用眞正的財經幹才協助與參與施政，使能用對人才而使國家的經濟快速復甦。

第五節　教育制度的問題與改進

　　本書在第五章社會化的問題與改進第二節部分，對當前臺灣學校社會化教育功能的缺失與改善中提出五大問題，即：1.智育掛帥的學校教育宗旨；2.升學主義與專業知識教育偏重；3.道德與公民教育偏失；4.反道德與功利主義入侵校園；5.教師道德知識與能力的限制與失職。此五大未能符合社會化功能的教育問題是當今臺灣教育問題的一部分而已。從廣泛的教育制度檢討，其他的問題還有不少，本章再舉三項社會上議論最多的教育問題加以討論並提出改進方向，使其應用的目的能更提升。

一、高等教育膨脹素質滑落的問題

　　臺灣自一九九○年代以來，實施一連串的教育改革，其中於一九九四年制定教育基本法，廣設高中、大學。一九九四年時大學院校共有50所，大學生人數25萬多人，至二○○六年暴增至147所。大學生人數增至116萬餘人之多。在短短十二年間，大專學院數目約增加三倍，大學生人數約增加四倍，結果是滿十五歲以上受各級教育人口中，受高等教育者自一九九四年的16.90%增至二○○八年的34.91%。大學生素質也因而大為滑落。

　　雖然教育主管當局採用實施大學教育評鑑制度，期望能提升大學素質，但預算花用了，大學生素質仍難以提升，因為本來許多不適合念大學的年青人，都被大學網羅了，勉強就讀，並未能讀出好成績。今日年青人只要想念大學又能繳得起學費，多半都有機會。

二、學生來源減少，教育機構萎縮的問題

　　學生來源減少的問題起因於少子化的人口問題。臺灣人口中自五歲至二十四

歲的就學年齡人口總數約於一九八五年時達最高峰，共有7,734,000千餘人。往後逐年下降，至二〇〇八年時降爲6,106,000餘人。二十三年之內約降至79%。共約減少20%之多，若僅就20-24歲可能就讀高等教育年齡人口的變化看，在一九八五年時共有1,996,000人，至二〇〇八年減至163萬5千人，後者也僅爲前者的81.9%。

學生人口來源減少，不僅是在大學的層級，事實上自小學的學生年齡人口就明顯的減少。這種人口數量的變化，使各級學校招生來源都有困難的問題，許多末半段的學校，常有收不滿或收不到學生的問題。

三、教育機會不公平的問題

臺灣雖然努力推動教育改革多年，但教育機會仍存有不公平的問題，重要的不公平方面約可從下列幾項目看出來。

（一）教育資源分配不均衡也不公平的問題

教育資源可分爲兩大方面，一爲經費資源，二爲學生資源。這兩方面資源的分配都有不公平或不均衡的問題，政府公部門列有龐大的教育經費預算，主要是提供給公立學校，私立學校能分配的比例相對少很多。此爲不均衡的現象之一，此與設校的條件宗旨與目的不同有關，較少有可厚非之處。但在私立學校之間，能分得公部門教育經費預算的差別很大，就有不少非議。此方面分配不均衡所隱藏的不公平問題可能較爲嚴重。

學生資源來源不公平的問題與學校辦學成績必然有關，但受學校設立地點不同的區位因素影響也很大。多半在較偏遠鄉村地區的學校，學生來源都面臨較大的困難，故使其經營上的問題也較大。辦學的成績也都較差，公部門經費資源能給其幫助卻較少。

（二）多元入學政策不盡公平的問題

　　一連串的教育改革也包括入學政策的改革在內，重要的改革方向是以多元的方式錄取學生。但多元的方式缺乏一致性的錄取標準，此為可能產生不公平的因素之一。此外在參考指標中，有些可由原畢業學校方面作假應付，也是可能產生不公平的由來。

四、學生負擔不公平的問題

　　校際之間學費及其他教育費用的負擔不相等，使學生覺得經濟負荷不公平。同一學校不同學門之間費用標準也不相等，或許不相等的才是真正公平，但付費較多學門的學生就常會有疑問與不滿。

　　不同家庭背景學生貧富差距甚大，有錢人家孩子可請好老師補習，乃能考上好學校；沒錢人家的學生就讀期間有者需要打工賺取學費及生活費，兩者不均，影響其可用為學習的時間及精力有所差別，對成績好壞會有不公平的影響。筆者曾在公立與私立大學教過書，發現私立大學的學生家庭環境都較差，背負的負擔職責都較大。情況不甚公平卻也不易改變。

五、教育問題的改善方法

　　有關教育問題的改善辦法涉及到許多不同層次方面，最上層面涉及到政策的運用，如學生來源減少，則可由實施鼓勵合理生育的政策。要挽救教育經費分配不均的問題，第一層面應由使用公平的政策做起。第二層面則是由學校方面秉持正確辦學的宗旨與方法，求得最佳的教育成效。第三層面則應由學生家長共謀改善的目標入手，由家庭努力改善經濟，幫助子弟學生作最適當的配合。最底層面的建議是，由受教育的學生人口著手改進著手。學生在求學過程中能努力向上，也必能感受到克服學習困難的快樂與成效。

第六節　醫療與健保制度的問題與改進

　　本書在第七章探討社會組織問題與管理的第四節有關醫療組織的問題與改善部分，對醫療組織的醫院與診所的幾項較重要的問題已有了說明，本節再將醫療保健體系看爲是一種社會制度來進一步觀察與探討其中的問題與改善之道。

一、醫療、健保與其他相關制度的細分

（一）醫療需求的制度

　　病人依照病情的不同，在需求醫療的過程中約有三種重要的習慣行爲或制度，第一是門診，第二是用藥，第三是住院。在此三種重要制度之下又各發展出多種相關的制度。在門診的制度下又包括掛號、預約、建立病歷、診察及付費等制度，在用藥方面又包括設立藥局、藥師、編號取藥的制度等。

（二）醫療供給的制度

　　在醫療供給方面的制度也有多種，包括：1.設立醫院或診所；2.醫療人員的專業訓練、核發職照及待遇；3.分科；4.其他醫院的內規制度等。

（三）健保制度

　　我國的健保制度先有軍公教人員的健康保險，後加勞工保險，而後再加入農民保險。至1995年3月合併各種保險及原來未加保的國民而成爲全民健保。重要的制度內容包括：1.投保對象與機關；2.保費標準；3.醫療權責；4.退撫金給付等。

（四）其他制度

1. 大學設附屬醫院，地方政府設管轄醫院或衛生所。

醫學大學設立附屬病院，縣市政府設立縣市立病院，鄉鎮公所設衛生所。

2. 巡迴醫療制度。

3. 援外醫療服務制度。

4. 其他保健制度，包括營養、運動、休閒、打預防針、預防傳染病及體檢或健檢等。

二、進步醫療制度中的問題多端

臺灣的醫療制度可說已相當進步，但是進步中仍有不少問題，先從大體系方面的問題看，重要者有：（一）公立醫院的醫師輪候時間長，醫護人員工作壓力大；（二）外科、內科、兒科、婦產科、急診人力不足；（三）醫療資源分配不均，過度集中大都市，偏遠鄉村地區相當貧乏；（四）護士荒嚴重；（五）醫療倫理不足；（六）健保費用虧損；（七）病人就醫作為不當；（八）醫療機構怠慢；（九）醫療費用龐大。

這些醫療制度上的問題也關聯到醫療組織上的問題，多半的這些問題，已於本書第七章社會組織問題與管理中的第四節醫療組織的問題與改善中已有說明，於此再補充幾個在前者未有較詳細說明的部分。

三、醫療資源分配不當的問題與改進

（一）問題

在第七章第四節已提及偏遠鄉村醫院設施不足的問題，這是醫療資源分配不當的重要問題之一。相對的，醫院診所及醫護人員過度集中都市，都市中的病患就診比率也比鄉村地區患者的就診率高，且都集中到大型的教學醫院，因為大型

教學醫院普遍都有較好的醫療設備及人力。都市中著名醫院著名醫師的患者過度集中，乃造成醫師及其協助的護理人員工作量多，壓力大。常見都市中大醫院的患者比菜市場的人潮還多。名醫的患者排長龍，以致其看診時間都超長很多，等待就醫的患者中有者是病情嚴重卻等不到病床住院治療者。反觀鄉村地區設施不足的小診所，常是缺乏患者，生意清淡，也因醫術、設備及用藥都較欠佳，醫不好病之故。

（二）改善方法

此種城鄉之間及大小醫院之間醫療資源分配不均的問題，可由政府、企業家及民眾三方面的行為調整而獲改善。政府應調整城鄉發展政策，在醫療設施嚴重缺乏的偏遠鄉村地方補強充實公家的醫療體系，如鄉鎮衛生所的組織與功能，或者鼓勵企業家設立較具規模與水準的醫院。企業家則有必要善盡社會責任，將在缺乏卻有必要設立醫療機構與服務的鄉村地區多投入一些心力盡些貢獻。當地的居民以能就近適當利用醫療設施與服務，不得已才擁擠到大都市的大型醫院就醫，藉以減少其壓力，也可藉著就近醫治而培養鄉村醫院的健全與壯大。

四、健保制度瀕臨危機的問題與改進

（一）問題

健保制度經常處於入不敷出的財物危機狀態，其中有因制度設計欠周，也有因人民看病及醫療機構的成本未能節制，或因來自政府方面的問題。

過去曾有地方政府對健保配合款未能按時如數提撥，加速健保制度崩盤的危機，後來由中央政府宣布由人民存款利息超過五千元者扣除2%，作為彌補健保的虧損。地方政府欠款有因預算不足的不得已作為，但也有因為未能善作預算控制，或未能在浪費的方面節省，以致入不付出。也有是因地方與中央執政的政黨屬性不同，配合度較差之故。

　　總之，這種問題，政府未先約束本身，把帳算到人民頭上，很令人民感冒。

（二）改進方法

　　代表政府管理人民之事的政治人物實有必要多作檢討，在做好對人民管理之事的同時，也很必要做好自我管理與控制，不給健保欠帳，或欠帳要能歸還。

　　因為部分健保的虧損是因醫療機構不當運作及人民不當使用醫療資源造成。由教育與管理使用者，使其能適當制節使用，也是解救健保制度能長存的重要方法。

第七節　休閒娛樂制度的問題與改進

一、較晚發展的重要制度

　　休閒娛樂常被人類排列在較次要的活動，此類活動常於衣、食、住、行的基本生活能滿足之後才展開，因此多半的社會有關休閒娛樂活動與制度的發展都較後起。在臺灣到了工商業發達，經濟起飛，人民生活變好以後，休閒活動才較興盛發展。

　　在晚近臺灣的休閒娛樂活動有了不少發展與變化，也形成許多新問題。本節列舉幾項外顯的問題並作扼要說明其內容與性質，最後再提出一些改進的看法。

二、旅遊的危險問題

　　休閒娛樂的發展與進步的一項重要指標是旅行的發達。過去臺灣經濟發展之前，政治也在戒嚴的時代，人民幾乎少有到國外旅行的機會。今日國人赴國內外旅行者都相當普遍。旅行中最容易發生危險問題。一來許多旅遊景點都位於交通與活動不很安全的山區或水域，二來旅行中不斷變換地點，故會有因為交通移動而可能造成的飛安事故及車禍的危險事件。

三、戶外遊憩造成環境破壞

　　戶外遊憩常因為要增加建築設施以及會有人群活動而破壞生態，製造環境汙染。風景秀麗的地方常在山區或水域附近，故也是開發戶外觀光遊憩的重要地點，發展的後果常會破壞生態及汙染地面及水域的環境。臺灣不少山區因為開發遊憩觀光景點而大興土木，砍伐森林，破壞水土，汙染湖泊、海岸與陸地。最近

政府宣布可能開放水庫資源供為觀光遊憩地，真不敢想像開放後水資源可能被汙染破壞的慘狀與禍害。

四、賭博娛樂與犯罪

　　向來賭博被法律所禁止，但因休閒娛樂性高，故仍流行不斷，常以化明為暗走向地下。唯最近政策上已同意在外島合法設置賭場，娛樂性質便會提升。

　　但是賭博必有輸贏，贏時問題較少，輸時可能做出後續的不良犯罪行為，包括搶、偷與謀財害命等。過去實際的事例為數不少，值得嗜賭之徒自勵，及社會各界警惕。

五、酗酒駕駛肇事的問題

　　不少人以飲酒當為消遣娛樂，飲酒之後精神亢奮也昏沉，很容易與人爭吵或開車肇禍。因酒醉而發生的車禍事件很多，因酒醉車禍而損命的事件也經常發生，致使政府在晚近祭出對飲酒駕車者處以重罰的法令，目的不僅在保護無辜的人民，也在保護開車的駕駛本人。

六、電視娛樂節目迷亂觀眾神經的問題

　　今日電視業發達，頻道很多，節目也很多，常使觀眾忘寢廢食。電視娛樂節目有者固然很值得一看，但也有不少會迷亂觀眾神經，精神受其左右，不僅缺乏營養，也可能受其傷害。

七、會員制的休閒娛樂團體倒閉問題

　　不久的過去，臺灣曾有善良的娛樂團體因經營不善周轉不靈而宣告倒閉，

對繳了長期會員費的民眾傷害很大。甚至有人不滿與不服而形成糾紛並提告官司，造成社會不良印象。

八、問題性的娛樂圈

社會的各行各業中，娛樂圈的是非很多，常給社會大眾很不良好的示範與影響。休閒娛樂會有問題，有些問題是由休閒娛樂界的專業人員爆發出來的。

九、各種休閒娛樂問題的改進

從上列可看出有關休閒娛樂問題的性質有多樣，原因各不相同，可改進的方法也很多樣，但歸納起來有三大方面可作為。

（一）政府立好政策與做好行政管理工作

人民各種休閒娛樂活動都與政府的職責有關，對於不良的休閒娛樂問題，政府可透過制定優良政策並做好管理工作，而使休閒娛樂事業與活動能正常發展。

（二）業者正當與用心經營

不少休閒娛樂問題是因業者經營不善造成。業者若能正當與用心經營，應可減輕不少問題。

（三）消費者端正行為

休閒遊憩的消費者也是常破壞與糟蹋此種制度的肇事者，要能改善相關問題，有必要從消費者端正行為做起。消費者能端正消費行為就不致做出違法犯紀之事，也可降低政府行政上及業者經營上的負擔與缺陷。

參考文獻

中文文獻

李遠哲，2004，「關於教育改革的一些省思」，中央研究院，共11頁。

洪財隆，2012，「ECFA之後臺灣邊緣化問題」，南瀛國是論壇，成功大學。

黃達夫，2013，「帶給臺灣醫療制度的反思」，遠見雜誌，323期。

瞿海源、章英華，1986，臺灣社會與文化變遷，中央研究院民族所印行。

楊懋春，1973，中國近百年來社會制度變遷之研究，巨流圖書公司印行。

維基百科，2012，制度，自由的百科全書。

蔡宏進，2013，休閒遊憩概論，初版二刷，五南圖書公司印行。

蔡宏進，2005，「社會的延續：社會制度」，蔡宏進著，社會學，第四編，雙葉書廊有限公司發行135-208頁。

蔡宏進，1989，「鄉村制度、問題與發展」，蔡宏進著，鄉村社會學，三民書局印行，419-486頁。

謝明玲，2011，「新署長不得不面對的健保四大問題」，天下雜誌，466期。

羅一均，2012，「搶救臺灣醫療制度」，泛科學。

英文文獻

Korgen, Kathleen Odell and Jonathan M. White, 2011, Chapter 10, Social Institute; Family and Economy; chapter 11, Social Institutions, Continued: Education, Government, and Religion, in Kathleen Odell Korgen and Jonathan M. White 2011, the Engaged Sociologist, Connecting the Classroom to the Community, Pine Forge, Los Angeles/London/New York/Singapore/Washington D.C. pp.161-199.

Scamzoni, John Ronald I., Warren, Alan Wells, Richard H. Hall, Edward W. Lehman, 1981, "Improving Social Institution," in Marvin E. Olsen and Michael Micklinled. Handbook of Applied Sociology, Part B, pp. 111-220.

Ogburn, William F. and Meyer F. Minkoff, 1964, 4. Handbook of Sociology, Roultedged Kegan Panul Ltd, London.

第十三章　資訊傳播與媒體的社會學應用

第一節　研究資訊傳播與媒體的社會學應用意義

社會學研究資訊傳播媒體具有多種社會學意義，而且此種媒體具有不少問題，需要改進，因此將其列為應用社會學中重要的一章。重要的社會學意義有下列幾種。

一、媒體具有多種社會功能

（一）傳達資訊凝聚集體意見與行為

資訊傳播與媒體是當前社會生活的一種很重要方式與工具，在今日的社會活動上占有非常重要位置，也甚具社會應用意義，第一重要應用意義是，如本書第十一章第五節所論述，傳播媒體的資訊廣傳社會的焦點問題，可快速凝聚成集體行為。除此，資訊傳播與媒體還有更加廣泛的其他社會應用意義，將之再繼續列舉並說明如下。

（二）監督與吹捧社會名人及政治菁英

訊息傳播媒體最喜歡報導社會名人及政治菁英，因其一舉一動都甚具新聞性，為絕大多數的觀眾所樂於聽聞。報導這些社會名人及政治菁英的舉動，無異對其做了嚴密的監督與吹捧。監督使其不敢胡作亂為，避免傷害百姓敗壞社會。吹捧可使其受人羨慕與敬佩，而成為眾人榜樣。吹捧也可協助政府傳達政令。

（三）表達人民意見

民主國家的傳播媒體都有給人民表達意見的機會，藉此可以監督政府，使政

治能夠改善，社會也能更為進步。

（四）傳承文化

傳播媒體提供的訊息也常具有文化的意義與特性。有傳播媒體的傳達，今世的文化就能傳承給後代的人。

（五）提供娛樂

商業性意味高的傳播媒體，提供的娛樂節目很多種，很豐富，包括綜藝歌唱節目、電影、電視劇、小說、廣播劇等。都富有趣味性及娛樂性，使人觀看、聽聞或閱讀之後，能夠輕鬆愉快，娛樂的效果十足。

（六）互通訊息連絡感情

近來新發展網絡通訊的功能有大眾性的，也有私人性的，其中大眾性的通訊部分有利凝聚共識與行為的效果已說明於前，私人通訊部分的重要社會功效在於互通訊息，連絡感情。

（七）改變人類的想法及生活方式

各種大眾傳播媒體的發展，使許多人受其影響而改變想法與生活方式。媒體提供的資訊與觀點被接收後，有可能使人接受或反對其觀點，而改變想法與行為。現代的電視幾乎成為每人下班閒靜時必看的活動，減少人類無聊的生活，但也占用了人類許多時間。

二、媒體具有社會組織性

媒體的社會組織性可分為兩大方面看。

（一）本身的組織性

今日許多傳播媒體的規模都很龐大，組織也很複雜，即使較小規模的媒體，為能有效率及生存，也都必須健全組織。此種組織成為社會結構的一部分。

（二）與其他組織的關係

社會上各種大小的組織就像個人一般，無不都與傳播媒體有關，會深受媒體影響，也會影響媒體。與傳播媒體有連結與關係的其他組織種類很多，包括其他媒體及其他經濟性、社會性、政治性、教育性、文化性的、宗教性的組織等。從組織的觀點看很必要了解媒體與其他組織的互動與關係，包括合作與衝突。

三、媒體對整體的社會文化及其他方面大有影響

社會學者關心媒體對不同社會及不同群體的影響，媒體影響的社會常分成較進步社會的群體，及較落後社會的群體。對於前者關心其是否應用傳播媒體於更進一步的社會文化目標。重要的目標包括消費行為的改變，政治態度及投票行為的改變，價值觀的改變以及社會公平性程度的變化等。對於後者除也關心這些重要社會文化目標外，更關心人民接觸傳播媒體的程度。因為有些個人與群體接觸傳播媒體的程度仍不普遍。

四、具有社會心理學研究的意義

媒體的製作者常存有偏見的問題，而媒體的接受者在傳播過程中，也有多種社會心理問題值得研究，重要的社會心理問題包括接收者有無心理障礙，有無不了解或誤解傳播的原意及其發生原因，不同的人對媒體喜好的心理差異，媒體如何使人想法改變等。

五、傳播媒體的變化牽連社會變遷

近來傳播媒體發生不少變化，重要者有立體媒體或電子媒體發展迅速，有超越平面媒體之勢，不少平面媒體如報紙等紛紛不支倒地。這種變化深具社會變遷的意義，有其重要的社會變遷因素，也對社會變遷會有特殊作用。

第二節　資訊科技發達對傳播媒體發展的影響

一、資訊科技進步是一種重要的社會變遷

（一）資訊科技發展的內涵

　　近來臺灣與世界資訊科技的進步迅速，重要的進步資訊科技以電子資訊科技最為耀眼。此種科技的內涵包括電路電極、電晶體、電流、電盤、數位化、晶片、電信、電腦、手機等。

　　以往資訊科技與普通科技分開，如今兩者已密不可分，如今資訊科技主要是應用電腦科學再導入通訊科技加以設計及應用。被納入電腦科學中的通訊技術包括傳輸接入、網路交換、行動通訊、無線通訊、光通訊、衛星通訊、支撐管理之專網通訊等。

（二）資訊科技發展與社會變遷合流為一

　　各種新資訊科技的發展與出現，不僅影響了傳播媒體的運作與功能，也影響社會活動的變化。因此這些新科技的出現不僅是單純的科技變遷與進步，更是社會變遷與進化。在資訊科技發展過程中，電腦統合了各種科技而對社會造成了很重大影響。電腦化與社會變遷的密切關係，已至幾乎兩者合流成一體的程度，其意義與性質有如機械化與工業革命合成一體一般。

　　過去社會學家注意科技是社會變遷的主要因素者有烏格明（William Og-burn）、麥西彿（Robert Morrison Maciver）及法巴（Reverly Farb）等。烏格明認為科技因素影響物質文化的變遷超前，形成非物質文化落後（cultural lag）的現象。麥西彿認為近代社會發展係工藝技術改變的現象，或深受其影響。法巴進而將人類歷史上工藝技術發展與社會變遷的關係列表說明。此三位社會學者所指的技術都著重在工藝技術，若看到今日資訊科技進步之快速必定又會另有些看法。

（三）資訊科技發展推助社會快速變遷

英國社會學家吉亭斯（Anthony Giddens）進一步指出科技發展對社會變遷速度影響極大，尤以資訊科技發展的影響最大，有一日千里之勢，非傳統技術的影響可比。資訊科技的發展將人類社會推向了地球村，打破空間隔閡與時間差距。

二、電腦與手機等資訊傳播科技迅速發展的現象

（一）電腦代表資訊科技

近代各種資訊科技的發展幾乎都統合到電腦的發展上，電腦成為資訊科技的代表象徵。電腦代表各種資訊技術，除在技術上統合了各種相關科技於一身之外，也因其對每人生活的功用甚大，對國家的重要性甚高。

（二）電腦發展的歷史

近代電腦起源於十七世紀的機械計算機，創始於法國，後來在英國及美國相繼加以改進。至二十世紀中葉（*1946～1953*）第一代電腦問世，主要以真空管為主要件，此時的電腦體積龐大、速度緩慢、運轉時產生高熱、耗電量多。至一九五四至一九六四年間進入以電晶體為主要件的第二代電腦開始，改進了第一代電腦的各種缺點。至一九六五至一九七〇年間，以積體電路為主要件的第三代電腦問世，開始使用晶片，縮小體積，低成本，加快速度減少耗電量。自一九七一年至今，電腦開創了第四代，稱為微處理機器時期。以超大型積體電路為主機，由IBM推出個人電腦並開始使用高階的程式語言。從上述發展的歷史、電腦性能演變的趨勢共有下列八個特點：1.重量與體積變小；2.處理速度加快；3.記憶容量變大；4.可靠性變高；5.通訊能力變強；6.越環保與省電；7.越人性化；8.擴充性越好。

（三）手機科技的發展與演進

手機是從有線電話發展與演變而來的一種通訊工具，此種工具可隨身攜帶，隨人而行，在科學技術上與電腦技術相通。在二十世紀的八十、九十年度由美國摩托羅拉公司研製而成，開始時只能用語言通話，但品質不穩定。到第二代研製的手機較爲改良，通話質量較好，有較合適的待機時間，也能適應數據通訊的要求。第三代手機發展出3G的移動通訊系統，發展出全球性的無線通訊系統。至今手機在綜合功能上已大有改進，包括可照相、視訊、音樂、玩電動遊戲、聽音樂，看電視電影、顯示電子地圖等。

臺灣於一九九四年開始開放使無線電話，一九九六年正式展開電訊自由化。至今短短不到二十年間手機持有率已多於每人一支。

三、平面媒體科技的進步相對緩慢，逐漸被電子媒體取代功能

在電子媒體科技進步的過程中，平面媒體的科技也有發展。平面媒體主要指報紙、雜誌及書籍。晚近在這方面的技術重要發展包括造紙技術、脫墨及噴墨技術方面、印術技術方面、印媒材料及墨水品質方面，以及經營技術方面也都有改善。

但綜合平面媒體方面的技術改進，改進空間不如電子媒體科技的改進空間之大，速度也較緩慢，故有逐漸被取代之趨勢。

四、臺灣民眾使用電腦及網路概況

中央研究院於二○一二年七月調查十二歲以上國民使用電腦及網路情形，共完成13,257份有效問卷。得到下列重要結果。

（一）使用率高

全樣戶上網率為79.3%，上網家戶有83.7%，上網人口有73%，推估全部上網人口有1,510萬人。

（二）男性上網率高於女性

男性上網率為76.5%，女性上網率為69.5%。

（三）四十歲以上者年齡越高上網率越低

四十至四十九歲者男女上網率分別為89.4%及79.6%，至六十歲以上者男女上網率分別僅為20.2%及12.2%。

（四）歷年上網率呈增加趨勢

在二〇〇九年時全台滿十二歲以上人口上網率為70.4%，至二〇一二年增加至77.3%。

第三節　各種大眾傳播媒體的共同特性及優缺點

一、大眾傳播媒體的特性及優點與問題

（一）特性

　　大眾傳播媒體主要有兩種，一種是印刷媒體，包括報紙、雜誌與書刊，或戶外布告。另一種是電子媒體，包括電視、收音機及電影。大眾化的媒體具有數種重要特性，第一是提供最新訊息，也即是新聞性。第二是可接近廣大的民眾，也即是大眾化。此種媒體除提供新聞外，也常使用爲廣告及反應民意。第三、大眾媒體喜歡提供明星人物或大眾喜歡的故事，也具有行動性、戲劇性及情感的訊息。

（二）優點

　　有資格當爲大眾傳播媒體者，至少具有三項優點：有接觸眾多人民的潛力、資料來源可信、對使用者或接近者具有價值。

（三）問題

　　大眾傳播媒體也有不少問題與缺點，用批判的眼光來看，大眾傳播媒體較嚴重的問題有兩個極端，一種是討好觀眾或讀者，隨其起舞，未能提供較有營養份的資訊，二是操控與壓迫觀眾或讀者接受其訊息與觀念。此外還有一些較細瑣的問題與缺點，包括以其作廣告用付費很高，編輯時可能歪曲訊息，溝通方式都爲單向，標題常與內容不甚吻合。

二、報紙的特性、優點與問題

（一）特性

　　報紙是一種歷史最悠久的大眾傳播媒體，西方社會起自古羅馬時代，中國則始於漢朝就用紙張貼的新聞告示。此種大眾傳播媒體與其他大眾傳播媒體相比，具有下列幾項特性：

　　1. 報導的主題很多面

　　包括政治、犯罪等社會性、經濟民生、體育運動、休閒娛樂、天氣及意見反應等。

　　2. 普及率高。

　　3. 可信度高。

　　4. 適合廣告不同種類商品。

　　5. 臺灣今日全部報紙種類約近五十種。其中有一般性及專門性的，有全國性及地方性。目前成四大報局面，即自由時報、蘋果日報、中國時報及聯合報。在一九九七年度以前，實施報禁，只有三大報，即中央日報、中國時報與聯合報，政府禁止登記增設其他報紙。

（二）優點

　　與其他不同類型的大眾傳播媒體相比，報紙具有一些缺點或問題，也有若干優勢，先說明數點優勢於下。

　　1.隨時可以閱讀；2.每日出刊；3.可以互相傳閱，增加利用效率；4.閱讀能力及理解能力較低的讀者可用較多時間琢磨增加理解；5.適合廣告不同商品；6.具有文字的魔力。

（三）問題

　　1.受截稿時間限制、未能提供最新訊息；2.紙張多，不便攜帶；3.以文字及

圖片報導不如語言及影像報導的震撼力及感受力；4.紙張容易破損，保存率低；5.廣告多，不易區隔不同族群的偏好；6.閱報人數衰退，經營困難度變高。

三、雜誌的優點與問題

雜誌是讀者數量僅次於報紙的印刷媒體。此種媒體也具有特性、優勢及問題。分別說明如下。

（一）特性

雜誌的重要特性是定時出刊，及性質與市場區隔明確，常區分成政治性、商業性及休閒性等。

（二）優點

與報紙相比雜誌具有多種優勢，但也有多種問題或缺點。就優勢方面看，重要者有四點：1.印製場地及設備較少要求與限制；2.內容分類仔細，市場區隔明確；3.方便攜帶及移動地點閱讀；4.讀後記憶度較高。

（三）問題

1.內容缺乏時效；2.發行量不如報紙多；3.競爭性大；4.廣告效果不如報紙。

四、廣播電台的特性、優點與問題

（一）特性

此種媒體是經由聽覺傳遞訊息，傳遞的速度較閱讀的方式快。不識字或失明者也能接受訊息。

（二）優點

1. 接受者較不受場地限制。

人在行走或行車中或在偏遠地區都可收聽得到訊息。

2. 製作者及媒體設施成本費用都較低。

3. 可設定成全國性或地方性的電台。

4. 接近一對一或面對面的傳播效果。

（三）問題

1. 只有聲音沒有文字及影像的補助，不適宜傳遞較複雜的訊息或廣告。

2. 時效較短，較難記憶。

3. 聽眾集中及注意力較低，容易流失訊息。

4. 對廣播的監聽不易，會有較多超越規範的傳播訊息。

五、電視的特性、優點與問題

（一）特性

這是一種動態連續性、圖像與聲音俱全的傳播技術與方式。使用者最為普遍，如今幾乎家家戶戶都有電視，且不只一台，旅館房間也都設有。

（二）優點

電視有許多好處也是其優點。

1. 可從家中知道天下事

電視現場轉播及新聞播報可將國內外最新發生的大事，傳遞給在家中足不出戶的人。

2. 有多種頻道可供選擇不同節目。

目前臺灣無線電視臺有多臺,有線電視的頻道更多至一百餘臺,可選擇的機率很大。

3. 藉著電視節目可獲得許多訊息與學得許多知識,增廣見聞。

可認識的人包括今人與古人,可了解的知識包括上至天文下至地理,以及其他方面,幾乎無所不有。

4. 可由電視廣告快速認識物品的性質,供作選購與否的參考依據。

5. 可從電視得到休閒娛樂效果。

電視上提供許多休閒娛樂節目,可使人獲得滿足,愉快心情。

(三) 壞處或問題

1. 不良的電視節目容易引導人犯罪

電視為能吸引觀眾,常會播放不良節目,如暴力、色情或意識不正方面等,容易引人效法而造成犯罪,或行為失態。尤其是定力不足的青少年最容易受其引誘與感染。

2. 沉迷電視使人懶惰,遺忘或荒廢正事。

3. 用眼太多,容易傷眼,位置與安裝不當或費時太多,容易傷身。

六、電腦網路的特性、優點與問題

(一) 特性

1. 連結眾多電腦使其相通

此種大眾媒體是將眾多的電腦經網路連結在一起,可以接收信息及相互通訊的傳播媒體方式。

2. 可分三大類型

電腦網路約可分為區域網路、都會網路及廣域網路三大類，前兩類可包含在第三類中。第三類網路可廣泛到包含全世界。

3. 網路需要網路線作為傳送介質。

（二）優點

1. 傳送訊息的速度快

傳送速度快是這種媒體的最大優點之一，幾乎快到隨傳隨到。

2. 成本低

使用者於架設網線需要負擔少量的費用，而後則按月向所使用的電訊公司付費，但費用都不高，每月約僅三百餘元至六百餘元台幣不等。

3. 接觸的面廣

接上廣域網路可與世界各地通訊並接受訊息。

4. 可透過網路集中管理並處理電腦資訊。

5. 方便工作

包括職務上的工作或嗜好性的業餘工作者，可方便藉助網路來達成目的。

（三）問題

1. 網路常被有心人用為惡劣行為，包括犯罪的工具。

可能透過電腦網路的劣行壞事或犯罪行為有非法交易、販賣毒品，欺詐網友。

2. 上網成癮

不少青少年因為上網成癮，忘寢廢食，或不務正事，成為一種病態行為。

3. 駭客的破壞

網路上常有惡作劇的駭客設計程式破壞訊息，或故意下毒讓使用者的電腦中毒，毀傷資料。

4. 網路上資料太多處理困擾

未來網路的一大問題是資料太多，好壞參齊不一，不少是廢物性資料，讓網路資訊資料的處理者，如維基百科等面臨很大壓力與負擔。

第四節　臺灣近代史上報紙媒體結構的演變與問題

一、報紙媒體結構的演變與政治經濟變化的密切關係

　　臺灣的報紙媒體結構的演變史與政治經濟變化有很密切的關係。從這種關係也可看出政治經濟變遷對報紙媒體發展的影響，以及報紙媒體如何在政治經濟環境中求生存與運作。依媒體與政治演變的關係約可爲成兩個明顯的不同時期，先是至一九八七年政治戒嚴時期政治壟斷報紙媒體的情形。至一九八八年解嚴之後，財團入主大報社。

二、戒嚴時期政治控制嚴密

　　在一九八七年以前政治戒嚴時期，政府對媒體的控制甚嚴。實施長達三十八年多之長的報禁，限制媒體及言論自由。社會上的三大報系包括中央日報、中國時報與聯合報都爲執政的國民黨所掌控。中央日報爲黨的機關報，其餘兩報都由中常委的有力政治人物主持與經營。報紙的發行也僅限三大張。

　　三大報紙以外的其他小報也多半都與黨政有密切關係。經營權需先經政府同意，才可發行。故多半的小報紙也都與當時執政的國民黨結合。僅有少數幾家小報，如自立晚報、臺灣時報、民衆日報等較能獨立經營，也因背後有較具實力的政治人物支撐。

　　戒嚴時期政府對大衆傳播媒體不僅管制經營出版權，對言論的尺寸也查核甚嚴，因寫文而成爲文字獄犯者爲數不少。政治經由控制媒體統治人民的思想與政治行爲，長達四十餘年的所謂「白色恐怖」，政治壟斷媒體成爲維護政權的一項重要手段與方法，也確實發揮了這種功能。

三、開放後財團入主大報社

（一）媒體快速發展與報導的表徵

自一九八七年七月十五日臺灣政府宣布解除戒嚴令，開放報禁，至一九九三年開放廣播頻率及有線電視。自此臺灣的媒體事業急速發展，也成為激烈競爭的局面。但是因為政治勢力始終未徹底退出媒體業界，傳播媒體的競爭是不完全的，甚至是惡性的。

解嚴之後傳播媒體龍頭的報業單位數量增加，大小報紙在短時間內先後增至約有五十家。電子媒體也不斷增加，造成民眾閱報率反呈減少的趨勢，廣告收入縮水，各報社的財務壓力沉重，政府對待不同立場報紙的標準不同。

在報業趨於一片衰微的過程中，不同報社支撐能力因政治保護與支持程度不同，以及背後財團資金雄厚程度不同，而呈現不同速度的衰退情形。一九八七年報禁解除後，陸續停刊的報紙共有二十二家。其中著名獨立經營的首都早報於一九九○年八月停刊，發行時間僅一年兩個多月。自立早報於解嚴翌年的一九八八年一月創刊，發行十一年，於一九九九年一月停刊。自立晚報曾經是三大晚報之一，也於二○○一年十月停刊。此報創刊甚早，始於一九四七年十月十日，一向標榜「無黨無派獨立經營」的理念，由臺灣政壇耆老吳三連於一九六五年投入經營，擔任社長職務，經歷漫長的戒嚴時期，給臺灣保留一小片言論自由的空間，經歷五十餘年，至二○○一年十月，因財務壓力繁重而停刊。

（二）政治支撐力的衰微原三大報退場

原為中國國民黨機關報的中央日報於二○○六年五月底正式停刊，是戒嚴時期的三大報停刊的第一家。繼之中國時報於二○○八年十一月改由旺旺集團入主，聯合報則於二○一一年改由第三任董事長接任。中央、中時，聯合原三大報皆與國民黨政權都有密切的關係，如今中央改為電子報，中時易主，聯合報改組，但都與國民黨之間仍有密切關係，仍未脫離濃厚的政治色彩。

（三）財團入主控制大報社

當今新世代報業背後的支撐主力有從政治轉爲財團的趨勢。經過政治局勢與經濟情勢的改變，多層的主要大衆傳播媒體報紙也有很大的變化。解嚴之前的報業主要的支持力量是政治，解嚴之後逐漸改由經濟力量支持。原來與政治結合色彩濃厚的三大報，今日變爲與財團結合色彩濃厚的四大報，依發行量排列，最近四大報紙公布銷售量的順序是自由時報在二○一二年時約637,886份，蘋果日報在二○○七年三月爲215,000份，聯合報在盛極一時的一九九一年時號稱發行120萬份，目前受到自由時報及蘋果日報的競爭與擠壓，與中時爭第三、四名。中國時報在二○○五年的顛峰時期，號稱發行量爲100萬份，目前也落在蘋果日報之後，與聯合報不相上下。

目前四大報的背景都可看到財團的影子，自由時報的背後是三重幫的宏國建設及聯邦銀行集團，蘋果日報的背後先是香港財團入主，於二○一二年被中國信託收購。中國時報自二○○八年轉手賣給旺旺集團，目前的主要股東稱爲蔡合旺事業股份有限公司。聯合報現任掌門人是老董事長王惕吾的孫子，可見此報系資金來源未有太大轉換。

從目前四大報資金來源看，前三類都很明顯來自原與媒體事業未有淵源的大財團。唯其與政治的密切關聯的性質並未脫離，其中自由時報的政治立場偏向綠色的民進黨，其餘三大報則都偏向藍色的國民黨。

四、報紙的意識與分歧引發的行動衝突

（一）報紙具有政治性經濟意識的性質

大衆傳播媒體是政治意識與商業意識很強烈的機構。在政治意識分歧的國家或社會，媒體爲能掌握基本讀者或觀衆的來源，在政治意識上常未能保持公正中立，而必須選邊靠攏。

臺灣目前最大的政治意識與路線分歧，是獨立自主與兩岸統一的兩種不同

情形。大致看來，親綠的媒體都較傾向獨立自主的意識與路線，親藍的媒體則較傾向統一的意識與路線。媒體在政治立場上持有不同的意識與路線，除因討好讀者或觀眾的考慮外，也與持有人或經營者的政治理念有密切的關係。臺灣各種報社主人的政治理念雖有差異，但是當為商業經營的立場皆以能營利賺錢為目的之理念則甚一致。不同政治理念容易引起各自讀者群之間的理念及行動衝突，而其太過傾向商業謀利的特性也容易引發讀者的不滿，以致引發行動上的抗議與衝突。

（二）不同政治立場報紙的意識衝突

不同報社的不同理念常表現在有關政治新聞或政治事件的評論上。同一則政治新聞或同一政治事件兩種不同政治立場或不同政治理念的報紙解讀的差距很大，常會大到一百八十度的絕對不同。此種媒體議論的絕對分歧，絕對差異的情形，在其他國家比較少見到。此種報紙政治理念的嚴重分歧反應國家內部的不團結問題，這是臺灣各方面進步上的最大致命傷。

不同報紙在意識上的嚴重衝突，使其經常處在彼此批評攻擊或對罵的情形，對於實際政治的影響必然也會極端不同。親執政政府的報紙，常成為政府與政策的護航者，反對執政者的報紙則成為批評與攻擊政府與政策的砲火。兩方面在其他方面的新聞可以有相近或相同的意見，但在政治新聞上的意見與理念卻很難妥協與一致。

（三）人民與報社之間曾有行動上的衝突

此種人民與報社之間的行動性衝突，曾與拒絕處在國家敵對立場外資併購國內報紙有關，也曾因有良心的讀者，發起反對報社老闆發言不當，或新聞報導不公，報社對員工事務的處理不當等事端所引發。讀者或消費者採取的衝突方法是發起拒看報紙的運動。這種拒看的運動曾經發生在中國時報及聯合報上，且發生的次數不只一次。對於報紙的銷售量產生不小的負面影響。被拒看的報紙明顯都

是較偏護政府，對待讀者不公乃惹起讀者或消費者的不滿而引起。

　　經過拒看報紙的運動之後，報社方面難免會有損傷。銷售量與發行量都會下降。此也曾經發行量超過百萬份的大報，如今減少到不足五十萬份的重要原因之一。

第五節　當前臺灣媒體的重要問題與改進之道

一、開放後許多媒體問題都因商業性經營策略造成

前面說過在一九八七年以前戒嚴時期新聞媒體都為主政的國民黨所持有，此一時期媒體的主要問題是言論受到管制，媒體成為政府的宣傳工具，供為統治者打擊異議份子之用。但自從解嚴之後，媒體開放，大財團入主重要報社及其他媒體機構，媒體的經營變為非常商業化，競爭激烈，尤以電視台為是。媒體常使用炒作、煽情、血腥、暴力等不合理手段提升收視率與發行量，形成許多問題，可以用亂象形容。參考網絡上維基百科整理的資料，這許多的問題可歸納成三大方面說明：此三大方面即採訪方法、使用資料與新聞品質等。

二、資訊採訪方法不宜的問題

新聞媒體在採訪方面較受非議的問題不少，包括與採訪對象發生爭執，濫用採訪機會迫人接受，混亂是非揭人隱私，採訪問題不當，忽視記者採訪時的危險性，未能重視受訪對象的安全，會有抄襲的問題等。

三、使用資料不當的問題

不當資料可能來自未證實的口頭傳聞，不實的文字來源，以及使用的照片或畫面太血腥煽情與暴力。其中照片與畫面的主要問題是有關受傷或凶殺的新聞的照片或畫面太過血腥，令人見之感覺恐怖。有關桃色新聞的報導，使用的照片與畫面又常會太過煽情，令人見之也覺不雅。有關衝突性新聞的報導又常出現打鬥的暴力鏡頭，令兒童不宜觀賞。

四、新聞品質不良的問題

此方面的問題可細分成多種：

（一）新聞未經查證的問題

不少媒體為搶先新聞以提高收視率，過於急迫報導未經查證新聞，結果往往造成報導錯誤，有傷媒體的嚴肅與公正。這些未經查證的新聞可能由受惡作劇者所騙，或引用片面的消息，也有由記者異想天開自己造假者，或因專業不足判斷錯誤造成。

（二）誇大報導惹人厭煩的問題

不少新聞不斷重播，也誇大其詞，此類新聞以報導災難最為常犯。包括重復對風災、水災、地震及傳染病災情的報導。

（三）追逐名人或製造名人引來非議問題

名人具有新聞價值，故常被追逐報導，也有經由報導將凡人推成名人，但所報導人物的事件常很不值得一提，或有不良示範。這類對人物的報導，常惹人非議，被觀眾覺得不以為然。

（四）缺乏客觀

因為記者偏頗的政治立場，或缺乏足夠的專業素養，會有報導缺乏客觀的問題產生，對於媒體形象會有不良影響。此類問題有時產生對外電文字翻譯不妥，或造謠生事。

（五）政媒結合為政治人物造神

媒體為討好或依靠政治權勢常與政治權力結合，配合政令宣傳，將政治人物

神化，作過度的誇獎，使人一看便知馬屁拍到家。

（六）媒體公審，未審先判

媒體對於不少法律事件常會發表意見，形同對事件的公審與判決，有可能影響法官的獨立判決。

（七）濫用民意調查

新聞爲支持其觀點的目的，常借用民意調查的資料，但民調常因抽樣不夠嚴謹，偏差很大，會有誤導觀衆之嫌。

總之，臺灣新聞媒體因爲競爭激烈，各自使出渾身解數，圖謀生存之道，難免急中生錯，除了上舉問題之外，其他問題還有不少，必會影響觀衆的觀感與信任，也會敗壞本身的信譽，不得不加察覺並謀改進。

五、改善媒體問題的方法

媒體的影響力很大，重要媒體的設立需要龐大資金，非常人所能爲，故多半被財團操控，於是有逐漸走向媒體霸道之勢，問題重重，缺點很多，傷害民衆也會傷害媒體本身，有必要解決問題，改進缺點。重要的改進方法可由媒體內部自律及外部加以監控。

（一）內部自律的方法

各媒體內部自律的方法可能不同，但多數的媒體可能都太重視獲得商業利益爲管理目標，本節所指的多種問題多半都因太重視此種目標所引起。爲能有效解決這些問題，各媒體有必要將提升新聞品質的目標置於謀取經濟利益目標之上。

（二）外部控制的方法

由外部控制媒體，不使其發生太多問題，且對已發生的問題能解決或減少。共有三種途徑或方法可尋，一種是以國家的公益對新聞品質加以監督與管理。我國成立「國家通訊傳播委員會」（NCC）組織的本意，即在監督媒體。在政府的組織中過去曾有新聞局的設置，如果NCC監督無效，另設機關監督也是一種選項。

第二種方法是經由世界性的有關組織與團體的評鑑。世界上有多個監督評估各國媒體品質的組織與團體，也不會放過對臺灣媒體的監督與評鑑，其評定結果應受臺灣媒體與政府的注意與重視，善為回應，謀求改錯，力圖進步。

第三種方法是民間覺醒。由民間組織團體認真監督批評媒體的問題、缺點與錯誤，減低其霸道的性質，使能多順應民意力求改進。目前重要的已成立或催生中的相關民間團體有媒體觀眾組織、媒體批評團體、新聞公害防治基金會等。此類組織或團體越多，媒體受到的監督力量越大，媒體改進缺點解決問題的步伐也才能走得更快更大。

參考文獻

中文文獻

王天濱，2003，臺灣報業史，臺北亞大圖書出版社。

王智弘，2007，網路遊戲與傳播媒體對中輟問題的負面影響，全國中輟學生資源研究中心電子報14期。

臺灣報刊列表，2003，維基百科，自由的百科全書。

李貞怡、李秀珠，2006，「臺灣媒體競爭市場之報紙內容多樣性研究」，新聞學研究第88期。

瞿海源，1999，科技與媒體所衍生的倫理問題，中時晚報。

陳國祥、祝萍，1991，臺灣報業演進40年，自立晚報社文化出版部。

盧世祥，2006，從哈巴狗變瘋狗：臺灣媒體亂象紀實，前衛出版社。

劉依潔，2010，（人間）雜誌研究，印書小舖出版。

英文文獻

Denis, McQuail, 1987, Mass Communication Theory, (2nd ed). Thousand Oaks Ca. USA. Sage Publications.

Hanitzsch, Thomas ed. 2012, Communication Theory, Universally of Munich.

Harvey, Lee and Morag MacDonald, 1993. Doing Sociology, A Practical Introduction. The Macmillan Press Ltd. London.

Huang Ching-Lung, 2007, The Changing Roles of the Media in Taiwan's. Democratization Process, The Brookings Institution, Washington D.C.

The Bivings Group, 2007. American News Papers and the Internet: Threat or Opportunity?

Moragas, Miguel de, 1990, New Technology and Changes in the Mass Media, Consideration for Political Scientists. Working paper, No. 17.

Newhagen, John E. 1996, "Why Communication Researches Shouled Study the Internet. A Dialogue," Journal of Computer-Mediated Communication. Vol. 1. No 4.

第十四章　樹立人文區位學與應用

第一節　應用價值高的一種社會學支門

　　人文區位學是應用價值高的一種社會學，有下列幾項重要的理由：

一、研究人類與自然生態關係的基本精神

　　人文區位學（Human Ecology）起源於古希臘的自然歷史科學，至一八六六年德國科學家黑克爾（Erich Haeckel）首先使用區位學或生態學（Ecology）的名詞。至十九世紀後期生態學的主要旨趣在研究生物與自然的關係，特別著重生物在自然界的適應與選擇。後來被達爾文（Charles Darwin）等科學家用爲研究自然界與人類事務的連結。

　　生態學的基本精神在研究有機體與環境的互動，研究的層面包括生物的分類、分布、數量、相互競爭、群居、主要生產、營養的循環等過程、建立適當位置的活動、及其能量及物質在環境中流通的規則等。總之，其研究的主題聚焦在四大方面：（一）生命的過程、互動與適應；（二）物質及能量的在生物界的移動；（三）區位系統的承續發展；（四）環境中有機體的增生與分布及生物多樣化。

　　由於此一研究的基本精神，使人文區位學具有重視對環境適應的重要性，也深具應用的意義。

二、到二十世紀初期芝加哥學派將之納進社會學領域

　　人文區位學的發展受十九世紀美國社會學對人與都市環境關係的重視奠定重要的基礎。至二十世紀的四〇年代芝加哥學派的先驅者派克（Robert E. Park）、蒲其斯（E. W. Burgess）及麥堅如（Roderick D. Mckenzie）等學者，正式使用人文區位學的名詞，並將之引進社會學領域。

　　此種學門主要在研究人類與其環境互動的型態與過程，人類的價值、財富、生活型態、資源利用及廢棄物等，都會影響物理及生物環境，也受物理及生物環境所影響。人文區位學的先驅者，對於人文區位學的研究致力於扼要指出人類文化的演進，使人文區位學與區位學區別開來。芝加哥學派的先驅者更努力奠定了人文區位學是社會學的分支。

　　從人文區位學與社會學的密切關係，可理解到這是一門可將社會學應用到更廣泛領域的學術領域，藉此支門的性質，社會學的應用可達成與自然環境結合的特殊面相。

三、具有多重科際整合性的廣泛應用領域

　　人文區位學的主旨既是著重在研究人類與環境的互動，而人類所處的環境複雜，故其研究的領域也很廣泛複雜。參照於一九七二年創刊的人文區位學期刊，編輯群共列出九個此刊物涵蓋的範圍，顯示高度科際整合的性質。此九個範圍是：

　　（一）對環境與環境變遷的遺傳性、生理性及社會性適應。

　　（二）維護及干擾區位體系的社會文化角色及心理因素。

　　（三）人口密度對健康、社會組織及環境品質的效果。

　　（四）都市環境的新適應問題。

　　（五）技術與環境變遷的相互關係。

　　（六）生物及文化適應原理的發展。

　　（七）人類生物及文化演化不良適應的根源。

　　（八）糧食品質及數量與智慧成就及人口變遷的關係。

　　（九）電腦遠距器物及其他新工具與技術的應用。

　　經過四十多年來此一期刊研究的走向有了一些改變，主要的改變是有關個人及團體對特殊方面的冒險、成本、效益、決策等的研究增加，對文化區位學及特殊人文區位學模型的研究趨於減少。也逐漸重視對人口、經濟與演化的理論及田

野研究。總之，人文區位學期刊也反應更多應用人文區位學理論於跨領域的實際問題研究上。將理論更多元應用於連結人與自然界的橋樑。由此一趨勢也可明顯看出人文區位學的廣泛應用價值。

四、以人的要素爲研究主軸的應用價值高

人文區位學以人的要素爲研究的主體，這是人類最關心的議題，故也最具應用性的價值。人文區位學所研究的人包括人口及人性或人的心理。兩者都關係人本身的健康幸福及貢獻等，故最爲人所關心，而可關心的議題很多，可應用的方面也很多。

五、重視組織的概念與社會學旨趣吻合

從人文區位學期刊的九項範圍中的第三項，可看出此種學問很注重社會組織的研究。社會組織一向是社會學研究的核心課題，故人文區位學的此項研究要點已與社會學的核心領域相吻合，也增多其當爲應用社會學領域的意義。

六、注重科技要素隨科技發達而提升應用的重要性

人文區位學期刊涵蓋領域的第五項特別強調技術因素與環境的相互關係。技術因素隨著科技的發達而日漸重要，也因此提升其應用的重要性及連帶人文區位學應用研究的重要性。

七、重視環境因素隨環境問題的嚴重性也越趨應用改善的必要性

人文區位學最基本的特性是研究人與環境的關係。近來由於人口增加，人

類使用物質的慾望與水準提高，對環境的破壞及汙染也越趨嚴重，致使環境改善也越爲重要，將人文區位學應用在此方面的研究及實際事務的重要性也必要加重。

第二節　人類與自然界的重要聯結

人文區位學的基本精神與重點是注重對人類與自然界的關係或聯結，因此人文區位學應用的重要性也隨著此種聯結的重要性而水漲船高。本節重點在論述此種聯結關係，也藉以了解此種學科的應用意義。在人文區位學上探討人與自然的聯結可從四大方面入手。

一、人類社會立基於自然界

人類生存在地球上，而地球除人外則是一個大自然，包含山岳、石頭、河流、海洋、土壤、樹木、鳥獸及魚類等非生物及生物。人類在地球上擇地而居，主要分布在溫帶，亞熱帶及熱帶的陸地上，且以地勢較平坦的地方為主。

每一個人在自然界中占有一小塊地方，稱為立基或利基（Niche），也即其適當的位置，每個團體又有較大的立基。這小塊立基是個人安身立命之地。在早前人類以農業為主要生計的時代，每人立基的範圍都很少。到了工商業時代，人類活動的空間擴大，有些人經常走動與活躍於全世界各地，立基的範圍也擴大很多。

二、人類依賴自然資源為生

人類要能生存與生活，需要有資源。生活資源則主要來自自然界，土地資源提供生產糧食，下雨及河川提供了水資源，也供應飼養可當食用的魚蝦等水產物。森林中的樹木供為建屋及製造生活用具，果樹可生產水果供為食用，花草則可觀賞。石頭、泥沙也可用來建築或營造的材料，以及供為製造用具或製飾品。當人類耗用很多能源的時代，藏於地下的石油煤礦及其他礦物，無一能逃過人類的使用。所謂「人為萬物之主」，地球上自然界的資源少有不被人類所用

者。因有資源可用，人類才能活得豐富與充實。

三、人類社會必須遵守自然法則

人類社會與自然界要做好連結，必須遵守自然法則。如果未能依照自然法則，自然會遭受破壞，人類也會遭殃。自然的法則很多，有些法則是人類改變不了，人類必須順從或適應。有些法則需要人類小心應對，否則若將其破壞，後果會嫁禍人類。

（一）改變不了的季節時令法則

自然界的法則中最不能改變的現象之一是，季節時令。一年四季春夏秋冬，春去秋來，冬冷夏熱，這種規律長久不變，年復一年循環不斷，人類必須順應，卻無法改變。

農業時代種植收割都要順應時節，時節正確，新種的農作物才會長芽發育，才能有良好收成。種植季節錯誤，既使能長，品質也不好。在寒溫帶的地方，一般在夏季氣溫高、雨水充足時，是農作物生長的好季節，經過夏季的成長，秋季時就可收穫，冬季時儲藏，因此古訓上就說過「秋收冬藏」。

自然界未能改變的較短時間的法則是，白晝與黑夜的輪流運轉，白晝過了，黑夜到來，黑夜過了白天又來，24小時來回一次，人類的作息最好順應時令，否則日夜顛倒，雖也可以養成習慣，畢竟有違自然，長久違反可能傷身。

（二）氣候本來有法則，人類造成它的變遷

自然界的氣候本來也以既定的法則不停在運轉，但近來人類發現它起了不小的變化，最重要的一種變化是地球暖化。主要原因是耗用太多能源，製造太多的二氧化碳及使用太多化學物質，破壞了臭氧層，使地球外圍少掉了屏障，太陽直射地面，造成氣溫升高，冰川融解，海水上漲，預測不久會造成部分陸地下

沉。這種由於人類未能遵守自然法則，可能帶給人類禍患的現象是較為逐漸緩慢的一種。但也已經引起人類的警覺，企圖由節能減碳來阻止危機的進行與惡化。

（三）自然資源有限的法則耗盡了就難再彌補

自然界最容易被人類消耗破壞難以補救的法則是自然資源的有限性。多項重要的資源卻是稀少性，儲藏數量很有限度，用完了就難以彌補。人類已經嘗試過能源供應不足的危機，至目前幾次危機終究都度過了，但可預期，不會太久石油及煤礦等重要能源終會耗盡。人類想繼續過得舒服方便，只能找可再生的能源，否則只好改變生活方式做為適應。

不少原來豐富的資源，因為人類未能遵守自然法則，致使其存量也有減少的趨勢。海洋中的漁類資源，有用的水資源及土地資源都有了明顯的變化。在許多近陸的淺海水域魚蝦貝類減少。都會地區的土地資源極端缺乏，造成地價飛漲。水庫的蓄水量也不斷變少。這些變化與危機都因人類未能克制欲望與行為，擾亂自然的法則與規律所造成。

四、人類社會與自然界共生共存的重要意義

人類曾經太過自信，以為人力可以勝天，但已逐漸領會天地間自然界有其不可征服性，人要安穩地生活在世界上，與自然界的相處之道是要能共生共存，共同繁榮，而不是征服與榨取。人類為能與自然界共存共榮，則要從正確認知，形成理念，以及具體行動等三方面進行。

（一）人與自然一體的認知

認知是形成態度與改變行為的起步。人類要真能與自然共存共榮，必要先從「人與自然一體」的認知開始。過去人類的認知多半因受科學力量的誤導，以為

自然是被人使用的，卻不知人是與自然是一體的。自然界可以沒有人，人卻不能沒有自然界，人能生存因為自然的存在，因此人類為能長期生存，必須要先有與自然一體的認知。也要正確認識正確運用自然的規律。

要能產生及增強此種認知，一方面要多體會自然賜給人類珍貴之物，包括空氣、景觀、資源、食物等；另一方面要多反省與感受人類曾經糟蹋自然，造成對自然的傷害，自然也反轉危害人類本身。此外也可多聽取與參考古今聖賢對人與自然關係的寶貴看法，從中吸取知識。

（二）形成理念

人對與自然一體的道理先有認知之後，為了要真能達到此種境界，必要進而形成理念，包括形成價值及信仰，深植在內心之中，不加違背，使其成為行動及行為的泉源與依據。

反省是形成理念很必要的步驟，由反省徹底從內心知過認錯，將過去已有的不正確利用自然資源、浪費資源及破壞自然的觀念與信仰改變過來，重新建立人與自然一體，並且是共存共榮的理念，要能尊重自然愛護自然，其實也是在愛護人類本身。

（三）實際行動

與自然一體共存共榮的理念要能實現，必要付之實際行動，由個人的日常生活行為習慣做起，進而也能經由推動政府制定適當政策，實行政策，使所有社會上的人都有共同的行動，不做危害自然的事，能與自然和諧相處。

個人愛護自然的重要行動有必要先能克制欲望，不過度享用由自然供應的物質。不過度需求，就不會過度的使用，對自然就可不過度的壓榨利用，才能對自然加以愛護及保衛。

考量對自然可能遭受的危害，許多公共建設與開發也要有所節制。如果能夠多想未來，減少只顧當前，有些破壞性的開發案件或許就應停手。

第三節　人類忽視天理的慘痛教訓

一、人類不當開發與利用自然的現象

在前面本章第二節第三款人類必須遵守的法則中，有一項是自然資源有限的法則，耗盡就難再彌補。存量有限又常被過度開發的重要自然資源有土地、森林、水、能源與空氣等。就這幾種重要資源被人類作不當開發與利用的情形，扼要述說如下。

（一）土地資源的不當開發與利用

地球上會被不當開發與利用的土地，以人口密集附近的山坡地最有危險性。臺灣山坡地的地勢不平，要開發利用必須大幅度改變地貌與生態。在坡地的所在，水流呈現急速的態勢。大幅度改變地貌、生態及急速水流，都是使山坡地的開發與利用會有較大限制並會有較不良好反應的原因。山坡地利用時，要整理，最必要的工作是整平地面，此種工作容易鬆動地基泥土，一旦下大雨就容易沖刷土壤。坡度大的地方，下大雨時，水流速度必定很急，容易攜帶泥土往下遊沖刷。常見土石流的災害普遍都發生在被利用過的山區斜坡地。

臺灣的政府對於山坡地的管理訂有保育利用條例，共有39條之多，但不少民眾利用時常未按照規定行事。也有可能問題不是出在利用者，而是出在其他人的違規而使利用者受到連累。山坡不當利用主要有兩種情形。

第一是違規使用。違規的情形包括利用之前未先依照規定做好水土保持，就任意進行開發。也有不少是在宜林地或農牧用地上從事開發建築、遊憩、或設置墳墓等用途。第二種是超限利用。最多是在宜林地或加強保育地未能實施造林保育，卻從事農牧業之墾殖經營與使用。不論是違規或超限利用常是擅自整地、填土、濫墾、濫建與濫葬。但也有不少是經過合法申請，政府卻未依法審查而有勾結放水嫌疑，或於申請通過後違法改變計畫施工的情形。

對於違規使用者，雖有處罰取締之規定，但常罰不勝罰，有時取締不力或無效。都造成一大堆不當使用的實情，也就難擋災害的發生。

除了山坡地最可能被不當利用外，其他也容易被不當利用的土地也有不少，河川地，海埔地等洩洪區土地一但被不當利用，都較容易造成災害。

（二）水資源不當流失與汙染

水是土地以外另一種很重要的自然資源，人類依賴這種資源煮飯、燒茶及製造各種飲料補充身體需要的水分，也用這種資源生產或製作各種需要的糧食及其他物品。洗濯、清潔都不能沒有水。人類社會對水不斷增加需求，於是不斷開發水資源。開發的主要方法是建造水庫，儲存從天而降的天然雨水及從地裡流出的河水、溪水及泉水等。

臺灣在近些年來，除了民生用水以外，農田用水仍然需要，但有減少趨勢，工業用水則因工業發展而大量增加。因此持續需要開發水源，但能建造水庫的地方差不多已經造完，少數幾處還合適建造的地方，卻因民眾的土地資源會被淹沒而反對，未能順利進行。水資源供應越顯露出受到限制，也越珍貴。

當水資源越趨寶貴之時，此種資源卻又不斷在流失或被汙染破壞，重要的流失及汙染破壞途徑包括，水庫淤泥嚴重、蓄水量變少，水源受到農業或工廠及社區廢水等的汙染而變壞品質。

（三）森林資源因過度砍伐而毀損

森林是保護水土、景觀以及調節空氣及氣候的最重要資源。過去數十年來臺灣的森林資源因為過度砍伐而毀損。除了對木材的大量消耗，也因改變土地利用方式造成。從官方統計資料看不出臺灣林地有減少的現象，自一九九四年以來都保持210萬2千餘公頃，但實際上林地中的林木因盜伐或砍伐而有大量減少的趨勢，到了晚近幾年已到無木可砍。到二〇〇八年木材生產量僅為25,135立方公尺，僅為一九六五年最多產量1,116,915立方公尺的2.25%而已。

二、自然界承受不當利用資源的限度與天然災害的教訓

自然界對人類不當利用天然資源有一定承受的限度，超過此一限度即會形成災害。臺灣因為山坡地不當開發利用，水資源不當流失與汙染，以及森林資源過度砍伐而毀損的結果，經常發生自然災害，使人類飽嘗了苦頭，將臺灣經常發生幾種自然災害分別述說如下：

（一）土石流的災害

此種災害常於颱風來襲夾帶大量雨水時發生，其近因是大風雨造成，但其遠因則與山坡地不當開發及森林資源過度砍伐有關。開發後的山區缺乏森林保護水土，大量雨水沖到暴露的土壤，很容易造成土石流。發生土石流時可能斷橋斷路，甚至毀壞山村，傷亡生命財產，災情都不輕。

（二）水災及廢水的毒害

水災的發生導因於暴雨，但與水庫淤泥太多，庫底變淺也有關係，當大雨降臨時，常要洩洪以保護水庫，卻造成下游地區發生水災。也有因為排水系統不良的因素造成水災的情形。發生水災時，淹沒良田村莊，甚至大城市中較為低窪地區也被水浸。發生水災時，農作物泡湯，浸水家俱車輛也都損毀。有時還會有人畜喪命，災情都不輕。水汙染主要來自四種源頭，第一種是工廠排放汙水，第二種是農藥殘留的毒水，第三種是社區居民使用過的髒水，第四種是經垃圾滲透的汙水。這四種汙水的前兩者都可能會有劇毒，毒化下游的農田，也會毒死下游的養殖水產，都可能造成農漁民的損失。

（三）垃圾的汙染

人類社會使用多量的物資，必會製造多量的垃圾。垃圾中的毒化物質可能毒化土壤及地下水源。繼之則毒化食物而後傷害人體。

在堆積垃圾的附近也會產生惡臭的氣味，汙染附近的空氣，居民降低生活品質。社會上經常會見到人民會爲垃圾處理不當而與政府對抗的事件。

（四）空氣汙染

汙染空氣的重要來源約有三大類，一爲工廠的排煙及化學藥品，二爲前說的垃圾，三爲大型養豬及養雞場。前兩者可能發生在都市及附近，但也可能產自偏遠地區的工廠。後一種則較多發生在鄉村地區。

汙染的空氣使人聞之難受，甚至會有中毒的現象。有者則會導致人體罹患致命的疾病。高雄某一工業區排放的毒氣，味臭難聞，吸入者會咳嗽不停，曾導致附近小學無法照常上課。中部也有某一淡海的大型工廠，汙染附近空氣，導致居民容易罹患癌症的傳言。

三、要救災也要防災

人類因爲不當開發與利用自然資源，或因不當使用科技方法生產農業及工業產品，以致擾亂自然界的和諧組合，乃會造成多種災害。面對已發生的災害，人類必要去搶救，面對可能發生的災害，則要先去預防。

救災與防災是全民的責任。但因災有因，害有主，曾經因爲開發利用資源或運用科技從事農業及工業生產者，更應能知所節制開發與利用，不使發生破壞自然，製造汙染與災害。政府是管理與防救各種自然災害的最後一道防線。有必要做好管理的職責，使災害減到最輕。

第四節　多種人文區位學理論與概念具有應用功能

　　正如各種社會學理論與概念，具有應用功能一般，人文區位學的多種理論與概念也都具有應用功能。本節敘說幾種重要的人文區位學理論及概念，並扼要說明其應用功能。

一、區位體系理論（Ecosystem Theory）及其應用

（一）理論要點

　　人文區位學基本上是吸取區位學理論與概念，而發展成的一種學問。發展較早的區位學理論概念也成為人文學理論與概念的基礎。區位體系理論是最基本的區位學理論，也應是人文區位學最基本的理論。將此理論的要點列成如下數點。

　　1. 生物（或人類）所居住的社區成為一個體系。在此種社區中生物或人類之外的非生物形成其環境系統，社區內的人及生物與其非生物環境形成一個體系。

　　2. 生物（或人）的非生物環境包含的項目很多。共有能源、水、氧氣、土壤、礦產等。人或生物吸收與利用這些環境資源而維持生命，再經排放用過的廢棄物而流到自然界。

　　3. 區位體系受外在及內部因素所控制。外在因素包括氣候及原始物質，這些外在因素控制整個區位體系的結構。內在體系即指生物（或人類）本身的因素。具有分解競爭及抵抗干擾及承續等能量。

　　4. 區位體系具有動態性（dynamics），受週期性的干擾，但不斷再恢復。

　　5. 不同區位體系因包含的物種不同，所在地點不同，所做事或發揮的作用也不同。

　　6. 區位體系功能受生物多樣化所影響。為使其對人類有益，需要加以管

理。包括管理人類本身、自然資源及劃分區位體系等。

（二）應用要點

　　區位體系理論中各種要點都含有應用的理念與價值，首先將此一理論中的生物轉化爲人，則整個區位體系的理論即成爲人文區位體系理論。而依此理論可應用的方面很多，包括：(1)重視社區是體系範圍的概念。許多區位互動、管理維護都可在此範圍內進行。(2)資源與環境對生物及人類非常重要，必須要能善加對待。(3)體系中各小單位具有互動性及密切關係，必須受到重視。人類可主動設計與調整互動的方式與內容，使之與其他單位建立較良好的互動與關係，會有益整個體系，也有益人類本身。(4)體系中有人有物，人應善待他物，是做好管理體系的重要工作。

二、人文區位結叢（**Human Ecological Complex**）的理論及應用

（一）理論要點

　　此一理論是由美國人文區位學家鄧肯（Ottis D. Duncan）所創。他使用四個重要人文區位變數的關係，說明各種人文區位現象與問題。這四個變數是人口（population）、組織（organization）、環境（environment）及技術（technology）。四項變素之間各有密切相關性，簡稱人文區位結叢，可用POET表示。繪成關係圖形則如下圖所示。

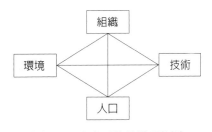

圖14-1　人文區位結叢理論圖

（三）理論的應用

此一理論對人文區位現象的解釋力很強，可解釋的範圍非常寬廣，可應用的範圍也很寬廣。各種人文區位環境現象中都至少包含此理論中四項變數的兩種以上，且彼此互爲影響，關係更爲密切。以人口變數做中心說明其道理。人口變數既會影響組織、環境及技術，也會受此三種因素所影響。組織基本上是由人口組成的，人加入組織必能從組織獲得滿足，也受組織的規則所約制。人會受自然及社會環境影響而調整生活方式，也會試圖並能多少影響或控制環境。人類很努力創造新技術並使用技術於生活的各方面，得到多種技術的好處，但也會受到技術的傷害。人類使用各種化學技術製造許多工業產品，但多種化學物品造成汙染，對人類健康生命的威脅也很大。

上面在說明人文區位結叢理論的內容時，已點出了此一理論可應用的範圍甚廣闊深遠。人若能仔細思考此種理論，應用於周邊現象與問題的解釋上，幾乎無所不通，無所不能。

三、區位過程理論（Ecological Process Theory）及應用

（一）理論要點

此一理論是美國芝加哥學家派的麥堅如（Roderick D. Mckenzie）所創。理論的要點是經由研究美國都市中不同族群分布占據的地理位置經由四種重要區位過程而完成。這四個過程是入侵（invasion）、承續（succession）、支配（dominance）及隔離（segregation）。

入侵是指原來都市中的人（如白人）居住的地段，有其他族群的人（如黑人）住進或入侵，隨之白人遷出，黑人持續遷入，經過一段的時間，白人繼續遷出，黑人繼續遷入，直到黑人成爲多數，乃支配整個地段，最後全部成爲黑人區，與白人居住的地段或區域完全隔離。

（二）應用要點

此種理論所說明的現象普遍發生在美國都市的發展過程中。但若應用其區位結構變化的原理在其他區位現象上，都能說得通，也具有應用性。筆者曾應用此一理論概念說明臺灣都市在擴張發展過程中，大樓等建築物先經過入侵原來郊區的農業用地，繼續進行下去，不久就變為住宅區，全被大樓住宅所支配，而與更外圍的農業區明顯有隔離的現象與界限。

在都市範圍內有此理論為依據，就不難預測不同地段的區位變化，及所需的建設措施。在臺灣都市中人口的種類未有如美國多種族群，故不致有不同族群各占不同地段或區域的明顯隔離現象。但在都市區位結構中，大致上也區分出商業區、文教區、老舊社區、新開發社區等的區隔與分離，都與區位過程理論有關，也都可應用此一理論來觀察其變化與問題。

四、社區的概念及應用

（一）理論要點

前面提及區位體系理論時，指出區位學將生物社區視為一個體系。人文區位學家哈雷（Amos Hawley）就強調人類的社區是人文區位的單位。他的大作《人文區位學》一書（*Human Ecology: A Theory of Community Structure*）即以社區結構理論建立全書內容的焦點。所謂社區是指有一定地理範圍及範圍內一群人的活動與關係的總稱。

（二）應用要點

如今社區已成為很普遍的概念，且成為人類群居的普遍方式，在學術界也已發展成一專門領域。在實用上則很廣泛深入應用了社區、規劃、社區發展與社區工作等概念，對於人類生活的改善都有重要的功用。

五、生命共同體的理倫概念及應用

（一）理論要點

區位學理論中很強調處在同一地區上的各種生物之間互有密切的關聯性，有如生命共同體。在人文區位學上，人類生命共同體的概念也至爲重要，共同體中的人群有如同在一條船上，彼此相依爲命，不宜衝突鬥爭，否則會同歸於盡。

（二）應用要點

由區位學及人文區位得來的生命共同體的理論在亂世尤爲重要。如今臺灣社會處境相當混亂，內部不同政治立場的人衝突與鬥爭不斷，這條船隨時會有沉沒解體的危機。臺灣的人民實在很必要深深體會生命共同體的理念，團結一致，抵抗危險的外力，不被併吞，共同維護彼此的生命，使能永續存在。

第五節　應用人文區位學的教學與研究發展

一、在國內發展教學與研究的可行性

　　人文區位學至今已發展近一世紀，內容豐富也重要，是一門重要的學術。可應用的方面也廣泛，也都不難落實，價值也很高。實具有在國內發展教學與研究的可行性。參照過去的經驗可供發展成教學的課程名稱或研究的領域包括人文區位學理論、社區的人文區位學、人文區位結構與功能、人文區位學的應用等，可以應用的範圍包括在健康、經濟、地理、心理、人類學等多方面上。

二、國內社會學界相對忽視

　　相較於社會學進步的國家，國內社會學界對於人文區位學及其應用在教學與研究方面顯得落後許多。過去一度曾經在台大農業推廣學系的鄉村社會學組開授過人文區位學的課程，也做過幾項相關的研究。但如今因爲學系所改名，課程內容與研究方向也大爲改變，人文區位學的教學與研究已再無人過問而消聲匿跡。

　　如今當社會現象變爲多元複雜之際。人口、組織、環境與技術之間的關係變爲錯綜複雜，講究此四種變數之間複雜關係的人文區位學在教學與研究上應也大有可爲才較合理。

三、學習已發展的知識與理念

　　至今人文區位學可供學習的知識與理念已相當豐富，值得初學者當爲學習的入門，廣爲吸收與批判。學習多了，了解也多，自然就熟能生巧，必也有助創造出新知識與新理念。

　　對於尚未發展的知識與理念則是人文區位學研究者的職責。人文區位學研究若能創新，就可使人文區位學的發展更向前推進。

四、使用本土的研究資料，創設符合本土現象的理念。

　　人文區位學的應用性質與社會學的應用性質相同，需要重視本土性，將已發展的理念用本土的資料加以驗證，或從本土社會與環境的實際現象中發展出新理念。能將理念與本土資料相結合，則人文區位學及其應用的價值便能提升。

五、開課教學與進行研究

　　要發展應用人文區位學或人文區位學的應用，最具體的辦法是在大學中開班授課，並在學術機構中進行研究。各大學的社會學系所以及相關的系所等若能開班授課，一定有助引導新秀對此種學問發生興趣而樂於投入研究。大學及其他學術機關，若能實際從事有關人文區位學問題的研究，也必能使此種學問發揚光大。人文區位學是社會學的一支門，發展應用人文區位學也相當是發展應用社會學。

參考文獻

中文文獻

王鑫，2009，「自然保育總論」，臺灣大百科全書，遠流出版公司。

林音，1993，「臺灣地區自然生態保育相關問題之研究」，臺灣銀行季刊，44卷3期，265-299頁。

林俊全，2004，臺灣的天然災害，遠足文化出版。

周顏玲，1972，「人文區位學概念的發展史略」，思與言，10卷2期，34-42頁。

陳玉峰，1996，生態臺灣，晨星出版社，臺中。

楊懋春，1993，人文區位學，五南圖書公司印行。

漢菊德，1974，「邁進人文區位學的多元」，社區發展月刊，3卷7期，17-22頁。

蔣本基，2009，新興汙染物監測、處理及風險評估之研究，經濟部水利署。

英文文獻

Abbott, P. C. 2008, Natural Disasters, New York, McGraw Hill.

Cotton, William R, 1981, "Environmental Protection", in Marvin Olsen, and Michael Micklin ed. Hand Book of Applied Sociology, Pralger Pulishers. pp. 511-537.

Duncan, Otis Dudley, 1959, "Human Ecology and Population Studies," in Otis D. Duncan and Philip Hauser ed. The Study of Population, the Unreality of Chicago Press. pp. 678-716.

Egerton, F. N. 2007. "Understanding Food Chains and Food Webs", Bulletin of Ecological Society of America, No 88, pp50-69.

Hawley Amoes, 1950, Human Ecology, New York: The Ronald Press Company.

Mckenzie, Roderick D. 1968, On Human Ecology, University of Chicago Press.

Yang, G. L. 1974. "Human Ecology as an Interdisciplinary Concept, A Critical Inquiry," Advances in Ecological Research, No 8, 1-105.

Wikipedia, The Free Encyclopedia, 2013, Human Ecology.

第十五章　城鄉失衡與共存之道

第一節　城鄉研究在應用社會學上的定位

一、兩者的興起

　　人類社會結構的演變是先有鄉村後有城市，但在社會學上兩者研究的發展大致上可說時間相當，難分先後。過程都因兩種社會發生了問題，引發了學者的注意，而開始進行研究。社會學對鄉村的研究發展出鄉村社會學，對都市的研究則發展出都市社會學。

　　追溯鄉村社會學的發展起源甚早，在美國早在內戰以後農業不穩定與困難，引發了政治人物及社會科學者的注意，在十九世紀末就有社會學者及其他社會科學者投入鄉村社會的研究。到了二十世紀的一九〇八年時，老羅斯總統推動成立鄉村生活委員會，邀請許多大學教授加入，乃產生許多研究的報告，成立鄉村社會學的基礎。到了一九二〇年代後期至一九三〇年代初期，第一次世界大戰結束前後，美國經濟大蕭條，鄉村與都市生活都陷入低潮，羅斯福總統繼續推行新政，致力於鄉村社會的研究與建設，鄉村社會學的發展更具成就。一九三五年以後至二次世界大戰結束期間，美國對鄉村社會學研究的重視不斷，出版了不少書籍。二次大戰以後，環境條件改變，研究內容的趨向也有變化，曾經非常蓬勃發展過，在許多授田大學中都設有此類課程的教學，也有可觀的研究成果。但到了二十世紀後期以後，此一學門逐漸沒落，應與都市快速發展，鄉村人口嚴重外流有關。

　　在世界其他地區，鄉村社會學的發展大致上跟隨在美國之後，其興衰情形一方面與其學術發展成正向關係，另方面則與其都市發展呈反向關係。至今在許多後進國家，對於鄉村社會學的研究還方興未艾，但在開發國家都有逐漸沒落的趨勢。

　　社會學上對都市社會學的研究也開始很早，在二十世紀初期德國的滕尼斯及韋伯，法國的塗爾幹，美國的齊美爾等社會學者都由對比城鄉社會的差異研究而

奠定都市社會學研究的基礎。一九二○年芝加哥學派對於都市中人文區位現象研究的熱衷，為都市社會學打開一分支學門。此一學派創設了人文區位學，也幾乎是創設了都市社會學，其研究重點著重在都市的人文區位結構，或空間分布。

後來都市社會學研究也涉及對都市社會特性、人口成分、文化性質以及馬克斯的資本主義影響論述等。其他方面的學者也對都市的土地、住宅、貧窮、行政、福利服務工作、以及計畫等許多方面都有興趣研究。

二、當為社區的性質

在社會學的領域內，鄉村與都市最常被當為兩種不同性質的社區加以研究。在社會學者的眼中社區是具體而微的社會，具有一定的地理範圍，範圍內有多數的人，及其彼此間的互動。這種地理範圍包括鄉村的小聚落及都市的大聚落。以社區為範圍作為研究對象既不失大社會的性質，也能比大社會較容易掌握的優點與好處。

社會學者在早前對鄉村與都市兩種社區的研究，將之當為性質不同的兩種類型，著眼在許多社會性質上的不同點或差異性，兩者人口大小不同，人口密度不同，人口的職業等性質不同，空間範圍及結構不同，人與人的社會互動性質及社會關係不同，生活方式與習慣不同，心理狀態不同。這種強調兩者差異化觀點或理論稱為二分法（dichotomy）。

三、城鄉連續性的新理論與應用

後來有學者不信城鄉二分法，認為城鄉之間的性質並非絕對有差異，乃提出城鄉連續性的理論（rural-urban continum），這種理論認為城市與鄉村，在各方面的性質上只有程度上的不同而已，而非絕對的差異。美國鄉村社會學者德菲勒（Robert Redfield）是創造此一理論的人。他於研究墨西哥農民之後，發現快速都市化使農村中農民也快速擁有都市人的設施與特質，城鄉差距大為縮小。

　　但是此一理論也受到不少挑戰與批評，有人認為如從城鄉文化差異方面看，確實具有連續性，但若從兩類社區的人口數量及人口密度看，則差異仍甚明顯。無論如何，此一理論更有助對城鄉互動關係的了解與確認。兩地之間的特性隨著人口的遷移都有向他地擴散的現象，使兩者相互感染對方的性質，在特性上逐漸混合，各具有對方的特性。鄉村都市化，城市中也有不少鄉村性。此種互相影響過程，使兩者之間的連續連結，甚有助於探討兩種社區相互關係的現象。

第二節　城鄉適當分工的本質與必要性

　　鄉村與都市雖然有越走越近的趨勢，但兩地的自然及人文條件仍有不少的差別，以致其基本功能仍有差異，不同分工情形也正好可以互通有無。本節分別提出鄉村與城市各三至四種重要功能，也正可符合彼此的需要。

一、鄉村生產糧食儲蓄水源供應都市需要

　　鄉村地區分布廣闊的農地及林地，前者可以生產糧食，後者可以儲蓄水源。都是城市迫切需要的兩種物資，不能一日或缺。多半的糧食都在農地上生產，農地大半都分布在鄉村地區。糧食生產也需要農民操作，多半的農民也都住在鄉村地區。農民在農地上生產的糧食除少部分留作自用外，大部分都供應給消費地的都市，銷售給都市的居民。

　　都市居民也不能一日無水可用，而用水的來源都取自集水區的水庫或湖泊與河流，其中固然也有直接得自雨水者，但有不少是由廣闊山林儲蓄後緩慢流入集水區的河流或水庫中，再從集水區的水庫或湖泊中抽取或引流一部分經過淨化處理後，供應都市需要的自來水。

　　雖然近來在都市地區也能生產糧食並回收用過的水再加處理淨化循環使用，但是杯水車薪，若未從鄉村地區取得來源，必有缺糧缺水之慮，後果不堪設想。

二、鄉村提供戶外遊憩資源供應都市人休閒去處

　　自從國民所得提升，交通發達以來，都市人利用星期假日赴鄉村休閒旅遊者越來越多。都市人到鄉村休閒旅遊，一方面可暫時逃避都市的壓力，另一方面也因為鄉村地區確實有戶外遊憩資源可供玩賞。

　　風景秀麗的山林與水域風景區，都分布在鄉村地區。是吸引都市人前往郊遊渡假的好去處。近來鄉村地區的休閒農場數量不少，也是都市居民在星期假日喜歡前往休閒渡假之處。鄉村的聚落也是不少市民返鄉省親祭祖或從事文化觀光旅遊之地。

三、在歷史上，鄉村曾經是都市人的避難之地

　　過去世界曾經歷過不少戰爭與災難，都市常是戰爭期間敵人飛機轟炸的目標，也是流行病等災難嚴重地區。都市人為逃避戰爭屠殺及流行病等災難，常遠避到人煙較為稀少的鄉村地區，便可較為安全。

四、都市有較具規模的公共設施與服務可滿足鄉村居民的需求

　　都市地區人多錢多，方便各種發展，也都有較具規模的公共設施與服務。重要者有政府機關、博物館、大學、大型醫院、歌廳劇院、動物園、飛機場等，都是在鄉村地區看不到也難以接近者，常為鄉村居民所嚮往。鄉村居民也以能有機會到都市實地參訪或使用，以便滿足需要，並感覺快樂。臺灣有不少鄉村居民到臺北的目的就是為了參訪故宮，看101高樓，搭乘捷運，看動物園，或到大醫院就醫。

五、都市傳遞給鄉村新訊息與新知識

　　都市是大眾傳播媒體的中心，報紙、電視與廣播電台等大眾傳播機關的總部都設在都市，這些大眾傳播媒體是傳遞新訊息及新知識給鄉村觀眾或聽眾的主要來源。

　　報紙每天一大早就將最新的新聞消息，從都市中的報社傳送到鄉村地區。有線電視每天二十四小時傳播新聞給觀眾，不論他是住在城市或在很偏遠的鄉村地

區。大眾傳播媒體不僅傳送新聞消息，也傳送新知識，多數的鄉村居民很少閱讀書籍，多半的新知識都由接收大眾傳播媒體訊息得來。

六、都市是貿易中心，供應鄉村居民各種工商產品

每個都市都是貿易中心，不僅提供零售生意給市民，也提供批發服務給遠處的鄉村居民。許多鄉村居民無法自己生產的工商產品，都需要有批發商人從都市的廠商或批發商供應給鄉村地區的零售商，而後再被鄉村居民方便購買並使用。批發商人不供應的工商產品，如果鄉村居民也有需要，只好親自到城市採購。

七、都市提供鄉村居民就業機會

都市的服務業種類很多，郊區加工廠也都需要人力操作，都市內部的人力常供應不足，需要從鄉村移來。不少從鄉村到都市工作者，有者通勤，有者成為移民，致使都市人口不斷暴增，鄉村的人口則不斷流失，這種人力上的來往與互動，是近代許多國家都市化的主要根源與內容。這種來往與互動若能適當，對於兩地社會經濟的發展都有利。但如果超過適當範圍，創造成過度都市化現象與農村的蕭條，對兩地的社會經濟都會造成問題，對整個國家也無利益。

第三節　都市快速發展與人口遠離鄉村的趨勢

一、自二十世紀後期以來臺灣人口快速都市化

臺灣自戰後都市人口所占比例就有增加現象，約自一九五〇年代後期以後工業逐漸發達，都市人口也逐漸增加。一九五二年時全台工廠共只9,966家，至一九九八年增至52,849家。在此階段工業產值占國家總產值的比率由17.1%增加至40.2%。在一九六四年臺灣全部都市共有12個，人口占25.8%，至一九七八年都市數目變多，增至18個，規模也變大，人口占全部的比率增至41.9%。人口都市化的過程由四個成分組成，(1)新都市人口加入；(2)自鄉村移向都市人口；(3)都市內部自然成長的人口；(4)原來都市因擴張版圖所增加的人口。就以高雄市人口自一九五九至一九七八二十年內的變化看，由438,429人增多1,063,797人，共增加約一倍半，或為原來的242.6%。其中有38.3%由淨移入得來，其餘61.7%則得自自然增加。我們可進一步再計算自一九六四年至一九七八年短短14年間，臺灣全人口增加39.5%，都市人口增加103.2%，鄉村人口則僅增加13.8%。自一九七八年以後臺灣人口都市化仍未停止。若將鎮（urban towns）也當為都市，則目前臺灣人口中都市人口約在八九成之多，都市化的程度已達很高水準，鄉村人口則僅存一、兩成左右。

二、都市的拉力與鄉村的推力造成

（一）理論要義

人口學者對於人口遷移發展出許多理論，其中推拉理論（push-pull theory）是很原先發展，也很有說服力的一種。此種理論的要義是人口遷移由推力與拉力共同運作而成。在人口移出地區或國家有多種推力，在移入地區或國家則有多種拉力。不同遷移流程（migration stream）重要的拉力與推力不很相同，但也大同

小異。

（二）重要的推力

在臺灣人口都市化的過程中，鄉村發生幾種重要的推力，包括勞力過多，耕地太少，農業工作甚爲辛苦，農業外的就業機會缺乏，農民收入水準偏低，鄉村地區的公共設施與服務不足，人民生活水準偏低。這些都是重要的推力，將人口大量推出鄉村，到都市謀生。

（三）重要的拉力

人口都市化過程，若僅靠鄉村單方面的推力，將人口推出，卻無處可去，則人口遷移也難進行。當一九六〇至一九七〇年代臺灣的工業發展，不少工業區又分布在都市周邊。工廠的就業機會增多，都市內部的商業與服務業也跟隨發展，需求人力。故當鄉村地區景氣不振之時，推出的大量人力都被都市地區興起的工商服務業界所吸收。都市的重要拉力除了有較佳的就業或工作機會，也因有較充足的公共設施與服務，可以滿足人民就業、就醫及休閒娛樂等。政府的重要機關也都設立在都市，住在都市的居民要與公家機關接觸辦事都較方便。總而言之，都市在許多人民必要需求的方面都較鄉村豐富充足，人民居住都市中可分享較多良好設施與服務，過較高品質的生活，這些因素都成爲吸引人口前往居住的重要拉力。

臺灣憲法上規定人民有遷徙的自由，可自由從缺乏希望的鄉村，搬移到充滿希望的城市。不像中國戶籍制度對人民遷移有不少限制，鄉村的推力及都市的吸力都會受到此種制度的限制而扭曲人民的遷移行動。

三、鄉村人口與人力流失造成鄉村衰敗的問題

鄉村人口與人力大量遷移都市而流失，使主要產業的農業及小生意的各種商

業與服務業等，都發生衰敗的現象。農業人力逐漸變為缺乏，導致政府也同意農地休耕或廢耕，或贊同某程度的改變利用方式，如開發成工業區或休閒農場與遊樂區等。

農業衰敗的結果，農作物產量與產值都有減少趨勢，尤其是傳統農作物的生產量與生產值都明顯下降。許多耗費人力的傳統農作方法也都被廢除。有者被機械代替，有者則徹底消失。

鄉村地區鄉鎮街上的多種商業或服務業也隨著鄉村人口的外移後減少而衰退，多半的戲院都已關門，市場的生意也較前沒落。布行、冰店等本來有鄉村人口經常光顧消費的地方，也都因為消費人口的減少而衰微。

不少村落的住宅因人口遷出而空出，無人居住，長久之後有者破落未修，庭院雜草叢生，有礙觀瞻與環境衛生。不少家戶的年輕力壯人口移出，留下年邁老人，身體衰老、健康欠佳，缺人照護，問題不小。

鄉村的人力流失，資金也隨著流失，許多方面的公共設施，缺人缺錢從事建設與修護。社區外貌與內涵都有建設乏力的問題。直到最近政府農業主管當局，見於問題的嚴重性，乃有推動農村再生的計畫，耗資龐大，從事再生建設。多少有助農村恢復生機，改善外貌，也能提振精神。

四、人口過度集中都市的問題

人口集中都市，固然具有促進都市繁榮發展的好處，但在都市發展過程中，太快速膨脹也造成不少問題與缺失，為都市帶來不少困擾與麻煩。重要的問題或缺失可分為就業、住宅、交通、環境及供水等五大方面加以說明。

（一）就業問題

人口遷移都市主要的目的之一，是在都市中尋找收入較高、工作較輕鬆的職業。但並非所有自鄉村移入都市的人口都能幸運如願。由於移入人口具有的知識與技能與所需求者有差距，或因求職者缺乏適當管道，而未能找到適當的職

業。這種問題在遷移初期最可能發生，於是都市中經常會出現找不到工作而處於失業待救助的勞工。臺灣都市中的失業者可能不比中國都市中有眾多盲流人口的問題嚴重，但是未有適當工作以致也未有固定收入的移民人口為數也有不少。其中有者流入不當的行業，雖能獲得收入，但工作的性質卻是有違法律。有在街頭巷尾從事色情或販毒工作者，也常是無適當工作者。

多數為了工作就業而從鄉村遷移都市的人口，初期是人地生疏，若無熟人相助，多半都有經歷辛苦的經驗，其中有人後來奮鬥成功，但早期的辛苦常少為人知。

（二）住宅問題

人口所到之處需要有遮雨擋風的住宅。都市住宅的建設與提供，常未能應對與滿足快速流入人口的需求。因此過去在後進國家快速都市化過程中，常會出現許多簡陋的違章建築（squatter settlement），這種情形在臺灣都市化的初期也到處可見，後來因為見於違章建築太多，乃有就地合法的政策，但有些占用公地的違章建築至今仍然普遍存在。

都市住宅的問題不僅違章建築一項，廉價國宅不夠分配，房地產價格不斷攀升。因為建地稀少，後來的住宅建築乃有朝向高價位的豪宅發展的趨勢，帶動整個房屋市場非常的囂張，價格一日三漲，致使升斗小民難有能力置產安居。成為臺灣都市化後期非常嚴重的問題，政府也無良策可以妥善處理，問題越演越烈，人心惶惶，似有動搖國本之虞。

因為房價畸形的發展與演變，社會貧富不均的問題愈為嚴重。這不僅是經濟的危機，也是社會與政治危機，當社會貧富不均問題嚴重之時，也是民怨沸騰之時，社會與政治難免不安與不穩。

（三）交通擁擠問題

都市人口密集之後，交通也必然產生擁擠的現象與問題。臺灣都市的交通

也曾經經歷黑暗的時代，道路經常打結不通。所幸經過多年的地下捷運系統建設，過了數年不便之後，如今已大有改善，但是捷運未到的死角還有不少。目前除了首善之都的臺北及新北兩市與高雄市有捷運系統，其他次級都市都尚未有捷運建設，都市的交通問題仍很嚴重。

已有捷運之便的臺北市，道路上還經常挖掘填補，造成路面不平的問題，也發生過整修道路的耗費不尋常昂貴的問題。其中有些問題牽連到政治的魔障，但基本上都因人口密集，對便捷道路的需求殷切所引起。

（四）環境問題

人口擁擠的地方，環境多半不良。臺灣都市的環境問題雖有環保行政單位為之處理，但基本上不良問題能改善的程度仍很有限。夏天時空調系統排放的熱氣使整個都市的溫度升高。汙水垃圾經過處理雖有改善，但堆積垃圾的山頭附近的空氣惡臭，汙水處理隨供水收費，以及垃圾收費政策都有不少民怨。原已規定使用花錢的塑膠袋，近來有傳言要改用秤重收費的政策，未實行就先轟動，引來罵聲連連。足見都市中的垃圾及汙水等環境上的問題也不輕。

因為市民用電量不少，以致電力公司經常調高電價。政府也不聽民意，繼續要貫徹核電廠開發的政策。核電的開發關係環境的安全非同小覷，也引來不少人民的擔憂與抱怨。

（五）供水問題

人口眾多的都市，需水殷切，以致在缺少雨水季節以及颱風過後水庫混濁之時，會有供水不足或不夠清潔的問題，民眾也常會有怨言。這種問題發生在新北市的情況較多，與石門水庫淤泥太多有關。臺北市自從建造翡翠水庫之後，供水大有改善，但晚近傳言政府有開放水源區開發禁令的說法，如果此令當真，則水源必會遭受汙染，也可能帶來供水發生汙染的災難，政府當局實不可輕易採行這種不適當的政策。

第四節　新都市管轄的政治企圖與問題

一、縣市改制與五都的形成

　　臺灣於二〇一〇年十二月實行縣市改制，新增新北市臺中市及臺南市等三個院轄市，與原來的臺北市及高雄市兩個院轄市共形成五都，之外為十三縣。新五都的新北市由原來臺北縣轄區改變而成，新的臺中市則合併原臺中市及臺中縣，新臺南市合併原臺南市與臺南縣，新高雄市則合併原高雄市與高雄縣。

　　依據維基百科的資料，行政區域的重劃與調整，最先出自國民黨藉總統參選者連戰的政見，復又為馬英久擔任國民黨主席所提的政見，後來當選總統後成為其重大施政方針之一。原定計畫為三都十五縣，後又曾有演變成六都之提議，最後立法院通過四個新都市與原臺北市不變，共形成新五都及十三縣。

　　最先北中南三個都市計畫的理論是依據生活圈的概念，也考慮財政劃分的問題。堂皇的目標是可由減少行政單位而減少負擔，可增加國際競爭力，緩和區域發展失衡問題。但是此一計畫的爭議性很大，維基百科共指出十項爭議要點，將各要點摘要如下：

　　（一）計畫非由專業人士提出，縣市與鄉鎮劃分過於粗糙，難以（符合）生活圈及財政（獨立）要求。

　　（二）計畫可能過度集中三都。

　　（三）升格所依據的地方制度法，規定升格權交於地方，可能造成地方與中央在審議上的爭議。

　　（四）三都權力過大，可能聯合對抗中央，或與其他縣市摩擦。

　　（五）合併後縣市議員席次減少，原民選鄉鎮市長改為官派，民意基礎減弱。

　　（六）直轄市的公務人員數將增加。

　　（七）北北基合併後轄區過大，行政負擔重。

（八）既有省轄市為求合併可能降格，造成地方不滿。

（九）資源過度集中三都，造成其他十五縣人口外流。

（十）各縣人口差異太大。

因為原提案有這麼多的爭議，後來定案通過五都十三縣的劃分，但仍然多有爭議。

二、政治考量掛帥的非妥善決策

由上列十項爭議可明顯看出增加新都的決策並非很妥善。起於競選總統及黨主席時的政見，也可看出其政治考量的意味濃厚，其中另有一點未被維基百科寫明的政治意涵是，為了討好某特定地區的選民，也是企圖能在某些特定地區能夠勝選的作法。如果此一計畫不是在重要政治競選時候提出並決定，反而會讓人覺得較合理性，然而一旦被套上政治的目的，其合理性自然就會受到懷疑與憂慮。筆者覺得此計畫還有兩點被人覺得不甚理性的地方，將分別於本節第三及第四兩點說明。

三、鄉村特性濃厚的地區也算都市的荒謬

五都之中有四個新直轄市都包含過半的鄉村地區，這些原來相當偏遠的鄉鎮，在地理及人文的性質上鄉村的特性濃厚，缺乏都市的性質，但在改制後硬是套上都市之名，實在非常不真實。

本來鄉村地方的發展與建設有鄉村發展的原理為之引導，被改制在都市的版圖內，會讓發展與建設的目標很不好下定，發展與建設的方法也不好拿捏。

四、關鍵的適當調整目標應在資源合理分配

過去政府在財政資源的分配不公平不合理的情形常被批評與非議。城市與

鄉村的資源分配懸殊，財政資源相對集中在都市，在各不同都市之間，又偏向集中在首都臺北市。鄉村地區建設與發展相當落後，卻常苦無發展基金與建設經費可供使用，以致建設長期落後，許多建設該做而未能做。但在都市，尤其是首善之區的臺北市，能分配到的財政資源相對豐富，因此建設計畫常被發現有不少浪費的情事，城鄉發展差異乃有越來越大的趨勢。城鄉發展的不平衡性也越來越嚴重。但是這種因財政結構不良的問題未被列入重大政策去處理，卻去改變都市的範圍，使新都市包含了廣大的鄉村地區，都市管理不無走向偏差的危險性。原本已有規劃好等待通過實施的中央地方財政劃分法等在一邊，未能通過立法實施，卻先通過五都十三縣的改制計畫，令人不解。中央始終掌握財政大權不放，鄉村地方的政府卻常喊窮。城鄉差距的老問題要能有效解決，恐怕會很困難。

第五節　城鄉均衡發展的重要性

一、城鄉發展失衡的長期性問題

（一）城市建設優先，鄉村建設居次

　　城鄉發展失衡是臺灣也是其他許多國家長期存在的問題，在政府資源有限的情況下，城市的建設與發展常優先於鄉村。雖然有時政府不承認或不知覺，但從鄉村的設施都相對落後，人民的生活水準都相對低落即可見之。

（二）多種原因造成差距

　　為何造成此等差距，原因不只其一，重要者約有下列數端：第一，因為鄉村腹地遼闊的不利因素。鄉村有問題、苦難與建設需要不易為主政者發覺，常於問題嚴重時，苦難很深，建設需要明顯暴露時，才會獲得注意與關切。第二，主政者長期居廟堂之高，與鄉村疏離。俗話常說不知偏遠人民困難的官員是在冷氣房中做決策的，猶如住在紫禁城中的皇上阿哥，除非是非常英明，否則無法體會在太陽下被曬流汗者的辛苦，以致對鄉村的理解會與事實有著落差，未能及時幫助鄉村解決問題與困難，建設成果自然落後。第三，鄉村的政治聲音微弱。雖然在民主社會的人民有反映意見的機會，但是鄉村地區缺乏有力的代言者。政治人物在選舉時會下鄉拉票，選上了就躍升成權貴，逐漸與鄉村居民脫離，少能替鄉民著想或代言。媒體中心也都設在城市，與鄉村距離較為遙遠，接觸較不容易。第四，鄉村居民都是社會經濟弱勢。在這個競爭的世界，弱勢者被有意無意輕忽，或被犧牲，是很平常的事。因為這幾個原因，長期以來，鄉村在國家的建設與發展路程上處於不利與落後的地位，也就不是奇怪的事。

二、國土整合的意義

城鄉發展失衡是不應該的事，能均衡發展才是上策。此種策略的第一要義是國土整合。鄉村與城市都是國家的疆土，王土之下應一視同仁，不可以有差距，才能整合，才能成爲一體，也才有競爭力。

歷史上天高皇帝遠的偏遠地方，常因政府照顧不周，人民生活困苦，以致匪寇流竄，舉兵作亂，對抗朝庭。今日發展落後的鄉村雖不致如歷史上地方勢力敢於亂來對抗中央，但同在國家範圍內，實也不宜有未能整合劃一的國土。國家要強盛，每一寸土地都要發揮它的功能，每個人民都要使出力量。容易被忽略的鄉村，土地與人民都應緊密整合在國家機器之下，使能發揮成國家的一部分功能與力量，才是國家富強之道。

三、國民平等的意義

人類生而有平等的權利，國家政府有責任與義務保護人民的平等權利。處於弱勢地位的鄉村人民，正是國家與政府發揮保護人民權利的重要目標。唯有國民能享有平等的權利，國家與政府才有存在的意義與價值。

我國憲法中規定人民除有自由權以外，也有受益權。受益權的規定中對於弱勢群體包括要保障其生存權。國家爲改良勞工及農民之生活，增進其生產技能，應制定保護勞工及農民之法律，實施保護勞工與農民之政策。此外，憲法也規定對邊疆少數民族的教育、文化、交通、水利、衛生及其他經濟、社會事業給予特殊保障。這幾項規定都具有保護鄉村地區人民平等權利的精神，足見促進城鄉均衡發展也是憲法精神所在的一環，實應受到國家與政府重視。

四、均衡合乎自然法則

在生態學上很強調自然的均衡法則，意義是指自然界每一生物都有其適當

位置，當各生物之間能有穩定的位置，自然體系才能維持均衡的狀態。各種生物也才能較安全的生存下來。否則互相鬥爭，必然會有大亂，各自要求生存就有危險。

此種生態學上的原理實也給予人類一個很大的啓發，在人類的體系下，各部門都有必要維持均衡狀態，才能最有利各個體及整個體系的生存。

五、城鄉均衡是國家安定繁榮與進步的基礎

生態學上均衡的觀念與理論給人類社會一個很重要的啓示，即是一個體系要能安定繁榮與進步，則其各部分之間必須維持均衡狀態。個體之間能均衡，各個體才能穩定生存，整個體系也才能安定與進步。

國家是一個社會、政治與人文條件融合在一起的大體系，鄉村與城市是國家大體系下的兩個個別體系，唯有使兩者之間能處於均衡發展的狀態，國家體系才能安定，繁榮與進步。

第六節　城鄉永續共存的途徑

一、彼此相互尊重、關懷與祝福

　　本章前面數節已論述過城鄉差異與失衡的處境，以及均衡發展的重要性等。究竟如何促成兩者共存共榮，則有必要先從相互尊重、關懷與祝福做起。而後發揚分工合作功能等。

　　城鄉之間在彼此處於競爭下，有可能無法互相尊重與關懷，也未能互相祝福，對於兩者共榮共存都有傷害，必要先去除惡性競爭。城鄉之間會處於惡性競爭的局面常因人為因素造成，尤其是在非理性政治角力之下造成。有限政治資源在分配時，常會假設獲益者是處在競爭情況下，你有我就無，我有你就無的惡性競爭情況，而此種競爭常在政治的議堂上由政治人物代表演出。此類競爭情況以後仍會不斷，在此呼籲能彼此尊重，互相關懷，互相祝福，不必彼此爭得臉紅耳赤。也呼籲代表優勢都市地區的政治代表，能多給弱勢鄉村一些同情與關懷，減少一些錦上添花，多給一點雪中送炭。

二、發揮分工合作功能

　　本章在開始就論述過城鄉兩地具有分工的本質，應當善為發揚分工的功能，彼此互通有無。重要的是在發揚分工的過程中，彼此不宜暗藏玄機，表面看來是分工合作，實際上卻有不利對方的行為。例如鄉村在生產糧食時，應能避免施用不當的農藥與肥料，以免毒害市民健康。都市也不宜提供不當物品，以致傷害鄉村人民，或以不合理販賣價格敲詐鄉村居民，使其受損。

三、同工同酬

　　向來鄉村居民生產的農業產品因處於完全競爭，而經常必須削價出售，未能獲得較爲合理價格。相反的鄉民對要購買的物品又常無議價能力，而要付出較高價格，以致住在鄉村的農民與住在城市的商人，兩者之間常是同工未能同酬。形成鄉村居民收入偏低，生活水準偏低的差序格局。

　　這種差序很難在自由市場上獲得改善與解決，常需要政府在政策上的措施來彌補與挽救。一旦政策上有失忽，問題就很難改善。

四、公共資源公平分配

　　公共資源都經由政府匯集之後掌握在手中，而後再經由政治過程或手法分配給國內不同部門、地區或人民，政府若能作公平分配，便可改善政治，也可改善接受者的生活。

　　長期以來處在社會經濟與政治弱勢的鄉村地區及其居民，很必要能得到較公平的公共資源分配，使能彌補社會經濟條件與地位上相對落後的缺失，此種公平分配的工作需要政治人物的注意與作爲來達成。

參考文獻

中文文獻

李美華，2004，學校城鄉差距與學生家庭社經地位對數位落差影響之研究——以國民中學為
　例，國立政治大學，學校行政專班。
曹婷婷，2013，「城鄉差距離依舊南北差距拉大」，中國時報，2013年8月9日。
孫清山譯，2004，都市社會學，五南圖書公司出版。
章英華，1996，臺灣都市內部結構：社會生態與歷史的探討，巨流圖書公司出版。
蔡勇美、章英華著，1997，臺灣的都市社會，巨流圖書有限公司出版。
蔡宏進，1989，鄉村社會學，三民書局印行。
蘇碩斌譯，2012，都市社會學：社會顯露表象的時刻，群學出版社。

英文文獻

Bell, Michael M. "The Fruit of Difference: The Rural Uraban Continuum As A System of Modernity",
　Rural Sociology, Val 57. No1. 1992. pp 65-82.

Berger, Alans, 1978. The City: Urban Communities and Their Problems, Dubuque, Iowa: William C.
　Brown.

Dewey, Richard, 1960. The Rural-Urban Continuum: Real but Relatively Unimportant, American Jour-
　nal of Sociology, Vol. 66, No.1, pp 60-66.

Miner, Horace, 1952, "The Folk-Urban Continuum," American Sociological Review. Val. 17. No.8. pp
　529-537

Redfield, Robert, 1947. "The Folk Society", The American Journal of Sociology, No.52, 10.

Stewart, Charles. T. Jr. 1958. "The Urban-Rural Dichotomy: Concept and Use, American Journal of So-
　ciology," vol.64. No.2. pp 152-158.

第十六章　社會變遷的引導與發展規劃

第一節　社會變遷與發展的應用意義

一、認識人的社會文化連結與約束的變化

社會不停在變，也可能不停在發展，在不同的時間，人的社會文化連結的性質不同，社會文化對人的幫助與約束的力量或作用也不同。社會變遷反應了這種對人的幫助及約束的力量與作用的變化，社會變遷的研究則使人對這種變化能夠有所認識。進而能對變化中的社會文化環境能做好適應。

二、鑑古知今與了解未來

社會變遷與發展的研究多半先著重在了解過去，進而藉著過去社會發生的模式或範例，來認識目前的現狀及預測未來可能變化的情形。這種認識與了解，同樣也有助人類能較適當有效面對現象及對未來先做好適應的準備。

認識過去社會變遷的重點在軌跡、模式與範例，都可供為了解社會的現狀與未來變化的參考。此種了解還有另一項很重要的意義與用途是，可由了解目前社會現狀及預測未來社會的問題、毛病與缺點，而能加以補救、改善或作未雨綢繆的準備。避免問題與缺點的發展或擴大，也可免除或減輕其造成傷害。

三、創造社會發展的遠景

研究社會變遷最寶貴的另一應用目的，在能創造社會發展的遠景。過去的變遷經驗中有可供效法的範例，也有必要去除的弊病。了解之後最寶貴的應用目標在能藉著這些經驗創造社會更美好的遠景。這種遠景的實現必要由社會中的人使出行動。包括做好計畫，找對有效的方法，並運用方法向目標邁進。這種未來的社會遠景要比過去的社會性質都好，也比目前的社會狀況佳，生活在社會中的人都能覺得比前人更幸福。

第二節　社會變遷的必然性與社會發展的必要性

一、人與環境會變，社會也會變

　　社會是由人構成的，人會變，影響人類行為與環境會變，社會也會變。社會學者對社會變遷所關切的面相或課題也不少，綜合起來重要的關切面相無非包括社會那些方面的性質在變？變化的方向如何？變遷程度多大？變遷的速度快或慢？影響變遷的因素有那些？變遷的後果如何等？有關未來變遷能否預見？較成理論性的說法也有不少。重要者可分為：（一）社會變遷與社會進步的古典理論；（二）社會改革的變遷理論；（三）循環的變遷理論；（四）特殊面的社會變遷理論；（五）社會變遷的社會學理論等。了解社會變遷內容、性質與理論的大概，頗有助對社會變遷應用的開展。

二、社會變遷有好與壞

　　雖然社會變遷與社會進步的古典理論將社會變遷看為與社會進步的意義相近。但事實上，社會變遷的性質卻甚為複雜，有的變遷固然是進步性的，但也有變遷是走回頭路，越變越退步。有好的變遷，也有壞的變遷。好變遷有者是自然演變的，有的是經由策劃變來的，壞的變遷同樣也有自然演變及經設計變成的。但為確保變遷變好而不變壞，經由計畫性策動變化會較有把握。

三、為使人類幸福必要導進社會發展的好變遷

　　進步發展的變遷與好的變遷都可增進人類的幸福與美滿，退步或敗壞的變遷，則不但未能帶給人民幸福，還可能會為人類帶來痛苦與悲慘。因此人類常要

精心設計引導社會往發展性的良好方向與性質變。盡量不將變遷的方向導向敗壞惡劣的方向。

　　至於如何導進發展性的社會變遷，則有一種稱爲計畫變遷的理論，說明了如何導進的大概。班尼斯（Warren G. Bensis）、班尼（Kenneth D. Benne）及羅勃秦（Robert Chin）等三人，是共同提出此一理論的重要社會學家。他們在其編著的《變遷的計畫》（*The planning of change*）一書中，匯集了許多相關的理論並將計畫變遷解釋爲此種變遷不是像放任主義對社會的變遷不加干預，任由自由變化，也不像馬克斯主義主張使用強烈的干預手段，來促進變遷，而是選取適當的計畫方法，使用有效的社會技術來解決社會問題（*Bennis, Benne and Chin, 1969, pp.1-2*）。

第三節 社會自然變遷與計畫變遷的差異與功過

社會學界對社會變遷的看法，長期以來就包含無計畫的自然變遷與有計畫的變遷兩種不同理論。無計畫的自然變遷理論者有培根（F. Bacon）及康多塞（Condorcet）等人。有計畫的變遷則有華特（L. F. Ward）及愛吾德（C. A. Ellwood）等人。

一、較少自發性社會變遷

社會變遷依發生的動力而分有自發性變遷或自然的變遷及計畫變遷兩種。自發性或自然的變遷是指依自然演變不介入外在因素或力量引發的變遷。事實上，這種自然力量相對較少。多半的社會變遷卻經過刻意的計畫所引起，但也非絕對無自然演變而成者。

臺灣社會組織較少自然演化者，主要變遷受政治權力介入的影響最大。陳東昇在一篇論「臺灣社會組織原則的轉換之衝突或自然演化」的文章中，指出殖民統治或外來政權的統治，明顯限定社會組織原則變遷的方向與進程。（陳東昇，2009）。但是，有些社會制度或社會組織經過長時間運作之後，因為環境改變，即使未經特別加入特別催變因素，也可能因為功能失效或變壞而被捨棄不用，改以新制度及新組織為之替代。自然演化的社會制度與組織變遷，除了相對較少以外，還有其他重要特性是進行速度比較緩慢，變遷過程也會比較溫和。其過程可能經過多次的嘗試改變，而後才確定轉換成功。

二、計畫變遷的高度應用性

另一種社會變遷的動力是經過有計畫催促而成。這種變遷都有較高度的應

用性，應用於達成或符合計畫的目的。陳東昇論文所指的國家機器介入的社會組織變遷的主要目的是，政治統治者爲能穩固政權。其他還有一些政策計畫性的社會變遷，例如社區發展規劃，或各種新社會制度的設立，如健保制度、年金制度、教育改革規劃、行政組織改革規劃、退休制度規劃等，也都經統治力量干預的制度政策，除了都有其社會進步的目的外，也都有安定政治的目的。其應用的目標有爲人民福利著想的部分，也有爲政府好處考量的部分。

至於民間組織或規劃的改革性變遷，多半都經由應用組織管理的技術或方法，企圖改善組織的效能或提升其效率。常見民間的營利性組織，會經由改變經營規模、用人策略、運用資金、改變行銷業務等策略或途徑來降低成本增加收益。非營利性的組織也使用各種類似的組織管理技術與方法，來增進效能減少危機。

三、自然性社會變遷的優缺點

自然性社會變遷不強調運用特殊力量或因素的介入，也不規劃特殊目的，這種變遷經較長時間自然調整演變，故也強調變遷過程與變遷後社會均衡一致和穩定的屬性。變遷前有矛盾，變遷後的社會系統呈現整合穩定的現象。直到社會系統呈現部門之間不調和，有矛盾時再次調整改變。

這種自然調整的變遷通常有較少的尖銳衝突的優點。若有矛盾也經自然調和的過程而化解，不致演變成尖銳或劇烈的衝突。故在結構上都較整合性。

但是此種變遷顯然也有些不可避免的缺點，主要是因無特定目標，故改變以後也不能確定有特殊的目的與用途。也因太過講求平衡穩定，部分不良的舊有性質或目的仍會妥協保存。

四、計畫性社會變遷的功與過

計畫性社會變遷是有計畫有目的經過設計引導的變遷，故變遷後都較能符合

變遷的催生者及設計者的期望與要求。如果在決策過程有足夠民主原則，則變遷的結果也能符合社會多數人的期望與要求。

此種變遷既是經過規劃者，在變遷的過程中必有較高的要求與控制，進行的速度會較快速，也較有效率。都是其重要特性，也是其長處。

但是計畫性的社會變遷並非有決對好處，過失也有不少，重要的過失有三點，第一變遷過程容易發生衝突，第二，變遷方向容易被規劃者及執行者所操縱，第三，需要耗費較多建設或發展成本。就此三項過失再多作說明如下。

（一）計畫變遷過程中的衝突

複雜的社會或團體中，個體或小團體的單位很多，對計畫變遷的期望，目的與要求不一定相同，在計畫下不同利益個體或小團體之間很容易發生衝突或鬥爭，傷害團體或社會的和諧或穩定。

（二）容易被計畫者及執行者操縱

社會或團體中規劃變遷及執行變遷的人，都可能是較有權力之人，也可能操縱變遷的計畫與執行，使本身獲得較大或較多利益。無權力者可能得到較少或得不到利益，甚至可能受到損傷，造成社會的不公平，使計畫變遷的效果也被打折扣。

（三）耗費較多建設與發展成本

計畫變遷多半導向建設及發展，需要投入較多成本才能達成目標。有些計畫雖可完成目標，但可能失之成本太高。有些計畫為了能節省成本，而無法按照原先目標進行，或因不能負荷建設與發展成本，而根本無法進行。

第四節　社區規劃發展的得失

一、社區規劃發展簡介

社區規劃發展也稱社區發展計畫，原先發起於十九世紀末的英美等國。最高理想是以社區居民以自己的力量運用社區的資源解決社區的問題，改善社區居民的生活條件。此一計畫在我國始於一九六九年獲聯合國協助正式推動，由內政部主持其事，但在政策的理念上則以民生主義基層建設為依據。實際推行社區發展計畫時，在鄉村社區發展方面，也常有農業政策計畫及文化建設計畫配合推行。在都市的社區發展方面，則有市政建設及文化建設計畫參與其事。

以往鄉村社區發展計畫先後使用多種不同的名稱，包括吾愛吾村計畫，現代化農漁村建設、農漁村社區更新、社區總體營造、富麗農漁村建設、災區重建，農村再生等。不同名稱或計畫的內容雖各有不同的建設與發展重點，但卻大同小異，主要包括三大方面，一是實質建設，二是生產福利，三是精神倫理建設。

在都市較少使用社區發展計畫的名稱，多半的基層建設都在市政名目之下進行。在基層建設方面也常以里為推行單位，但都納入市政建設項目之下，少有以民眾主動推行者。都市較少使用社區的名稱，此與都市小社區的界限不明且人民認同性低有關。

二、社區發展計畫的成效

由於社區發展的目標設定在實質建設、生產福利及精神倫理建設三大方面，故發展的成效也以此三大方面最為主要。在實質建設方面的成效主要包括改善道路、修建排水溝、興建社區活動中心、美化社區環境、以及修護與興建住宅等。在生產福利方面的成效則主要包括公共生產、生產技術改進、家庭副業的推

動，以及設立托兒所、醫療服務、社區救助、文康活動的發展以及都市中小型公園的設置等。在精神倫理建設方面較有成效的項目則有媽媽教室、老人照護與休閒、守望相助，以及文康活動等。

三、社區發展計畫的問題

過去臺灣的社區發展工作雖也略有成效，但檢討其得失，發現問題也有不少。約可分成三大方面說明。

（一）人力不足的問題

社區幹部缺乏規劃與推動發展方案的能力或熱誠。雖有人才訓練計畫，但有些人力學習效果實在不良好。

（二）政府提撥經費預算不足

經費不夠充分，推廣的範圍受限，訓練計畫也常流於形式，未能切實認真實行，成效乃受限制。

（三）不同社區條件不同

必要的發展項目互異，但推行時，常依照一定模式為範例，卻未能符合社區的迫切需要，以致效果受到限制。

（四）發展成果缺乏維護

此一問題相當普遍，因此社區居民也未能長期享有發展成果。

（五）社區共識程度不高

因為社區居民對社區發展的共識經常不高，以致在規劃過程中社區內部常有

矛盾與衝突意見，發展的過程未能十分順利，發展的成效也受到限制。

（六）其他問題因不同社區的條件不同而不同

除了上列五項較共同性的問題外，其他問題還有不少，也因各不相同社區所處環境不同，本身條件不同，問題乃也會有不同。

第五節　國家政治發展的迷失

一、混亂的國家認同

　　政治發展是一個國家發展最基本的面相，此方面的發展成效影響許多其他方面的發展。近來臺灣的政治發展陷入迷失狀態，發展目標模糊，發展策略充滿矛盾與衝突，發展的成果也無效率，主要原因起於國家認同的混亂。

　　臺灣人民對國家認同的混亂說來話長，先是國民黨來台以後仍然抱著國家的範圍包括中國大陸的國家觀。後來中國共產黨統治的中華人民共和國日漸強大，在世界上占一席之地，迫使臺灣退出聯合國，陷入只據有海上一隅小國的事實。但因內部人民對國家認同不一致，有人認為臺灣早就是獨立國家，名稱叫做中華民國，有人認為祖國在對岸，有人只認同臺灣的國土卻不認同國名，因為名不符實，於是認為應該更改國號，宣稱完全獨立自主，但是來自對岸的壓力及內部一部分人的反對，獨立遭遇的壓力也不小。

　　人民對國家的認同混亂，歷任領導人的國家認同也很不同，在發展方向的決策與規劃也甚不同，耗盡許多內部的能量。到了最近領導者認同一中，使臺灣落入地區的傾向似乎越來越明顯，故發展政策上未能使臺灣像以往一樣屹立不搖，未往永續經營之路發展。

二、模糊的發展目標

　　古今中外任何一個正常的國家都有明確的政治發展目標，引導國家向前發展。但當國家的認同混亂時，政治制定的發展目標也就很模糊，當前臺灣政治發展目標使人民看來就有點眼花繚亂，模糊不清。本來正常目標是應使政治繼續民主化，越能公開明確，人民的權利越趨於公平合理。但是當前人民似乎看不到這種清楚的目標，感受不到這種正常的發展方向，也分享不到實際的安全、安定與

溫暖的發展成果。

　　人民眼中看到的國家政治發展目標的傾向很不理想。一味傾向中國，經濟依賴中國，因此逐漸喪失崩盤，主權逐漸被邊緣化，政府未能有效保護人民的生存權利。人民對此發展政策不敢苟同，表示反對，但政府似乎很堅持既定方向，少有緩和修正餘地。

　　臺灣政治民主化雖仍繼續往選舉道路在走，選舉前也都有公開宣示的白皮書，但是選後，白皮書上宣示的目標經常跳票，甚至常有黑幕的政治，讓人民摸不清楚主政者的企圖與用意。雖有意見反應，但卻不受理會。這樣的政治表面看來雖不失民主規則，實則並不符民主精神。

　　中華民國的政治藍本來自三民主義，崇尚民族、民權與民生，依照孫文所著的民權初步，孫文學說及實業計畫三大建國方略，當為施政基礎，以權能區分的建國大綱為施政的綱領，人民有選舉、罷免、創造、複決四大政權，政府則有行政、立法、司法、考試、監察的五大治權。自孫文建國以來這種政治體制未變，施政目標也以這些建國方略與建國大綱作為藍本，只是實際實施起來，存有不少模糊不清的弊端，人民與政府之間未能彼此充分互相信任。使許多國民皆感受到政治混沌不清，距離理想的目標遙遠。

三、矛盾與衝突的發展策略

　　國家的發展細分許多方面，依照分工合作原理，在政府組織結構中先分五院，在院級之下細分部會，部會之下又有司局處，之下分科組等。每一單位負責專門事務的發展策略。國家發展事務的策略經此細密分工，外表看來是巨細無遺，但是其中卻有不少衝突與矛盾，發生的原因在於各部門本位主義太強，未有充分的溝通，也缺乏有睿智的高層能做恰當的仲裁。

　　國家政治發展的矛盾與衝突，也會發生在垂直的政府單位之間，當中央與地方執政者隸屬的政黨不同時，此種矛盾與衝突更容易發生。有時此種衝突並非一定是因為雙方政黨歸屬不同所致成，而是衝突者雙方之間有一方的發展政策較為

偏差，不爲他方所接受。

發展政策的矛盾與衝突，也可能出現在同一決策單位在不同方面的政策上。當前臺灣這個社會與國家最容易發生此種矛盾與衝突的政策，當以科技性經濟發展與環保發展最爲代表性。國家要發展科技拼經濟，就得犧牲環保，反之要顧全環保就得委曲經濟。類似此種矛盾與衝突，也發生在其他多種發展政策與環保政策之間。住宅發展，休閒產業發展，山地農業發展都是與環保有較尖銳矛盾與衝突的政策。最近炒得沸沸揚揚的核能電廠的衝突問題，也因經濟發展與環保之間的矛盾與對抗爲焦點。面對此種矛盾與對抗時，決策者若能接近民意，就可使矛盾與衝突的溫度下降，否則溫度升高，便會成爲一種政治發展的汙點。

四、腐敗的問題

政治是遊戲權力的活動，權力容易使人腐化，這已是至理明言。一個國家在不同時代都可能潛藏不同性質與不同程度的政治腐化問題。在當前的臺灣這種問題主要是有幾個高官的貪汙爲問題的焦點。

官員貪汙不僅是貪者汙進財產的單純問題，而是會危害到一國的政治、經濟與社會等許多方面的。在政治上危害到人民利益，危害到人民對政府的信任與信心。在經濟上會危害到國家的經濟資源，傷害經濟發展的機會，扭曲經濟發展的方向。對社會的不良影響是造成不良典範，違害社會的善良風氣及公平正義的社會價值。當貪汙發生在重要的政治人物身上時，其不良影響之大，可說會動搖國本。

五、無效率的發展結果

政治人物在競選時都會大言其政治抱負，未來對國家建設與發展的貢獻，對政治改革的作爲。當臺灣歷經如上述曾發生多項政治問題與事件之後，人民對於國家政治發展乃感受不到有良好的效率與結果。所感受到的是發展結果不如當初

諾言，並無效率可言。在政治發展過程中，民意很不容易被接受，民主程度並無提升。因爲人民生活並未變好，所執行的政策就不能算良好。人民對施政滿意度一直低迷，也表示人民對政治人物的功能並未肯定。許多發展指標在世界排名都倒退，也都反應國家發展並無效率。

在民主制度下，執政的期間都有任期。人民都很希望在剩餘的任期內國家發展能獲改善。如未能有改善，則也希望不將此種可由選舉、改變執政團體的制度不在此一任期內即告終結，希望未來還有改弦更張，能有變爲更進步更有效率發展的機會。

第六節　整合經濟發展規劃的困難與解決

一、社會發展離不開經濟發展

　　在學理上與實際上，社會發展常與經濟發展相提並論，合而為一，稱為社會經濟發展，英文稱為socio-economic development。本章論述社會發展的應用時，不能忽略對當前臺灣整合規劃發展經濟的問題不談，而檢討其整合規劃上的困難應是重要相關問題之一，期望由此檢討，能找出解決困難的途徑，藉以促進經濟發展。

二、整合規劃的必要性

　　國家最高規劃經濟發展的單位或部門，很必要注意規劃的整合性。因為國家的經濟發展事務很多，需要有大大小小的發展規劃，各種規劃之間都可能互有關聯，也最好使其互有關聯，以免各自為政，產生矛盾與衝突。這種聯結各大小經濟發展規劃的整合規劃工作，在我國稱為綜合經濟發展規劃工作，在行政院之下設有經濟建設委員會（簡稱經建會）主持其事。此一機關是採委員制，各部會都成為委員，共同策劃國家重大經濟發展計畫，也負起協調各部會提報政策的職責，使國家的經濟發展計畫能獲得高度整合。現階段國家經濟發展規劃的最重大計畫稱為「黃金十年國家願景」，分成八大項，三十一項施政主軸。

三、整合發展經濟規劃的困難

　　整合發展經濟規劃甚為重要，但也甚為不易。主要的困難在於發展的層面相當多，各部門若以本位立場思考，許多重要政策可能互相矛盾與衝突。此種困難在本章第五節國家政治發展會有矛盾與衝突的發展策略部分已有說明。經濟發展

規劃也爲政治發展策略的一部分，同樣會有此種矛盾與衝突。除因規劃內容涉及廣泛層面的問題外，在下屬的地方政府從事綜合發展規劃時較常遭遇的困難與問題則有缺乏法令基礎與規劃指引，以及行政上之規劃支援體系不全等困難，使規劃機制殘缺不全，影響規劃的運作。（郗克萬，2002）

四、有效的整合發展規劃方法

我國綜合發展經濟規劃有上述的種種困難與問題，急待加以改進。改進的方法有不少，針對本節前面所指，國家經濟體系內部不同部門規劃的策略容易產生矛盾與衝突問題的改進方法，重在溝通協調。我國負責此種整合工作的最高行政機關爲經濟建設委員會，有必要多費神，做好此種協調工作。

針對地方政府進行綜合發展規劃較容易遭遇的困難與問題，重要的改進方法約有三項，第一是，重新建構綜合規劃系統，分成長期、中期與短期規劃，以減少困難與問題。其中對長期規劃只規劃發展綱要，對中期規劃可作較綜合的規劃，對短期規劃只著重在年度行動計畫上。第二是修訂相關法令與指引。第三是由建立有效的規劃支援體系，包括確認規劃之權責單位及建立完美的支援操作機制等。

第七節　社會福利與服務發展規劃的缺失與改進

一、社會福利與服務發展規劃變遷的重要性提升

狹義的社會變遷中的規劃性變遷以社會福利與服務行政規劃為重點，一來因為此種規劃最能符合人民需要，二來也最能展現政府績效。因此這方面的發展規劃相對較受重視，公部門的預算也有明顯增加的趨勢。在二○一二年時，此方面的預算應占國家總預算的21%，唯其中不少歸納在此類中的預算並非真用在社會福利方面，不無存有灌水虛胖的問題。

二、規劃的重要方向

我國現行社會福利與服務的行政規劃，依據在一九九四年制定的社會福利政策綱領，後經多次修訂，最近一次修訂在二○一一年完成。綱領的內涵共分六大項，即：（一）社會救助與津貼，共含十二項條款。（二）社會保險，共含七項條款。（三）福利服務，共分二十細款。（四）健康與醫護照護，共分十二小項。（五）就業安全，共含十一小項。（六）居住正義與社區營造，共分九小項。

在六大社會福利服務綱領下，各級政府的規劃發展方面各有差異，但幾個大方向是：（一）公設民營化；（二）個案或方案委託辦理；（三）以補助為重要提供方式；（四）多元社會服務目標；（五）鼓勵私人提供；（六）控制浪費。

三、規劃的缺失

社會福利服務項目很多，相關的發展規劃事務複雜，缺失的種類也不少，在此僅對各級政府規劃發展幾個大方向的缺失略作說明。

（一）公設民營化的缺失

政府社會福利服務工作人力缺乏，工作業務又多，效率常不張顯，乃有公設民營化制度的規劃與推動。但此種制度遭遇的困難與問題不少，重要者有：1.願意承接的機構不多。2.因為政府採購法的限制，致使辦理績效良好的機構不能續約。3.機構硬體維修費用分擔問題的因應困難。

（二）個案委託或方案委託的困難

此兩種方案也是政府服務人力不足下的權宜之計，兩者都稱為購買式服務，其中個案委託方案，範圍較為獨立具體，實施起來較少問題，但方案委託卻難以確保服務品質。

（三）補助規劃發展的困難

此種規劃的困難包括民眾機構要求補助項目太過浮濫，其中以政治考量為目的者多，少以社區居民和機構需求為考慮，補助審查太過依重書面資料，也有不少要求補助的名目不符的問題，可用補助經費有限，以及難以應付等困難。

（四）多元福利服務目標規劃的困難

社會福利服務多元化是一種重要的發展趨勢，各國政府的福利服務政策都普遍朝向此種目標發展。但要造成此種目標，在規劃上面臨幾項重要的困難，第一多元項目太多，會有難以面面顧全的困難。在經費人力有限的條件下，對眾多的可服務的事項，必要有所選擇與限制，但這卻有違多元的理想。第二，有限的資

源對多元的福利與服務目標難作公平的分配。第三，多元目標中可能會有矛盾與衝突，若要達成此種目標，也必須費力整合與化解矛盾與衝突。

（五）鼓勵私人提供

私人能夠願意貢獻力量，參與社會福利服務發展是件福音，但困難很大，很不容易推展。重要的困難之一是，純粹只付出的私人福利服務的意願不高，有此能力的機關也有限。困難之二是，有些私人提供福利與服務的機構卻有附帶的目的與要求。主要的要求是期待政府的經費補助，或行福利服務之名行轉移財產與節稅避稅之實，效果都很有限，但也有少數宗教團體績效較為良好，實甚值得鼓勵。

（六）控制浪費

不少以福利服務為名的組織機構在經費的使用上，常有浪費不實的問題，控制浪費乃成為福利服務發展規劃的重要項目。但實際控制起來也不容易。一來浪費常是刻意的行為，常經用心設計，故要發覺不容易，監督控制必然也困難。二來要能有效控制，需要有足夠且合適的人力投入，但此種人才得之不易，故難有成效。

四、改進規劃缺失的途徑

上列六項現行社會福利服務發展規劃的缺點都有必要改進，每一方面缺點的有效改進方法也都不僅一項。針對各種發展規劃缺失的重要改進方法是強化評估及監督。有三種重要的具體機制可供使用。第一是申訴制度，由使用者評估服務者的效率。第二是檢測，即建立檢測單位，授權檢測，達到服務品質控制的目的。第三是契約監督，在契約上訂定較周延的辦法，但此種工作相當專業，需要從訓練專業人才參與做起。

第八節　社會變遷與社會發展的領導者

一、兩種不同的領導角色

社會上最可能領導社會變遷與規劃社會發展的人有兩種，一種是組織領袖或幹部，另一種是有膽識的獨立自立個體。前者可能包括政治或軍事領袖或是企業的高階幹部，後者是指有知識，有遠見與有膽量的自由人。

二、組織職位在社會變遷與發展上的角色與任務

（一）組織的領袖與隨從的角色與任務差異

組織或機關的領袖或幹部常因職責所在，策劃創造性或改革性的計畫，經由組織的同僚或部屬去實踐，領導者因有權利，隨從不敢不聽命，完成變遷規劃之後就會促使組織並帶動社會，或直接促進社會朝向變遷與發展。

社會組織或機關中非領導者的職位也可能促進社會的變遷與發展，但其過程都較為間接，促進的力量也都較為微弱。過程比較間接是因為已有組織領袖帶動變遷與發展在前，隨從的任務都是在幫助促變而已，比較微弱是隨從者的職位較低，握有促變的資源較少，權力也較少，能發揮出來的促變力量也較弱。

（二）促進社會變遷與發展的重要職位角色與使命類型

社會中常見最能促進社會變遷與發展的重要職位角色有下列數種。

1. 政治權力者

政治權力者包括政治領袖及高階民意代表等，前者可制定政策並發號施令，後者可以立法決定行為標準。兩者對於國家政治變遷都有深遠影響，對社會變遷的影響力也很大。

2. 企業家

企業家對社會掌握重要經濟資源，控制民生命脈，掌握社會經濟結構與活動的變化。

3. 學者專家

其對社會變的重要角色與任務是可以影響社會思想觀念與價值體系。

4. 媒體名嘴

自從媒體開放以來，媒體上的名嘴成為影響與決定社會變遷的重要族群，經其辯解可以影響人民的觀感與想法。

5. 其他促變者

除了上列四種社會變遷與發展促動者之外，還有其他不少類型，分別對於社會變遷與發展的影響都有不同的重點。

三、獨立自主個體領導社會變遷與發展的目標與使命

（一）領導者的條件

獨立自主的人並非全部都具有領導變遷與發展的能力。具有這種領導能力的人通常具有幾項重要的人格特質與條件。第一，有遠見與理想，也即能注意並看到未來。而其注意與看到的未來可能是其生命期限內，也可能超越其生命範圍。如果他想看到與當前不同的未來，就社會帶動社會變遷。如果預期看到的未來比現在更美好，就會試圖將社會帶向發展。這種有能力將未來社會帶向發展的個人，常會成為當前社會的精神領袖。第二，這種人一定要有誠信，言行一致，表裡如一，不能言而無信，否則無法帶動他人共同行動，也無力促成社會變遷與社會發展。第三，要很勇敢。因為社會發生變遷可能有許多人會不高興不喜歡，成為阻礙或反對變遷的力量，對抗企圖變遷的人，故促變的領袖可能遭遇反對與攻擊，一定要很勇敢，才能不怕反對與攻擊，才能堅持社會變遷與發展。

（二）重要的變遷與發展目標與使命

　　獨立自主者領導社會變遷與發展的目標有很多種，優秀的獨立自主促變領袖都會選擇自認爲重要的目標而展開行動。這些被促變者認爲重要者，最可能是多數人感到不滿而需要求變者，也可能是多數人所期待而需要創造者。變遷與發展項目可能包括改革政治、發展經濟，維護治安，保護環境、改善教育、整頓軍紀與消除貧窮等。領導與推動這些重要變遷的獨立自主個體必須要很努力，才能達成變遷與發展的目標。

參考文獻

中文文獻

江亮演、應福國，「社會福利與公設民營化制度之探討」，社區發展季刊，108期，2005年1月
　　54-72頁。

全國社會福利會議座談會記錄，2002年3月15日。

鄒克萬，「縣市綜合發展規劃機制之設計」研考雙月刊，26卷3期，2002年6月，34-45頁。

陳昭郎，2009年，休閒農業，全華圖書公司出版。

陳東昇，「臺灣社會組織原則的轉換：衝突或自然演化？」，長庚人文社會學報，2卷2期，
　　2009年，247-274頁。

瞿海源，張苙雲，2010，臺灣的社會問題，第二版，臺北巨流出版社。

瞿海源，章英華，1966，臺灣社會文化變遷，中央研究院民族學研究所。

蔡宏進，2013，休閒遊憩概論：社會與人文觀點，二版，五南圖書公司出版。

蔡宏進，2011，鄉村旅遊，揚智文化事業股份有限公司出版。

蕭家興，2002，社區規劃學，唐山出版社。

英文文獻

Bennis, Warrang G. Benne, Kenneth D. Chin, Robert ed, 1969, The Planning of Change, Halt, Rinehart
　　and Winston Inc, New York, and other places, p.626

Ciddens, A. 2006. Sociology, Cambridge: Polity press.

Etzioni, Amitai, and Ewa Etzioni, ed. 1964, Social Change: Sources, Patterns and Consequences, Basic
　　Books, Inc. publishers, New York, London.

Kreiger David, "Leadership and Social Change: Macking a Difference in the World. Phi Theta Kappa
　　Hornors Society at Santa Barara City College, 2008".

Ogburn, William F. 1950. Social Change with Respect to Culture and Original Nature, The Viking Press
　　Inc. New York.

附錄一

社會學在農業推廣工作上的應用

一、爲何而寫

　　我寫此短文因有三項重要理由：第一，本題目確實值得農業推廣工作人員認識與了解，因爲社會學對於農業推廣工作有很可觀的幫助與用途。以往國內外農業推廣工作的萌起與發展的過程都有鄉村社會學者熱烈參與的影子；第二，臺灣的高等教育體系中曾經在臺灣大學設有農業推廣學系暨研究所，結合鄉村社會學與農業推廣學的學理研究與實務應用，但是如今因爲該系所更改名稱與宗旨而失焦，有必要與農業推廣工作界共同緬懷社會學尤其是鄉村社會學對農業推廣的應用價值；第三，我於近日撰寫應用社會學一書，在書中未將社會學概念與原理在農業推廣工作上的應用多加著墨，覺得有必要在此做些闡明與補充。

二、農業推廣工作甚重視農業技術改進更應重視社會學原理的應用

　　傳統的農業推廣工作實務極爲重視農業技術的創新、改進、傳播與使用，求能獲得農業產銷質量的改善，及農民所得與生活水準的提升。爲使此種教育工作能有更佳成效，更應重視社會學的應用，因爲多種社會學概念與原理對於農業推廣教育工作的成效都非常有用。

　　社會學的基本性質是在探討人類的社會關係與互動等現象的概念與原理，這種學問包含許多層面與細節，其中與農業推廣最有密切關係也最值得農業推廣教育工作者加以應用的概念與原理包括社會組織、社會制度及社會變遷與發展等。如下就這三方面重要概念與原理及其在農業推廣工作上的應用價值作些闡述與說明。

三、社會組織概念與原理的應用

　　社會組織概念與原理是社會學的核心課題，社會學很著重研究社會上多數人的社會關係，較固定的社會關係即成為社會組織。社會多數人為能過較有秩序也較平安的生活，多半都透過組織關係及其安排與運作而成為組織人。組織給人許多方便與好處，可幫助個人有發展的方向與空間，可與他人分工合作而達到事半功倍的學習及發展效果。組織也可約束個人不便胡作亂為，才不致浪費時間與生命或獲得不良效果。組織可作為行為的工具或跳板，也可成為行為或生活的目的。當為工具或跳板，乃可被農業推廣教育工作者當為教育農民或其他鄉村居民的方法。當為行為或生活的目的，則可由輔導農民變為農業推廣基層組織的一份子，使其行為與生活能更有組織性，更能附合現代化進步的社會條件。

　　農業推廣人員經常使用組織的方法與技巧展開推廣實務工作，使用團體組織的教育方法常可比使用個別教育方法有較佳的教育與學習效果與效率。經過農業推廣教育成功的農民也常能變成組織人，熱心參與農業推廣活動並能從中收到許多好處。

　　社會學的組織概念與原理包含許多要項，包括組織中的個人要遵守規範，要與他人作適當的互動，個人的目標要能配合組織的目標，組織要有適當的規模，要有良好的結構，要有良好的氣候與文化，組織領袖要能適當運用權力，組織要有管理與控制的作為，要能善於處理事務，要能適當應對環境，要掌握良好成效，且要能長久生存並發展等。

　　農業推廣教育工作者在應用社會組織概念與原理於推廣教育工作上時，都要能深明社會組織概念與原理中的多種要訣與奧妙，才可收到良好的教育效果。學習者也才能獲得良好的學習效果。能如此應用，則農業推廣的成效就能較為可觀。

四、社會制度的概念與原理的應用

在社會學中社會制度也是一種極為重要的概念與原理，此一概念與原理重視社會上眾人共同使用的有用習慣行為。社會上的人從經驗中提煉而後保存許多有用的制度，成為重要的社會資產，且不斷適應環境的變遷而做修正。

農業推廣教育的目標與內容中也不斷在尋找良好有用的推廣內容與方法，使其成為良好的制度，長期以來有助農業推廣的效果與進步。過去農業推廣專家獲得並發展的重要農業推廣制度包括設立示範田，觀摩學習，設立研究班與義務指導員，使用推廣手冊，設立大學推廣教授及地方推廣人員，結合農業改良場或家畜養殖場的技術，選派青年農民幹部到國外學習，以及使用有效的視聽器材與傳播媒體等，對於農業推廣教育的功效都有正面的幫助。

社會學所探討的社會制度概念常很注意到老化與失能的問題，也很注意新制度在創設與試行過程中可能發生的重重困難，也都很值得農業推廣教育工作界在應用社會制度的概念與原理時，所應注意與克服的要點。

五、社會變遷與社會發展概念與原理的應用

社會學家對於社會變遷與社會發展的概念與原理一向也非常注意與重視，因為社會不斷在變，且社會發展又是社會上一般人所期盼的目標。過去社會學界對於社會變遷與社會發展的概念、原理與實務的研究非常豐富，也非常寶貴，很值得農業推廣工作者的應用。農業推廣工作界對於社會變遷與社會發展概念與原理的應用要點，有下列數處可取。

第一，視農業推廣是社會體系的一環，社會變遷與發展概念與原理同樣可應用於對農業推廣變遷與發展的了解與掌握。

第二，社會變遷可被看為是影響農業推廣的因素。農業推廣的目標與內容有必要應對社會變遷的趨勢而作適當的調整。例如當社會經濟進步之後，人民食物中，肉類、蛋類與水果蔬菜的比例增加，米麵等澱粉類主食的比例減少，農業生

產的推廣目標有必要順從此種變遷的趨勢而調整，才不至導致農業生產品有者供過於求，有者則供不應求的脫節問題。

第三，社會學所重視的社會發展也可被農業推廣工作當為終極目標。農業推廣工作者常只看到農業技術改善及產銷進步的目標，卻遺忘推廣教育工作也以能促進社會發展的長遠目標，這種目標包括農民生活程度及幸福的提升，農民社會地位的提高，社會公平正義的伸張，農村社會經濟的進步及城鄉差距的縮短，農民政治意識及自覺行為的導正與改進等。農業推廣工作界對於社會發展概念與原理能有此認識，便能將自己的使命與任務加深，包括教導人民更多超越農業技術的觀念與知識。

六、由多學習社會學而增強應用社會學概念與原理於農業推廣工作的能力

社會學概念與原理可應用於農業推廣工作上的細節還有很多，農業推廣工作者應用的功力固然與其對農業推廣學的概念與原理的了解有關，也與其對社會學概念與原理的心得有關。農業推廣工作者為能增進應用社會學的能力，有必要多學習社會學的概念與原理，並且多思索與想像其在農業推廣工作上的用途。

社會學雖然是理論性很高的學問，但各種理論也都要能被應用才更顯出其價值。理論能更廣被應用，價值便可越高。關心社會學在農業推廣工作上的應用者，一向以鄉村社會學者最為突出。臺灣農業推廣工作會因農業與農民繼續存在而永續長存，但鄉村社會學的研究卻因原來此一研究重鎮的台大農業推廣學系改名變質而凋零。缺乏社會學的研究及其在農業推廣工作上的應用，則農業推廣學的進步將會受到阻礙與限制。農業推廣學界為能自強與進步，必要有所知覺，能不惜花費一些精神與時間於社會學概念與原理及其應用的研究上。

附錄二

社會學在管理學上的應用

一、論述的緣由

應用社會學強調社會學的應用，而應用的面相包括在實務方面與學術方面。本書論述應用社會學的內容較多著重在實務上的應用，較少討論在學術上的應用，本文具有補充此項缺失之意義。社會學與管理學是兩類重要的學術領域，管理學是當前很熱門的一門學科，與其應用價值與性質很高有關。其原理可應用與實踐在多種事務上，然而各種管理學的概念與原理卻又是應用其他許多學科的原理，其中對於人與其結合的管理應用了不少社會學的概念與理論。社會學在管理學上的應用並非是單向的，也具有雙向的性質，但從兩種學術發展的歷程看，社會學被應用在管理學上的議題比管理學應用在社會學上的議題更具重要與意義。

社會學發展成一種正式的科學約自十九世紀初，至今已歷經二個世紀，但其先前的社會思想則起源更早。至今社會學是世界各國高等教育與學術體系中的一項重要學門，在各大學中普遍設有社會學系與研究所，專門對人類社會性質的教學與研究，包括對其起源、發展成熟、變遷、互動、組織與制度等的探討。這種科學也成為其他許多社會科學的基礎。

管理學的起步較晚，科學的管理約自美國泰勒於十九世紀末葉創造以後才受重視。至二十世紀以後世界工商業發達，管理學在企業上廣被應用而更見發達。至今在世界各國的大學中，也紛紛設置管理學的部門，如管理學院、企業管理學系、工商管理學系、財務金融管理學系、行政管理學系、休閒遊憩管理學系等。

當前在高等教育與學術體系中同時並存社會學及管理學的教學與研究，便發生了這兩種學問如何相互結合與應用的問題。在教學上有些大學中的管理學系曾

要求學生必須要學習社會學，但另些管理學系並不作此要求。但反過來，專攻社會學的學生同時修讀管理學者則較特殊，也較少見。卻有些學生於讀完社會學後轉讀管理學者。

二、社會學是管理學的基礎學門之一

就社會學與管理學的本質而論，前者是屬於較基礎性或原理性的科學，後者則屬較應用性的科學，而此種應用性的科學卻不少取自社會學概念或原理作為基礎。又以社會學為基礎衍生推展的管理學性質則係對於人及其結合等關聯方面的管理，這些方面管理學的內容尤以組織管理、人力資源管理、或人事管理最為常見。

事實上管理學所關切與探討的內容與範圍不僅限於對人及其關聯組織的管理而已，不少管理學所著重的管理要點則在對事物與金錢方面的管理，前者如對各種物品的材料、生產、銷售或服務的管理，後者則對成本的控制及利潤的管理等。也許有些學習這種對事物金錢管理的學生會以為其管理知識及原理與人、組織、社會等無關，其實很不然，許多生產、銷售、服務，金融事業中無不都是由人所主控、所干擾，事物及金錢本身是不會移動與變化，也不會自造問題，是因人的主控、操弄與干擾而起波動、變化與問題，故要管好各種各樣的生產、製造、銷售、服務、金錢等事物與事務，都免不了要對主體的人及其結合體的活動方面去注意與了解，否則常只管理到了枝節的部份，反而忽略了根本且主要的部份。

再看社會學的內容給管理學所依據及應用的方面很多，就以社會學課本中常提到的元素與課題而論，都是管理學所不可忽視的基礎。人口、性別、種族、社會化、互動、團體、組織、文化、階層化、偏差行為及控制、集體行為以及家庭、醫療、經濟、教育、政治、宗教等制度，城市及鄉村社區與聚落等，都是社會學概論或導論最常討論的課題，在社會學的範疇，主要是對這些重要的社會性課題的根本性質及衍生的相關事項加以探討，在探討的過程及內容上並不事事都

為管理學著想，或必定觸及管理學上的敏感神經，但是管理學者若都了解這些社會學的內容與涵義，便可處處連結並注入管理學的良好概念與內容。然而如果管理學者未有社會學訓練，缺乏社會學的知識與素養，也就不易掌握許許多多與社會學概念有關的重要管理原理。

就以社會學上的出發點所指的人口元素而論，內容常指出人口的總數量、組合、動態、變遷、素質等的重要性質，管理學者不論是在探討人力的管理、生產的管理、消費的管理，乃至於對物料、金錢的管理等，都不得不對之加以注意。各種人口變數都成為管理學者所應關切的管理事項的要素，甚至是標的。當管理的標題涉及到社會或國家的廣面性事務時，就必要注意到社會上或國家中的多數量的人，也即是人口。至於社會學上還有許多其他的議題，同樣都可做為管理學在注意管理議題時的重要依據。

社會學研究另有一項對於管理學具有重大價值者是組織研究。社會學視社會組織是一項具體突顯的社會產物與現象，故將有關組織的研究當為社會學的核心課程。在各大學的社會學系中都必須修讀社會組織學或組織社會學。從靜態的觀點看社會組織，因是一種很具體的社會實體，許多企業、政府、宗教、教育等機關或單位都形成了具體的社會組織，有關此種組織的目標、規範、運作等都成為探討社會組織的重要細部問題，這些細部的組織項目或問題也必是管理學研究上所注意的要點。管理學上將組織的管理當為一要項，對於其他方面的管理研究，也都難免要注意其組織方面的性質。

三、管理學可從社會學學習到重要價值與方法

社會學能給管理學參考與借鏡的部份，除了其所探討的各種議題內容最為根本，之外則是社會學也常關切的價值規範與研究方法。社會學對於社會價值及規範的探討一向都很重視，且不遺餘力，因為人類能結合成社會而不至於混亂，主要是依靠共同價值與規範的維繫。社會學者不僅關切全世界人類的共同價值與規範，也甚注意各小團體或各民族的特有價值與規範。不僅注意正面的價值規

範，也注意對價值與規範的違背。價值是各種個人或團體行為的基礎，管理行動要能有效，也必須要對社會或團體的價值與規範有所了解，要了解有何重要的價值與規範，人民是否遵守了價值與規範，各種價值與規範被應用到什麼方面或地方，以及有無違背價值規範的問題等。對於這些方面的注意、了解、與控制都成為管理的重要目標及事務。當今各種企業團體普遍都在追求營利的價值，但也都不能違反社會的共同價值及規範，甚至也必要將社會普遍崇尚社會責任的價值與規範納入企業的目標中。

　　社會學的範疇中另一項很特別的項目是科學的研究方法，這種方法逐漸普遍成為各種社會科學包括管理學所遵循的研究方法。學管理的人要能將管理的研究及實務做得正確有效，都不能不講究各種由社會研究法所推廣及延展出來的社會科學研究方法。這種方法分為兩大部份，前一部份是對資料作科學的收集過程，後一部份是對資料作科學分析。後部份分析方法，曾經使用了不少統計的量化技術，近來也不斷在發展質化的分析技術。

四、管理學對社會學也有貢獻

　　社會學及管理學的接頭並非由於單方面的需求，而是雙方對彼此都有需求。對於學習社會學的人而言，能有機會接受管理學，對於社會學的進步與發展也會有明顯的好處與貢獻。管理學的發展對社會學發展的重要貢獻約有如下兩大方面。

（一）管理學所關切的社會議題可助社會學發展出新的特殊領域

　　管理學中一向關注的議題包括規範、執行、控制、決策、結構、權力分配、領導、互動、溝通與成效等。這些有關管理的特殊概念與議題必然會引發社會學者的重視，因此社會學者也會特別用心去加以深入的探究與發揮。社會學者對社會結構、功能、衝突、互動的研究都很重視，也都發展成特殊的學派與理論，故也都與管理學連結上密切的關係。

（二）管理學重視實用的性質給社會學很大的啓示

　　社會學本質上是一種基礎科學，較重視原理的詮釋、闡揚與分析，但管理學則甚重視實用，其對於基礎科學性社會學的重要啓示是，社會學不能僅侷限在原理性的詮釋與分析上，也必要同時注意對實際的應用。也因此，在社會學的大領域中分生出多種應用性的社會學，包括都市社會學、鄉村社會學、宗教社會學、教育社會、醫療社會學、政治社會學等。在這些應用社會學的領域中，對社會學的研究重點，都很重視社會學的各種概念在這些特殊方面的意義與性質，也很重視這些不同特殊方面的社會發展效果。

五、主修管理學的學生如何學習社會學

　　管理學與社會學的學生交互學習對方的課程，主要的益處是可為本身擴大視野與觸角，開拓更廣闊的知識領域。但兩者在交互學習的過程中必須方法得當，效果才能見著。本人曾經當為管理學院社會學課程的教師，在此特別必要說出幾點主修管理學的學生學習社會學的要領，期望能幫助學生獲得更佳的學習效果。

（一）認知任何社會學課題的內容對於管理的學理與實務都有用

　　雖然不同的社會學課題對於管理都有用途，但每一課題都有特別有用的時機，學生若未能感覺到有用，可能是時機未到或悟性未及之故。學生對於社會學各種課題先能經由學習而了解，是進而能有效應用的基礎與前提。因此學習的起步是事先要能熟知社會學課程的內容。

（二）應用不同社會學課程的原理與內容形成不同的管理概念

　　社會學原理的內容繁多，不同的原理、概念與內容探討的面向各為不同，其與管理概念與實務的關聯各有遠近輕重之別。其中關聯較為密切者應用起來才更

具有意義與價值。為能達成較佳的應用效果，學生在學習的過程中除要了解各細部課題的內容，需要更進一步思索各細部課題與管理概念與實務的關聯性，進而再探討應用的方向與價值。

（三）進階的管理學問可與社會學的內容交揉並用

進階的管理學問是指超越實際應用，而進入至學理上的探討與發揮。當學習管理學至此層次時，應著重在與社會學交揉並用，使之擦出火花，創造出更多的新學理與新概念。

六、結語

社會學與管理學，不是互不相干的兩種學問，兩者關係甚為密切，若能彼此多加認識與了解，對於兩種學問的發展與進步都甚有益處。也因此筆者深感學習管理學的學生，有必要修讀社會學，讀社會學的學生也有必要去認識與了解管理學的意義與性質，兩者互相學習，互相關照，互相交流，互相應用，則甚有利兩者的進步與發展。

國家圖書館出版品預行編目資料

應用社會學／蔡宏進著. ——初版.——臺北
市：五南, 2014.02
　　面；　公分
ISBN 978-957-11-7512-6（平裝）
1.應用社會學
540　　　　　　　　　　103001283

1JDS

應用社會學

作　　　者 —	蔡宏進(367.1)
發 行 人 —	楊榮川
總 編 輯 —	王翠華
主　　編 —	陳姿穎
責任編輯 —	邱紫綾
封面設計 —	童安安
出 版 者 —	五南圖書出版股份有限公司

地　　址：106台北市大安區和平東路二段339號4樓

電　　話：(02)2705-5066　　傳　　真：(02)2706-6100

網　　址：http://www.wunan.com.tw

電子郵件：wunan@wunan.com.tw

劃撥帳號：01068953

戶　　名：五南圖書出版股份有限公司

台中市駐區辦公室/台中市中區中山路6號

電　　話：(04)2223-0891　　傳　　真：(04)2223-3549

高雄市駐區辦公室/高雄市新興區中山一路290號

電　　話：(07)2358-702　　傳　　真：(07)2350-236

法律顧問　林勝安律師事務所　林勝安律師

出版日期　2014年2月初版一刷

定　　價　新臺幣450元